国家科学思想库

科学文化系列

科学与人生

中国科学院院士传记

冯端传

冯步云／著

科学出版社

北京

图书在版编目 (CIP) 数据

冯端传／冯步云著．—北京：科学出版社，2016.11
（科学与人生：中国科学院院士传记）
ISBN 978-7-03-050695-5

Ⅰ．①冯…　Ⅱ．①冯…　Ⅲ．①冯端－传记　Ⅳ．①K825.11

中国版本图书馆 CIP 数据核字（2016）第 271342 号

丛书策划：胡升华　侯俊琳
责任编辑：张　莉　程　凤　郑圆圆／责任校对：张小霞
责任印制：徐晓晨／封面设计：黄华斌　陈　敬
编辑部电话：010-64035853
E-mail:houjunlin@mail. sciencep.com

科学出版社出版
北京东黄城根北街 16 号
邮政编码：100717
http://www.sciencep.com
北京厚诚则铭印刷科技有限公司印刷
科学出版社发行　各地新华书店经销
*
2017 年 1 月第　一　版　开本：720 × 1000　1/16
2023 年10月第五次印刷　印张：20 1/2　插页：6
字数：320 000
定价：88.00 元
（如有印装质量问题，我社负责调换）

冯端院士（1923—　）

冯端，凝聚态物理学家和教育家，中国科学院院士。江苏苏州人，祖籍浙江绍兴。1946年毕业于国立中央大学物理系。南京大学教授，第六～第八届全国人民代表大会代表。曾任中国科学院学部主席团成员、中国物理学会理事长等职。

其科学工作，跨越凝聚态物理学和材料科学两大学科，开创了功能材料的人工微结构化这一有重大科学与技术意义的领域；其科学著作，建立了新的学科体系，引导着一代学子的成长；其科学实践，对人工微结构材料与器件的发展具有重要的指导意义；其学术思想，为建立具有国际影响的学派奠定了基础；对中国科学发展做出了卓越贡献，是我国金属物理学和凝聚态物理学的奠基人之一，以金属物理、材料科学与凝聚态物理的科学著作闻名于世。1980年当选为中国科学院学部委员（院士），1993年当选为第三世界科学院院士，国家攀登计划项目“纳米材料科学”首席科学家。其科学成就获国家自然科学奖、国家科学技术进步奖多项，获陈嘉庚数理科学奖、何梁何利科技进步奖、国家级教学成果奖一等奖，等等。

①　②

③　④　⑤

⑥

① 冯端小学毕业时留影
② 冯慧、冯端、冯康于家中后院合影（1930年）
③ 冯端（1948年）
④ 冯端着童子军服于花园中（1934年）
⑤ 冯慧上高中时留影（1935年）
⑥ 冯端夫妇与谢启美夫妇于北京谢启美寓所外合影（2003年）

①	②
③	④
⑤	⑥

① 冯端夫妇与冯焕夫妇于家中合影（1983年）
② 冯端于玄武湖畔（1952年）
③ 谢启美、冯康、冯端于北京颐和园合影（1955年冬）
④ 冯康访美期间在大哥冯焕家中庆贺自己60岁生日（1980年）
⑤ 冯端与诺贝尔物理学奖得主巴丁于美国伊利诺伊大学合影（1979年）
⑥ 冯端夫妇与黄昆夫妇于南京大学招待所门前合影（20世纪80年代）

①	②
③	④
	⑤
	⑥

① 冯端与诺贝尔物理学奖得主杨振宁在学术会议上（20世纪90年代）

② 冯端夫妇与师昌绪院士于苏州合影（2007年）

③ 冯端陪同吴健雄（左二）、袁家骝（右二）参观（1990年）

④ 冯端与诺贝尔奖得主K.A.Muller于瑞士苏黎世合影（1990年）

⑤ 钱临照、冯端于无锡太湖合影（1986年）

⑥ 访台期间，冯端与李国鼎先生讨论（1995年）

① 周培源、彭桓武、冯端三人于南京合影（1984年）

② 冯端访法期间在巴黎新区留影（1979年）

③ 时任江苏省副省长吴锡军在冯端70寿辰庆典上致辞（1993年）

④ 冯端在苏州一中校史馆留影，背后墙壁上有他的画像（2007年）

⑤ 南京大学物理系千禧年大聚会

① 1997年，率中央大学校友会代表团出访台湾，代表团成员与东道主合影（左五为李国鼎、左六为冯端）

② 1983年，出席“第一届亚太地区物理学会议”的中国科学家代表团部分成员合影（左八为冯端），由丁肇中摄于新加坡董宫

③ 冯端在吴健雄国际学术会议上作报告（1997年）

④ 冯端在书房中（2000年）

⑤ 冯端在阅读（1998年）

⑥ 时值叶笃正80寿辰，冯端与姐姐冯慧、姐夫叶笃正于姐姐家中合影（1996年）

①	②	③
④	⑤	
⑥	⑦	
⑧		

① 出席江苏省物理学会会议，于镇江留影（右起：陆埮、冯端、魏荣爵、范建中）
② 冯端在校园中（20世纪90年代初）
③ 冯端与小女儿在敦煌莫高窟（1994年）
④ 冯端在作报告（20世纪90年代）
⑤ 冯端、王业宁、钱临照合影
⑥ 冯端夫妇与姐姐冯慧、姐夫叶笃正于姐姐家中合影（2000年）
⑦ 冯端夫妇与杨福家院士于住所合影（1993年）
⑧ 冯端与吴良镛院士合影（1994年）

① 院士合影（左起：戴元本、冯端、章综、经福谦）（2002年）
② 冯端在美国阿贡国家实验室与外国学者交谈（1979年）
③ 合影，前排左起：李国栋、葛庭燧、赵忠尧、潘菽、＊＊＊、冯康，后排：左二何旭初，左三段一士，右一冯端
④ 冯端、程开甲、彭桓武于北京香山合影
⑤ 千年府学——苏州中学
⑥ 冯端夫妇于校园中（2015年）
⑦ 冯端夫妇与王业宁于家中合影（2010年）
⑧ 出席“首届国际华人物理学大会”期间参加“著名物理学家与中学生座谈会”，左起：杨振宁、李远哲、冯端

总序

中国科学院学部科普和出版工作委员会决定组织出版《科学与人生：中国科学院院士传记》丛书，这是一件很有意义的文化工程。首批入传的22位院士都是由各学部常委会认真遴选推荐的。他们中有学科领域的奠基者和开拓者，有做出过重大科学成就的著名科学家，也有毕生在专门学科领域默默耕耘的一流学者。每一部传记，既是中国科学家探索科学真理、勇攀科学高峰的真实情景再现，又是他们追求科学强国、科教兴国的一部生动的爱国主义教材。丛书注重思想性、科学性与可读性相统一，以翔实、准确的史料为依据，多侧面、多角度、客观真实地再现院士的科学人生。相信广大读者一定能够从这套丛书中汲取宝贵的精神营养，获得有益的感悟、借鉴和启迪。

中国科学院学部成立于1955年，经过50多年的发展，共选举院士千余人，荟萃了几代科学精英。他们中有中国近代科学的奠基人，新中国的主要学科领域的开拓者，也有今天我国科技领域的领军人物，他们在中国的各个历史时期为科学技术的发展做出了历史性的贡献。“五四”新文化运动以来，一批中国知识精英走上了科学救国的道路，他们在政治动荡、战乱连绵的艰难岁月里，在中国播下了科学的火种，推动中国科技开始了建制化发展的历程。新中国成立后，大批优秀科学家毅然选择留在大陆，一批海外学子纷纷回到祖国，在中国共产党的领导下，开创了中国科学技术发展的新篇章。广大院士团结我国科技工作者，发扬爱国奉献、顽强拼搏、团结合作、开拓创新的精神，勇攀世界科技高峰，创造了举世瞩目的科技成就，为增强我国综合国力、提升自主创新能力做出了重要贡献，为国家赢得了荣誉。他们的奋斗历程，是中国科学技术发展的历史缩影；他们的科学人生，是中华民族追求现代化的集中写照。

当今世界，科学技术已成为支撑、引领经济社会发展的主要动力和人类文明进步的主要基石。广大院士不仅是科学技术发展的开拓者，同时也是先进文化的传播者，在承担科技研究工作重任的同时，还承担着向全社会传播科学知识、科学方法、科学思想、科学精神的社会责任。希望这套丛书的出版能够使我国公众走近科学、了解科学、支持科学，为全民族科学素养的提高和良好社会风尚的形成做出应有的贡献。

科学技术本质是创新，科技事业需要后继有人。广大院士作为优秀的科技工作者，建设并领导了一个个优秀的科技创新团队；作为教育工作者，诲人不倦，桃李满天下。他们甘当人梯、提携后学的精神已成为我国科技界的光荣传统。希望这套丛书能够为广大青年提供有益的人生教材，帮助他们吸取院士们追求真理、严谨治学的科学精神与方法，领悟爱国奉献、造福人民的科技价值观和人生观，激励更多的有志青年献身科学。

记述院士投身我国科学技术事业的历程和做出的贡献，不仅可为研究我国近现代科学发展史提供生动翔实的新史料，而且对发掘几代献身科学的中国知识分子的精神文化财富具有重要意义。希望《科学与人生：中国科学院院士传记》丛书能够成为广大读者喜爱的高品位文化读物，并以此为我国先进文化的发展做出一份特有的贡献。

是为序。

2010 年 3 月

目 录

总序（路甬祥）

第一章 君自故乡来，意蕴深长

一、诗书滋味长，笔墨流韵 / 4
二、天远青山暮，安家姑苏 / 9
三、云深不知处，怡情之乐 / 14
四、平生自有分，家庭社会 / 19

第二章 一路经行处，求学路漫

一、悠悠道山情，苏中弦歌 / 27
二、烽火连三月，东山避难 / 39
三、世乱同南去，福中借修 / 47
四、国破山河在，举家西迁 / 59
五、岁月行如此，苍茫独立 / 67
六、云在意俱迟，风华一代 / 76

第三章 坐看云起时，教学相长

一、江柳共风烟，南大执教 / 91
二、潮平两岸阔，言传身教 / 94
三、清光犹为君，为学笃行 / 97
四、广泽生明月，教育理念 / 101

第四章 江流天地外，创新开拓

一、白云回望合，胜概何寻 / 109

二、斯人独憔悴，公道长存 / 111
三、长歌楚天碧，洞察需求 / 115
四、山色有无中，金花绽放 / 119
五、乾坤日夜浮，沧海潮生 / 124

第五章　渚烟空翠合，执着探索

一、但闻人语响，完美蜕变 / 133
二、经冬复历春，志在耕耘 / 136
三、独钓寒江雪，巧夺天工 / 140
四、落花人独立，微结构化 / 145
五、相望始登高，闳远精微 / 148

第六章　风正一帆悬，筑就平台

一、苍茫云海间，实践指南 / 155
二、星垂平野阔，跨越发展 / 159
三、经岁复经年，月华效应 / 162
四、润物细无声，薪火相传 / 164

第七章　文章千古事，文以载道

一、香中别有韵，笔耕写意 / 171
二、路出寒云外，知行合一 / 175
三、曲径通幽处，独辟蹊径 / 178
四、往来成古今，与时俱进 / 180
五、行到水穷处，融贯论述 / 184

第八章　远随流水香，建构体系

一、清泉石上流，概念一统 / 191
二、十年磨一剑，前沿探索 / 194
三、山随平野尽，主体深化 / 199
四、初日照高林，科普写意 / 204

第九章　水深波浪阔，普惠社会

一、明月松间照，寻幽探微 / 211
二、悟悦心自足，心会神游 / 215
三、随山到水源，更上层楼 / 220

第十章　青山独归远，科学人文

一、江流石不转，史论纵横 / 227
二、相去复几许，仁知双修 / 230
三、山花醉药阑，诗缘雅趣 / 233
四、一番洗清秋，寄趣于乐 / 236

第十一章　所向无空阔，长者风范

一、自有岁寒心，韵外有致 / 243
二、长江一帆远，德厚流光 / 251
三、惟有归来是，尊师重道 / 254
四、挥手自兹去，寄慨情深 / 263

第十二章　盈盈一水间，情韵悠然

一、芳草连空阔，诗以持志 / 271
二、看云外山河，相濡以沫 / 276
三、道由白云尽，正本清源 / 281
四、人间重晚情，天道酬勤 / 286

结语　水流心不竞，人淡如菊

一、将寿补蹉跎，平淡一生 / 291
二、月涌大江流，宏远识力 / 292
三、浮天沧海远，融合人文 / 296

附录一　冯端大事年表 / 299
附录二　冯端主要论著目录 / 309
参 考 文 献 / 312
后记：作而有感 / 316

第一章

君自故乡来，意蕴深长

1923年6月11日（农历癸亥年四月二十七日），冯端出生于江苏苏州的师令巷，时值端午节前一周，取名时适逢端午佳节，故名冯端，排行老幺——冯家兄妹四人，依年龄大小分别是冯焕、冯慧、冯康、冯端。

苏州乃冯端之出生地，但冯家祖籍地实为浙江绍兴。冯家兄妹虽皆非出生于绍兴，然对冯家四兄妹而言，对绍兴与生俱来的乡情却自始至终萦绕在他们心头，不但没有因岁月流逝而褪去，反而与日俱增。耄耋之年的冯端如是说："父亲在世时，说得最多的一句话就是'绍兴对我们冯家恩重如山。'"

故乡云水地，笔墨流淌，书香气息，淡淡幽幽，绵绵不绝……昔读陆游之《长相思》，想见"云千重，水千重，身在千重云水中"，每一掩卷，辄令人起山高水长之思。

心，总要有所归依。2008年，冯端偕夫人参加浙江绍兴组织的"院士故乡行"活动，近50位院士首次共同返乡，盛况空前。他们走进绍兴，踏入悠长寂寥的巷子，漫步于青石板铺就的小街，尽情享受惦念中的古镇的一份静谧与安详，"渔舟唱晚归来近，水阁人家尽卷帘"，感触体味，故乡逸趣，黑瓦白墙，小巷深深，"天下绍兴路"，蕴载深厚；还有"轻舟八尺，低篷三扇"乌篷船的咿呀……这是绍兴，每见如初见的地方！

"芙蓉凝晓霜，木犀飘晚香。野水双鸥靓，西风一雁翔。立残阳，江山如画，倦游非故乡。"冯端夫妇回绍兴，就是要走一走、看一看多年来魂牵梦绕的故乡……

冯端夫妇走在绍兴山阴道上（2008年）

一、诗书滋味长，笔墨流韵

绍兴，“绍祚中兴”矣，为中国历史文化名城，远古时，草莱未辟，已有先民筚路蓝缕，劳动生息，是中华民族的发祥地之一。

言其历史，于古为越国地，秦王定江南，降越君，置会稽郡。晋以郡为国，称会稽国。南朝复会稽郡，为东扬州治所。隋改东扬州为吴州，置吴州总管府，治会稽县，后以原吴州境置越州，治会稽。此后，越州与会稽郡名称交替使用。南宋高宗驻跸越州，取“绍奕世之宏休，兴百年之丕绪”之意，改元绍兴，并升越州为绍兴府，是为绍兴名称之由来，并沿用至今。

一座历史名城，“古有三圣，越兼其二”，舜培嘉谷，福被九州；禹治洪水，泽及万世。春秋吴越之争，越王勾践沼吴，卧薪尝胆，励精图治，复国兴邦，蔚然成中华传统立国创业精神。

一处文化富地，“悠悠鉴湖水，浓浓古越情”，小桥、流水、人家，演绎着水乡的诗情画意；灵山秀水，哺育了众多的志士仁人，人才辈出，踪迹联翩，山阴道上，应接不暇。数千年间，代有贤能，指点江山，炳焕日月，歆动千古，“文化之邦”，名闻遐迩。

“江南水乡”绍兴

“江南风情看绍兴，江南古城看绍兴，江南文化看绍兴”，这片热土的灵气与不凡表露无遗，绵延不绝。鲁迅笔下“仰视桑椹熟，俯闻蟋蟀唱”

的百草园，陆游“红酥手，黄縢酒，满城春色宫墙柳”的沈园，徐文长“半生落魄已成翁，独立书斋啸晚风”的青藤书屋……早已成为绍兴的一道道风景线。

几千年来，绍兴以江南著名水乡、桥乡、酒乡、戏曲之乡、书画之乡形成了自身浓郁的地域文化特色，有“会稽儒风之盛，冠于东州”之说。好儒之风使然，绍兴人养成“其民循循”的风尚，民风“谦冲淡和”，深受茶文化的“淡泊宁静”思想熏陶。由水乡绍兴引申出的“三乌①文化”，更是玉成了绍兴之美名，成为有别于其他江南城市的活字招牌。“三味②书屋”主人之先祖遗训“布衣暖，菜根香，诗书滋味长”是为中华传统文化的精辟概括与象征，也是所有绍兴名人一脉相承的精神根基。

虽然浙江绍兴是为冯家之祖籍地，但从冯端祖父那代起就离开原籍到了江西，冯端的父亲冯祖培便出生于江西。冯端的祖父在清朝时曾任江西分宜的知县，于任上去世。父亲冯祖培年幼丧父，遂由绍兴同乡集资抚养，寄住在同乡郑家，与郑家子女同生活，形同手足。及长，1905年，郑家送其子与冯祖培回原籍（浙江绍兴）应县试，陪考而已。结果，“无心插柳柳成荫”，冯祖培中秀才案首（即第一名），而郑子落第。

父亲冯祖培（号蛰斋，1886—1940）

绍兴，安居于江南一隅，宁静祥和，乃人才荟萃之地，大禹、勾践、谢灵运、陆游、朱熹、王冕、王羲之、徐渭、蔡元培、鲁迅、朱自清、范文澜、竺可桢、钱三强……皆是声名赫赫的人物，故有“鉴湖越台名士乡”之说。在素有“名士之乡”美誉的绍兴，人才济济，“绍兴士比鲫鱼多”，冯祖培于数百位读书人中，脱颖而出，考上案首当属不易，也是其实力所致。

据记载，鲁迅与周作人兄弟参加县试那一年（1898年）的案首就是后来颇有名气的国学大家马一浮（时年15岁），成绩远高于同考的周豫才

① 即乌干菜、乌毡帽、乌篷船。

② 即读经味如稻粱，读史味如肴馔，读诸子百家味如醯醢。

（树人，鲁迅）、周遐寿（作人）兄弟俩。“……会稽凡十一图，案首为马福田，予在十图三十四，豫才兄三图三十七”[①]，即鲁迅兄弟俩在各自小组中，鲁迅考了第 37 名，周作人则是第 34 名。

诚然，马一浮先生（1883—1967）之学问乃博古通今、学贯中西，为近代中国少数的通人，其博涉多优，不唯学称儒宗、大弘法性，书法也卓然成家，真、草、篆、隶无一不精，用笔凝练高雅，不名一体。据说，其 11 岁时，其家庭教师（是为举人）因学生太聪明自已难以胜任而请辞。马一浮 15 岁赴绍兴城参加县试，更是名列第一。早岁游历美、日诸国，精通英、法、德、日、拉丁文，后潜心考据义理之学，研究古代哲学、佛学、文史等，有“儒释哲一代宗师”之称。

马一浮与冯祖培同为案首（第一名），唯以先后（一为 1898 年，一则 1905 年）之别，各尽其妙，无可轩轾，然足证其才学精深。父亲冯祖培的文学修养高，文笔好，熟谙古典文学，擅诗词，工书法（尤以篆书称著），可以说是诗人兼书法家，写诗主要是以诗言志，抒发个人抱负与情怀，同时又有与诗友唱和之乐趣。

父亲冯祖培以诗言志、以诗会友的诗作从未结集出版，且迭经离乱，业已多半亡失，幸得父亲的一位诗友珍藏，得以保留父亲晚期的少数篇什。

这里不妨选录一二，感怀当年父亲冯祖培之情致，抚今追昔，寄托思念。

花　朝

冻雨飘檐雪未消，谁知今日是花朝。
一寒坐惜春如晦，万感唯宜酒与浇。
絮絮危巢翻悯燕，荒荒大漠正盘雕。
天心人事都难问，斗室微呻送寂寥。

寄怀曹纕蘅先生

弓旌远及负深期，海峤淹留感旧知。
风雨有怀疏作简，文书遮眼殆无诗。
侧问忧国筹边计，想见看山柱笏时。
挥手一发真好策，召棠嘉荫黎人思。

---

① 周作人，《知堂回想录》。

至于词曲，父亲冯祖培曾经手抄一册《秋影庵词草》，亦不乏佳作，惜已亡失，仅存留一首唱和之作，兹录之，以成完璧。

齐天乐——歔楼老人以绿色笺纸写示绿萼词，即用原韵和成而未寄。越二年，偶检旧稿，重为改定寄请正拍。

坠楼千载余幽怨，枝头幻成殊致。认叶疑魂，吹花写貌，无那悲秋身世。嫣红姹紫，总一例秾华，不堪平视。认取篱东，便娟条色斗清丽。新声绿么试愁倚，恁传神阿堵，葱倩如此。翠漾疏簾，黄多老圃，禁得新霜天气。花间小醉，问底事狂奴，暮云天际。碧玉前身，茜窗依约记。

上作合乎声律尚有情致，亦称隽妙，颇见功力。父亲冯祖培擅诗词，洵非虚语！

父亲冯祖培乃旧时代文人，本有走通过科举考试求取功名的仕途之梦想，怎奈“生不逢时”，一时梦断——1906 年，清廷废科举，冯祖培所应县试竟成中国科举制度中的最后一次县试。由是，父亲冯祖培成了“末代秀才”。

仕途无望，依循考试求功名之路断了，父亲冯祖培只能重回绍兴文人老路，秉承传统，投身作幕客（俗称师爷），混迹于官场以谋生——绍兴人谋生之道中，除了从事体力劳动的农工之外的两大“热门”：或经商，走聚财致富之路；或游幕，走充当师爷、替人佐治之路。

所谓师爷，是对古代官府衙门中幕僚的俗称，是明清时代地方官署中的主管官吏（主官）聘请的帮助自己处理刑名、钱谷、文牍等事务的无官职的佐理人员，称为作幕、佐治或佐幕。从此业者，大抵为家道中落、无缘取仕之士，然则才能非凡，须出身纯正，具有研核策略的能力、提供计谋的机心与撰拟官方文字的功底。记载表明，师爷虽非幕府职官，但各级军政主官每每受其制约，多有左右首脑之力。

绍兴师爷这个地域性、专业性极强的幕僚群体，是中国封建官衙幕僚阶层的重要组成部分，肇始于明，盛行于清，没落于辛亥革命前后，正是在一种独特的时代背景下，作为明清各级官吏处理政务公事、行使管理职能的智囊和代办，应时对景，登堂入室。所谓“无绍不成衙”之明清官场谚语，正是这一状况的真实反映。

之所以如此，当然与绍兴人文化素养高、苛细精干、善治案牍等特点有关。绍兴向为文化之邦，具有培养与造就师爷特有的历史、地理环境与经济、文化条件——绍兴人处世精明，治事审慎，工于心计，善于言辞，皆适宜作幕为胥，具有作为智囊的多方面能力。于是乎，渐渐地，“师爷”与“绍兴人”就连在了一起。众所周知，“绍兴师爷”，职业已然，最能代表绍兴这座城市的性格——绍兴师爷处事灵活、练达、圆通，深得幕主赏识。

或问：“绍兴师爷”真有本事吗？答案是肯定的。绍兴师爷擅长舞文弄墨，城府极深，能翻云覆雨，几个字便可扭转乾坤，故有“刀笔吏”之称。绍兴师爷是明清时期封建官制与绍兴人文背景相结合的产物，其横空出世，既是中国幕僚制度演变发展的结果，更是特殊的地域环境、人文基因和社会背景综合作用的结果。

绍兴，人文荟萃而仕进有限，在乡地狭人稠，谋生农艰商轻，父亲冯祖培本系读书无成者，学幕当为一大出路，基于大环境，顺应形势，秉持传统，借助乡谊，尔引我荐，做起了师爷，按常规在幕府中为幕主或出谋划策，参与机要；或起草文告，代拟奏疏；或处理案卷，裁行批复；或奉命出使，联络官场。凡此尔等，不一而足。

本着优良的自身素质条件，也是绍兴人的特点，即处世精明，治事审慎，工于心计，善于辞令，父亲冯祖培于幕僚生涯非常适应，其来自市井民间，游走江湖八方，广交三教九流，熟知世情民隐，所谓接地气也；加之自己又善于在“游泳”中学“游泳”，风云际会，干起师爷行当，如鱼得水，得其所哉！智囊、执事，集于一身；干练、自信，活力四举；善于深谋远虑，以其聪明才智，效忠幕主，干得相当出色。

父亲冯祖培的师爷生涯，无论是深度还是广度，都印证了师爷阶层的最后历程。早年，冯祖培在广东水师提督府任幕僚，1911 年，冯祖培回江西完婚（冯端的母亲严素卿，祖籍也是绍兴，生长于安徽望江），之后，便未回粤境，而是来到了安徽和江苏，先后就职于安庆、六合、南京、无锡等地，任六合县长、无锡县长等职；后来去了山东、福建，任省厅局秘书科长等职。

尚有余韵，就冯端而言，由于没在祖籍地绍兴生活过，多年来一直把其出生地苏州视作故乡，填为籍贯地；而二哥冯康则循惯例把祖籍绍兴填为籍贯地。二者不同，以至于 1980 年冯康、冯端兄弟两人同时当选为中国科学院学部委员（后改称院士）时，竟引起众人疑惑：冯康、冯端是亲兄弟吗？若是，何以一个是绍兴人，一个是苏州人呢？一时传为笑谈。

1980 年，冯康、冯端同时当选为中国科学院学部委员（院士），
图为兄弟二人在中国科学院学部大会上

二、天远青山暮，安家姑苏

冯祖培自县试考中秀才后，四处奔波，忙于生计，常年在外，很少回绍兴，结婚生子均在外，且因治所屡迁，其子女分别出生于不同城市，均与绍兴无涉。其长子，1915 年生于江西南昌，小名阿欢，学名冯焕；长女，1917 年生于江苏六合，小名阿娴，学名冯慧；次子，1920 年生于江苏南京，小名阿康（因其瘦弱，望其健康），学名冯康；幼子，1923 年生于江苏苏州，小名阿端（一周后命名时适逢端午佳节，故名），学名冯端。

冯端周岁照

给孩子起名，寄托着父母的希冀。

除起名外，父亲还按伯仲叔季为子女起号：冯焕为文伯，冯慧为仲娴，冯康为强叔，冯端为季甸，期许深长。据冯端回忆说，这些号他们都没有使用。但据苏州档案馆的资料显示，在江苏省立苏州中学同学录（1934 年）中，清楚地写着大哥冯焕的字号“文伯”。看来，是除了大哥外，其他三人都未使用过这些号。

卸任无锡县长一职后，冯祖培作出一个重大决定：安家于山明水秀、民风清嘉的历史文化古城苏州。

何以此为？按理说，冯家定居无锡，顺理成章——斯时，冯祖培出任无锡县长，无锡工业初具规模，经济繁荣，时有“小上海”之称。但冯祖培独具慧眼，选定苏州。

苏州，位于长江三角洲中部，东邻上海，南接浙江，西抱太湖，北依长江。作为历史文化名城，苏州坐落在春秋时代的原址上，拥有 2500 多年吴文化底蕴，城市风貌基本保持着“水陆并行、河街相临”的双棋盘格局和“小桥流水、枕河人家”的古朴风貌，既有湖光山色、烟波浩渺的气势，又有江南水乡、小桥流水的诗韵。

细做探究，可知苏州有五六千年的农耕土壤、三千年的吴文化根基、两千五百年的春秋故都、一千五百年的佛道教文化熏陶、一千年的唐代城市格局、八百年的宋代街坊风貌及明清五百多年的盛世文明。苏州，乃“山水之窟”“不出城郭而获山水之怡，身居闹市而有灵泉之致”；园林之美，甲于江南。

“山水之窟”苏州

苏州作为园林之城，兼有山水之胜，自然人文景观交相辉映，取决于政治经济文化之基础。远在春秋时的吴，已有基础，其后在两汉、两晋时期又逐渐发展，六朝时江南已为全国富庶之区；六朝以还，继以隋开运河，促使南北物质交流；唐以来因海外贸易，江南富庶视前更形繁荣；北宋江南上承南唐、吴越之旧，地方未受干戈，经济上没有受重大影响；南宋时则全国经济重心南移，“苏常（州）熟，天下足”“上有天堂，下有苏杭”之谚不胫而走，而苏州则“风物雄丽为东南冠”；元时江浙仍为财富集中之地；迨入明清，又成为“衣被天下”的全国经济文化中心之一，曹雪芹在《红楼梦》中誉称苏州“乃红尘中第一等富贵风流之地”。

苏州，自然环境优越，水道纵横，湖泊罗布，随处可得泉引水，兼以土地肥沃，花卉树木易于繁滋；政治经济文化之基础，得天独厚，固不待言，为人文荟萃之所，诗文书画人才辈出，题咏吟唱，自出新意，造园创意，设计运思，能工巧匠迭出。苏州得天时地利人和，巧夺天工，“园林之城”，应运而生；“人间天堂”，名副其实。

古老而深厚的吴文化，在代代相传的民风民俗中孕育，在家园厚土中成长。苏州，是江南文化的重要载体，也是古代吴文化荟萃之地，有着厚重的文化积淀。丰厚的文化土壤培育了众多的名人，林立于我国历史长廊之中。

古时，科举考试中的进士科，最能体现文采，自唐始即受读书人追捧，尤其是“状元”，素以为重。作如是观，下面故事就生动鲜活、情趣盎然、闻其声而见其人了。此事见于钮秀《觚续编》或邓之诚《骨董琐记》，都有记载：

> 清初，长洲学者汪琬宴客于府，席间谈论家乡土产，则粤有象牙犀角，陕有狐裘毛皮，鲁有绢丝海错，鄂有优质木材，众人“侈举备陈，以为欢笑”，只汪琬无言。众揶揄道：“苏州自号天下名郡，钝翁先生苏州人，怎不知苏州土产呢！”汪琬曰：“苏州土产极少，仅两样而已。”众忙问何物，琬曰：“一是梨园子弟。”众抚掌称是，及问另一样为何，琬则笑而不答，众追问再三，乃徐徐吐出两字：“状元！”众人于是“结舌而散”。

故事完整，有头有尾，有说有笑，天南海北，非凡热闹，盛世气象文化景观，在目在耳，神游其境，几乎感同身受，实实心向往之。

考其实，中国科举制度，开始于隋，确立于唐，完备于宋，自唐至清，近1300年间，共出文状元596名；自宋至清，近800年间，共出武状元115名。其间，苏州共出文状元45名，武状元5名。苏州状元花样繁多，1人连中三元（解元、会元、状元），8人连中两元（会元、状元），而中国历代中两元者只45名，中三元者则14名。父子状元、兄弟状元、祖孙状元、叔侄状元……佳话连连，文风之盛，冠绝天下。单单明、清两代，苏州共出过4000多名举人、1500多名进士，其中状元近30名，约占全国状元总数的1/6。

昔尝读宋代吴文英《点绛唇·有怀苏州》："明月茫茫，夜来应照南桥路。梦游熟处。一枕啼秋雨。可惜人生，不向吴城住。心期误。雁将秋去。天远青山暮。"信乎人杰地灵，不枉山水明秀。"可惜人生，不向吴城住"，不知道冯祖培是不是有着与吴文英一样的心情？

诚如其言，苏州的文化精华，不仅体现在丰富多彩的物化形态中，也体现在门类齐全的艺术形态中，更体现在成熟的文化心理和浓重的文化氛围中。

冯祖培认定苏州，以为其文化底蕴深厚、文风鼎盛，尤其看重其不凡的文化创造力。文化、教育……环境之优，有利于子女的培养和教育，当是冯祖培考虑之要旨。

以当时苏州的中等教育而言，苏州中学亦属名校，其前身可追溯至北宋景佑二年（1035年）范仲淹在此创建的北宋府学，1904年开始推行新学，成为江南的四大名校之一。正如苏州中学校歌所咏唱的："悠悠道山情，依依芳草心，碧霞春雨水，古柏长青青。师训绵延有遗篇，先忧后乐千古吟，书院兴教世纪业，春晖暖我心。红楼书声琅琅，我们奋发创新。继往开来，前进前进，高歌一曲，诚思勇信。"

学校历史悠久，文化积淀深厚。从幼稚园（即幼儿园）、实验小学、初中直至高中，一以贯之；"师训绵延有遗篇，先忧后乐千古吟"，唯此一家，是别的学校不可能有的。于此驻足、走出的名人大家不胜枚举，罗振玉、汪懋祖、胡焕庸、杭海槎等众多名家泰斗都曾在苏州中学担任校长，校方延聘名师，国学家王国维、吴梅、钱穆，语言学家吕叔湘，史学家吕思勉等大师学者也先后在这里执掌教鞭，教学质量在全国屈指可数，三十余位两院院士由苏州中学走出。私立中学如乐益女中、景华女中等校亦居上乘，大学则有东吴大学。

今天当我们走进这所具有千年历史的苏州中学，古风依旧，雅韵悠然，仍可以感受到千年府学所传承下来的钟灵毓秀，春雨池畔，道山亭前，红砖绿瓦，绿影婆娑，生机蓬勃。"碧云天，黄叶地。秋色连波，波上寒烟翠。山映斜阳天接水。芳草无情，更在斜阳外。”如为其写实。

悠悠道山情

正如冯祖培所期待的那样，在接下来的十多年时间里，苏州这座文化古城的确让冯家四兄妹获得了良好的早期教育，践行“先天下之忧而忧，后天下之乐而乐”，志得意闲，以平常心，入澄明境。几十年后，这四个辗转四个不同地方出生的孩子分别在电机工程、动物研究、数学研究及物理学研究方面成长为颇有建树的大家，成为鼎鼎大名的“冯氏四兄妹”。由是言之，把家安置在苏州，无疑是冯祖培一生中所做的一件十分英明、正确的事。

定居苏州后，冯家兄妹暂时告别随父亲任所而迁居的经历，和母亲在苏州城安安乐乐地生活下来。而父亲迫于生计，只能孤身前往安庆、济南、福州等地任职。

在苏州，冯家曾三迁，先在师令巷[①]，后迁三多桥，最后搬到胥门内吉庆街寿宁弄1号。师令巷、三多桥的住房及寿宁弄的老宅院，都是租赁而非购置。冯祖培任职多年，为官清廉，两袖清风，即使任六合县长、无锡县长，仍是如此，不聚财富，公正清廉，清官也！因无积蓄，置不起房地产，冯家在苏州的住房只能是租赁。

由于年岁小，冯端对师令巷毫无印象；对三多桥则略有印象，记得为沿河的小巷；而后迁的寿宁弄则是城西一僻巷，一条仅能容一辆黄包车通过的小弄，古朴、安静，小巷很短，只有八户人家居住在此。

① 1923年端午节前的一周，冯端即出生于此。

随冯家迁居寿宁弄的还有冯祖培的岳母，即冯端的外婆，其时冯祖培的岳父去世，由于严家没有男性子嗣，故冯祖培就将岳母接至家中。说起来，冯祖培是一个有情有义的人，也是一个知恩图报的人，绍兴同乡郑家对其有恩，冯祖培工作后，多年来一直帮助郑家。

寿宁弄1号是一座三进的老宅院，前两进住着母亲严素卿和冯家四兄妹，以及四兄妹的外婆。说来也奇怪，母亲严素卿从未读过书，不识字，她的姐妹们亦大都不识字，但她们的妈妈，也即冯家四兄妹的外婆，却认文识字，平时的消遣就是读书——看小说和小人书。当时，冯家家境尚好，雇了两名女佣（一人干粗活、一人干细活）和一名黄包车夫，住在后进。后进有厨房、柴房，还有一个杂草丛生的后院，种了一片桑树。冯端至今还记得院子里的桑树，到养蚕期，房东还会来摘桑叶喂蚕。

寿宁弄的邻居间有合肥张宅，即寿宁弄8号，一座具有典型苏州园林特色的宅第，粉墙黛瓦、水阁凉亭、假山花草，主人张武龄，思想开明，苏州有名的乐益女中就是由他创办的。为乐益女中，张武龄捐出祖产巨资，为坚持自己的办学方针不受任何个人和势力的左右，坚决不接受他人的一分钱，一概谢绝当局的津贴、教会的赞助和好心人的募捐。

顺便提一句，当年合肥张家主人张武龄举家自合肥迁上海，后又至苏州，其缘由与冯家主人冯祖培之考量，庶几近之，正所谓“英雄所见略同”，非偶然也。可见钟灵毓秀之地，自古即为人欣赏矣。诚有张武龄为乐益女中自撰的校歌词为证：“乐土是吴中，开化早，文明隆。秦伯虞仲，孝友仁让，化俗久成风。宅校斯土，讲肄弦咏，多士乐融融。愿吾同校，益人益己，与世近大同。”

合肥张家迁居苏州，很快成为苏州城里的名门。张家有子女10人，4女6男。这合肥张氏四姐妹乃“最后的闺秀”，多才多艺，在苏州名气很大。

冯家与张家，虽系邻居——1号与8号，但因母亲严素卿向来不与邻居往来，也不让子女与人交往，故在寿宁弄，冯家的孩子只是自娱自乐，很少与邻居的孩子往来，也无交情可言。

三、云深不知处，怡情之乐

诚然，相对而言，冯家的生活是比较富裕的，父亲冯祖培的收入维持一家人的生计绰绰有余。斯时，父亲冯祖培每月寄100块大洋回家供家庭开支，同时，过几个月还要给岳母一些钱，作为她的零用钱。

应该说，父亲冯祖培负担很重，很辛苦。除了自己在外面的花销，在苏州的家里要养九口人（妻子、岳母、子女和三个佣人），还要接济绍兴同乡郑家，每年还要给自己的姐姐寄些钱。

即使如此，按理说，冯家的家庭生活应该还是很宽绰的，但每到月底还是入不敷出。母亲不善理财管家是重要原因，常常没到月底就把钱花光了，还要向她的妈妈借钱。

时隔几十年，冯端还记得刚上初中时，中午如要在学校搭伙，每学期需交10块大洋。有一学期，母亲拿不出这么多钱，就每天给他18个铜板（相当于6分钱），但冯端很节省，只花12个铜板吃一碗阳春面，剩下的钱就攒起来看电影。

母亲严素卿不善交际，很少走亲访友，性情较孤僻。她不抽烟，不喝酒，不打牌，不听评弹，不看戏；不信佛，不烧香拜佛，不念经。母亲对几个子女都很好，但最喜欢小儿子冯端，冯端也最依恋母亲。父亲则最喜欢大儿子冯焕，冯焕既是长子，又非常聪明，在家里享有很多特权，零花钱比别人多得多，有好吃的东西也是先给他吃，有时他做了一些出格的事，父亲也不怎么说他。虽说姐姐冯慧是家中唯一的女孩，但似乎并不被关注，以至于姐姐冯慧一直抱怨说“我在家中是最不受重视的一个”。

母亲严素卿

冯家的孩子们，尤其是冯康、冯端，童年生活就是在寿宁弄1号这座老宅院内度过的。大多数时间，家中就母亲严素卿和冯康、冯端三人，相差三岁的兄弟俩，一起认字，一起看书，一起玩耍，家中的后院则是其游玩的场所，两人常爬上桑树，坐在树丫上玩，桑树比较矮，不会有危险，有桑葚时还可以摘些来吃，十分惬意。

童年冯端在树上玩耍

玩闹之余，花样倍生——哥哥冯康出主意，弟弟冯端响应：自己编故事，且不能搬用故事书上的，一定要自己想出来的，一人编一段，然后组成一个故事。于是，两人坐在树上，晃悠着腿，拍拍小脑袋，你一句我一句地编起故事来。胡编乱造的故事，隔天就忘了，重新再编。就这样，“哥唱弟随”，主意一个接一个，花样翻新，层出不穷，日复一日，年复一年，不亦乐乎！也许，正是这些游戏丰富了他们的想象力；也许，正是在这些玩耍中拓宽了他们的知识面。晚年时，冯端回忆往事时说道：

> 因为我们兄弟俩的年龄比较近，所以经常在自家的院子里一起玩。踢皮球、打乒乓球……冯康的想象力非常丰富，我们玩得也非常开心。

兄弟俩都上学后，母亲更为寂寞，到放学时间就倚门相望，等候孩子归来。母亲要求兄弟俩放学后马上回家，不许在外面乱跑。但母亲没有把子女束缚于自己的羽翼之下，不主观地为他们设置生活轨道，而是任凭他们自由闯荡，依据自己的兴趣、爱好、意志去发展，走向社会。母亲的管教，既严格（放学后立刻回家），又宽松（只要回家万事皆可），不干涉他们的学习，家里也没有过多的规矩，不经意间，实际上为他们提供了一个宽松、和睦的环境。

借用现代时尚之辞，母亲可谓在家中实施“无为而治”。“无为而治”，其理念为儒、道两家共同持有，但有所区别。儒家通过“正身”“导之以政，齐之以德”“导之以德，齐之以礼”等方式方法，使民众各就其位、“有耻且格”“不令而行”，达到无为而治的目标，显然，儒家的“无为而治”是其最终目的，并非策略和手段。道家则使“无为而治”系统化而成为理论，是为治国理念。《老子》认为“我无为，而民自化；我好静，而民自正；我无事，而民自富；我无欲，而民自朴”，一再强调无为才能无不为。“无为而治”的理论根据是“道”，现实依据是变“乱”为“治”；主要内容是“为无为”和“无为而无不为”，具体措施是“劝统治者少干涉”和“使民众无知无欲”。

众所周知，“无为而治”思想作为一种治国之术，对后世安邦治国影响很大。历史上，国家奉行“无为而治”，往往生发盛世。如田齐的黄老之学，成就了齐国霸业；汉初的黄老政治，显现“文景盛世”；唐初把道教定为国教，推行垂拱而治，出现“贞观之治”；明初力推“休养生息”政策，出现“仁宣之治”；清初推行轻税减赋政策，成就了“康乾盛事”；即中国历史上的五大太平盛世，都直接或间接是在“无为而治”理论指导下取得的。

而母亲严素卿在家中奉行“无为而治”，其效果又如何？一言以蔽之，比之以生发盛世之景况，差堪似之。

事实上，“无为而治”用于教育，并无一定之规，而母亲严素卿尊重孩子的天性，给予充分信任，相信孩子的能力，放手让孩子自己去干、去试、去学习、去探索、去发现，甚至去破坏，自己只是给孩子创造必要条件，在生活上提供帮助，其所作所为可谓深谙教育之真谛：教育，是培养人的活动，或者是培养人的一种实践。不可思量，此乃不识字家庭妇女的文化素质。这种氛围，什么样的文化繁荣才能营造得出？真正的文化繁荣！

冯家四兄妹自由自在地读书，按照自己的志愿、爱好自由发挥，任其兴趣、意志发扬光大，各自性格由此形成：大哥冯焕，身为长子，或可谓得天独厚，他天资聪颖，求知欲强，深得父亲宠信，获有多方面优越性。受思想开明、学识渊博、酷爱文学艺术的父亲熏陶，冯焕兴趣广泛，多才多艺，标新立异，善于独创，刻意进取，一专多能，全面发展。

中学时代的冯慧

姐姐冯慧，身为女子，却“不拘小节，害怕麻烦，对一些小事情从不注意，说起话来是直来直去，可是对大的事情一点也不糊涂，有事情的时候很有担当，也很有自己的主意[①]”，俨然男子风范，冯慧家中至今还保存有一张

① 叶维江：《我的母亲冯慧》。

当年的照片，系少年冯慧坐在树上的照片，足以证之。

二哥冯康，思想活跃，行事认真，智力超群，特立独行，善推理，勤观察，领悟能力很强，长于举一反三。小弟冯端，则天资聪颖，沉静稳重，忠实厚道，温文尔雅。

冯康、冯端兄弟俩在家里相亲相爱，从不吵嘴打架，按照母亲的要求，冯康、冯端一放学就回家，从不在外面玩。两人回到家就看书或玩耍，有时比赛掷小皮球：人站在堂屋里，把皮球掷向挂在母亲房门外布门帘的木杠上，以命中率高下决胜负。母亲严素卿对小兄弟俩的嬉闹从不干涉，有时到堂屋里观看，有时则自己静坐房内。

快乐童年，冯康（立者）、冯端（骑狮者）合影

大哥冯焕中学时代曾在学校乒乓球比赛中获得过冠军，这让冯康、冯端兄弟俩羡慕不已，于是在家中后院搬两张小桌子拼起来作为乒乓球台，中间拉一张网，练习打乒乓球。也许正是少年时练就的基本功使然，几十年后冯端在当时的中央大学当助教时，理学院组织教职工乒乓球赛，决赛时他与莫绍揆对决，最终冯端赢得了冠军。

冯端家中后院内有一口井，井水冬暖夏凉。当时，除了用家里的井水外，还要从外面买一些河水来用，因为井水是硬水，而河水是软水。一到夏天，家里会买许多西瓜放进竹篮浸泡在井水中冰镇，每天捞出一个西瓜来吃，非常解暑。也不知是谁定了一条规定，必须到下午三点钟才能把西瓜拉上来吃。于是一到下午三点钟，冯康、冯端兄弟俩便欢呼："三点钟了，吃西瓜喽！"母亲把西瓜一切为二，大哥冯焕一人捧走半个，另一半则由其他人分食。冯端总是吃两片，由此养成了习惯，并保留至今：不管是在家中，还是在外的宴会或聚餐后，吃水果时冯端总是只吃两片西瓜，不再多吃，习惯使然。

冯端兄弟之童年，快乐且充实。他们手足情深，不仅日夜嬉戏为伴，更在相互影响和启发下，于浩瀚的书海中汲取知识的营养。

四、平生自有分，家庭社会

在子女的成长过程中，父亲冯祖培与母亲严素卿的影响是非常深刻且深远的。冯端曾著文谈道：

> 我们的父母亲对子女的教育过程从不横加干涉或插手其间，更不会施加任何压力。兄弟姐妹之间，虽有切磋之乐，却从不包办代替。

在冯家四兄妹的印象中，父亲严厉，母亲宽容。如果说曾考中秀才的父亲将学习的天赋遗传给了冯家四兄妹，那么，天天陪伴他们成长的母亲则为他们创造了一种宽松的家庭生活环境和学习环境，传授了一种良好的学习方式。

父亲冯祖培，骨子里是中国旧式文人，冯端曾说：

> 父亲像多半旧文人一样，他不赞成五四新文化运动，但又无力来阻挡时代潮流。他不想将他的爱好强加于我们。

父亲冯祖培对子女没有特殊的要求，而且支持子女自由自在地发展自己的个人爱好，鼓励他们自由读书、发挥潜能，让其按照各自的意愿发展下去，在不经意间给他们指明了前方的道路。

作为"末代秀才"，冯祖培的文学修养高，文笔书法自成一体，但他并没有以此硬性要求子女继承，即使他非常喜爱诗词，生前也从未教儿女读诗词，没有跟他们谈论过诗词，甚至从未给他们看过自己写的诗词。父亲从不想将他的爱好强加在孩子们身上，而只是在潜移默化中将文学种子播撒，为他们提供必要的平台、载体，将读书学习的天赋遗传给子女。

当时，父亲冯祖培为冯家四兄妹订了一份《国闻周报》，上有刊登新文艺作品的专栏，系由著名作家沈从文主编。果不其然，四兄妹非常喜爱这份杂志，争相阅读。而冯祖培关注的，则是其中登录旧体诗词的"采风录"。

冯祖培喜欢让孩子们自己作决定，也非常尊重他们的决定。冯祖培说家中可增订一份杂志、一份报纸，且由子女们自己做主来定。于是乎，关于杂志，在冯康的主张下，兄妹们订了一份胡适主编的《独立评论》，得到父亲的支持；关于报纸，由于大哥冯焕是影迷，极力倡导订阅上海《晨报》，认为其影评最有特色，当然是大哥定。后来，待冯康可以做主决定时，家中订阅的报纸则换成了上海《大公报》。而冯端因年幼，说话没分量，则只能将老报人范长江的通讯报道《中国的西北角》剪贴成册，自娱自乐。

少年冯康

父亲爱子心切，有时也会做出一些常人看来匪夷所思之事。冯祖培用康、强给冯康命名、起号，希望他长大后健康强壮。但冯康自幼多病，冯祖培对此非常担忧，担心冯康的身体状况会对学习造成很大的影响，担心他学习跟不上。在冯康念小学三四年级时，冯祖培怕他功课任务重，身体吃不消，亲自到小学去找他的班主任，提出要让冯康留一级。班主任十分惊讶，说道："冯康是班上学习最好的学生，学得也很轻松愉快，哪有将最优秀的学生留级的道理？"后来冯康知道此事后十分生气，因为当时留级生是最被人看不起的。可怜天下父母心！

事实上，父亲冯祖培的担忧不无道理，冯康后又患脊椎结核，落下终身残疾，73岁那年因脑出血猝死。2010年，冯端著文《纪念冯康院士诞辰90周年》悼念二哥冯康：

> 家庭可能有长寿基因，就我们这代人而言，大哥冯焕享年91岁而终，大姐冯慧还健在（现年94岁），我如今亦届米寿之年，惟冯康因脑溢血猝死，终年73岁。

冯康不得寿终，让人唏嘘不已。而今，又过了六年，姐姐冯慧已是百岁高龄，冯端业已94岁，思念冯康的过早离世，倍觉依依。

父爱如天，抽象而不具体。父亲冯祖培感情不外露，常常以诗言志，寄述思亲之情。1937年夏，日本侵略者的飞机轰炸苏州，全家避难洞庭东山，寿宁弄老家遭洗劫，冯祖培所收藏的书籍字画损失殆尽。时在福建的冯祖培于数月音信不通之后忽得家书，喜极，欣然命笔，遂成四绝句。

其一

飞弹危城事可哀，仓皇梅鹤越蒿莱；
投荒毕竟非长策，还向皋桥赁庑来。

其二

休问城西旧里居，蓖箱剔箧室门虚；
愧无长物供豪夺，家具寥寥剩一车。

其三

鼠力搬姜亦大难，略存旧椠尽飘残；
元来身外非吾有，都作浮云过眼看。

其四

辗转家书到眼明，慰情无异庆更生；
何时重话经过事，定有如潮热泪倾。

第一首讲日机轰炸，家中仓皇避难东山及苏州沦陷回城租屋暂居事；第二首和第三首述说家中财物受损、收藏尽失，身外之物，作浮云过眼；第四首言音信不通数月，忽得家书，欣慰非凡之情感。字里行间充溢着对家人的思念、关切之情。

还有一首诗，写于1939年年初的除夕，抒发了亲人间的思念之情。

……湿翎四向飞雏鸭；
乡心五处吟杜句，定知今夕同思家。

其中，“湿翎四向”与“乡心五处”用的是今典：四只雏鸭分别指时在广西桂林工作的长子冯焕、在江西泰和读大学的女儿冯慧、在福建邵武读大学的次子冯康、在福建沙县读高中的幼子冯端；再加上居于福建永安的冯祖培夫妇俩，六口之家，分处五地。除夕思亲，令冯祖培感喟不已。在冯祖培去世后，众子女方才读到这首诗，对于父亲的风怀情致，有了进一步的理解，印象深刻，难以忘怀。

虽然在冯家四兄妹的成长过程中，与父亲聚少离多，然而父亲对学业一丝不苟的要求和博学儒雅的身影却让冯家四兄妹难以忘怀。遗憾的是，冯家四兄妹都选择了理、工、农，没有一个人继承父亲诗词书法的衣钵。

母亲严素卿对待子女远不像她的丈夫那样严格，她以更加轻松的方式照料和保护着孩子们。为生计，定居苏州后，冯祖培仍在外打拼，奔波于安徽、山东、福建等地，常年不在家，无暇顾及家政和子女的教育。虽然如此，他对冯家四兄妹的学习却盯得很紧。而对子女进行人生启蒙的责任，则由母亲严素卿承担，母亲在家抚养四个儿女，照顾他们的起居，教给他们做人的道理。

母亲严素卿虽不识字，然而记性特好，可能其父母教她念过一些唐诗和千家诗，她听了就能记住，许多古诗张口成诵，能讲述许多古代故事。冯家兄妹小时候总能听到母亲时常独自喃喃背诵许多诗篇，天长日久，耳熟能详，便对唐诗三百首和千家诗中的许多短诗都能倒背如流。在母亲的启蒙教育下，幼年的冯端耳濡目染，知悉很多历史典故、轶事，在上小学前，就能背诵许多古诗，虽说大多都不解其意，却能倒背如流，朗朗上口。

几十年后，冯端对此仍记忆犹新，感慨不已。他一生钟情于诗、执着于诗、与诗结缘，乃不知其所以然的某种不期而然，而非权衡利害得失后的选择。

“说起诗缘，这似乎是与生俱来的。”父亲是诗人，以诗言志，但其生前却没有教冯端诗词。冯端如此说道：

说来奇怪，教我读诗的启蒙老师竟是目不识丁的母亲……至于词，启蒙老师是我的二哥冯康。

幼儿时，冯端随母亲背诵古诗，牙牙学语，虽不解其意，却能奇迹般地背诵出唐诗三百首和千家诗中的许多短诗。识字后，冯端接触到诗词，读得更加投入。无论是哥哥姐姐的国文书课本，还是家藏的各类诗歌，不管是浅显易懂，还是深奥含蓄，冯端是有诗必背。

二哥冯康比冯端大三岁，在学校里接触新事物早于冯端，其有所感触一定会与冯端说起或读给他听，对冯端影响很大。

冯康入初中，初中课本有岳飞的《满江红》，于是“怒发冲冠，凭栏处……”就在冯端耳边回荡；有南唐李煜的词，故使冯端较早熟悉了“帘外雨潺潺，春意阑珊，罗衾不耐五更寒……”“林花谢了春红，太匆匆。无奈朝来寒雨晚来风……”冯康进高中，张孝祥的《六州歌头》“长淮望断，关塞莽然平。征尘暗，霜风劲，悄边声。黯销凝……”则让冯端耳熟能详……

因诗结缘，爱诗、写诗为其生命形态最为通达、舒畅的呈现，带给人至美、至乐、至快的愉悦，此窍一开，多半会迷而忘返。这一点，于冯端之诗缘可谓确乎所以。

冯端始终认为，正是家庭的这份文化熏陶，潜移默化培养了他们兄妹四人读书的兴趣，更在大量的阅读中对数学、物理、生物等产生了绵延无尽的奇思妙想。

兄弟姐妹之间，相互影响。大哥冯焕爱学习、喜读书，买了不少书，也订阅了一些报纸和杂志。他的兴趣非常广泛，特别着迷于很多新的技术，如钟表、照相技术、电子技术等，为弟妹带了好头，使得家中形成良好的学习氛围。大哥在高中时用的大多是外国教材，如 Fine 的 *Algebra*（代数），Millikan 的 *Practical Physics*（实用物理），3S 的 *Analytical Geometry*（解析几何）……兄妹之间经常相互传阅，大哥对自然科学的兴趣，也不知不觉地感染了弟弟妹妹们。

当年，冯家住在三多桥，其邻居为赵铁桥家，其人乃当时国内最大的轮船公司招商局总办，其子赵默与冯焕是好友。赵默酷爱电影，冯焕受其影响，课余也常去看电影，还收集了整整一箱电影说明书及其他资料。父亲冯祖培知道后很生气，怕他走上演艺道路[①]，予以干预，限制冯焕跟赵默往来。后来，赵家发生变故，赵默愤而出走，到上海投身电影事业，艺名为金山。抗日战争前夕，赵默因主演《夜半歌声》一夜走红，其反封建的主题歌也唱响全国。赵默离家出走后，冯焕的兴趣逐渐转向了组装收音机，从矿石机开始，发展为多真空管的超外差式收音机；搞摄影，自己冲洗照片。当时照相机是奢侈品，德国的康泰时牌照相机更昂贵，还有冲洗的器材，价格也不菲，但父亲为了让他脱离影视，就大力支持他发展其他兴趣。这些正是后来冯焕攻读电机的契机，也是他人生道路上的一大转折。他用照相机在家中为父母及弟弟妹妹拍的照片保留至今，弥足珍贵。值得一提的是，冯端这时也在大哥冯焕的指导下自制望远镜，对天文产生了兴趣。

冯家四兄妹团结而独立，他们轻松愉快地学习，拥有各自良好的学习方式，几乎从来不开夜车，即使在学习中遇到困难，也都是依靠自己的努力寻找合适的方法解决。

① 当时社会上对演员这一职业很轻视，称之为戏子。

1933 年，冯端与兄姐于苏州家中后院合影（左起：冯焕、冯慧、冯康、冯端）

综观冯家四兄妹的成长过程，家庭、学校、社会，这三个要素缺一不可。社会方面，2500 多年的历史文化名城苏州，恬淡安谧，文化底蕴深厚，尊重教育和科学，尊重文化创造力，孕育了他们甘于淡泊、宁静致远的心境；学校方面，营造了一种氛围，深厚的文化素养归功于中学教育，其母校——著名的苏州中学显然起了很大的作用，造就了冯端沉静稳重的性格、独立进取的品格和献身科学事业的志趣；而家庭方面，父亲的学识、母亲的明达，以及父母的信任，为其提供了宽松的学习环境。宽松、信任至关重要，它们和当今学生不堪重负的情况形成了鲜明的对比。

数十年后，冯端谈及家庭教育，深有感触：

家庭的信任而不是干预和指责，使我对学习产生了浓厚的兴趣，热爱学习使我获得越来越多的知识；知识是我在“晶体世界”不断开拓、不断前进的一种“武器”——这就是家庭教育对我的影响。

第二章

一路经行处，求学路漫

循家风，走读书人之路，将“学而时习之”之学置于上位。冯端求学之路的起点当然是苏州中学。当年，父亲将家安在古城苏州，即因有著名的苏州中学在此，有利于子女的培养和教育。

那时的苏州中学，是一个广泛的教育群体，包括了苏州中学实验小学、苏州中学初中部和苏州中学高中部。实验小学位于三元坊，在高中部对面大操场之后西北侧；草场南侧是高中部的化学专修科；初中部则在草桥。

冯家四兄妹之求学生涯大致依循了苏州中学实验小学、初中部、高中部这一轨迹，稍有不同的是姐姐冯慧进苏州女子师范学校代替了苏州中学初中部，小弟冯端则因战争未入苏州中学高中部而去了福州高中。大哥冯焕于 1933 年高中毕业，姐姐冯慧则于 1936 年高中毕业；至 1937 年夏，二哥冯康还差半年就高中毕业，冯端则初中刚毕业，抗日战争爆发，苏州中学随即停办，冯家与苏州中学的关系骤然中断，但冯家四兄妹对母校的怀念与感恩却从未中断。

在苏州档案馆保存的江苏省立苏州中学同学录（1934 年、1935 年）中，清楚地记载着冯家四兄妹的名字、年龄、籍贯和家庭住址。正是这所具有千年历史的苏州中学，占据了冯家四兄妹年少时的大部分记忆，今天更被称为“培养大家与院士的摇篮”。

之后，大哥冯焕、二哥冯康及小弟冯端，兄弟三人均就读于当时的中央大学，姐姐冯慧就读于浙江大学。毕业后，他们相继走上科学之路，均有建树，一门皆为院士、教授。

一、悠悠道山情，苏中弦歌

1928 年，冯家搬到寿宁弄后，冯端就到了上小学的年龄，准备正式上学了。

第一天上学是姐姐冯慧送冯端去学校的，此时的姐姐已念高年级。走到通向一年级教室的路口，姐姐指指那边说：“你的教室就在那边，你自己去吧！”说完她就径直去了自己的教室。冯端独自一人走进一间教室，中午放学回家后，姐姐和哥哥问他：“老师好吗？今天教了什么？”冯端说：“老师可好呢，给我吃饼干，还给我玩大洋娃娃。”姐姐一听，说："坏了！坏了！你走错教室了，那是幼稚园！"原来，一年级教室是在幼稚园隔壁。于是乎，这位未来的科学大师，吃着饼干，玩着洋娃娃，在幼稚园里度过了求学生涯的第一天。

第二天，姐姐冯慧就亲自把冯端送到一年级教室。那天，老师说："你们都是刚上一年级的小学生，今天每人都要表演一个节目，唱一支歌，跳一个舞，或者讲一个故事都可以。"于是，同学们都开始表演节目，或讲故事，或唱歌，或跳舞……轮到冯端，他背了一首唐诗，把从母亲那儿听来的唐诗用安徽方言来背诵。背完后，老师和同学都面面相觑，谁也没听懂他说了些什么。原来，在上小学之前，冯端在家只讲母亲讲的安徽话，根本不会讲苏州话。就这样，冯端以一首没人听懂的唐诗开始了求学之路。

冯端是个勤奋的好学生，从不睡懒觉。上小学和中学时，早晨醒来便立即翻身下床，嘴里念叨："迟了！迟了！要迟到了！"一边说一边匆忙洗漱、吃早饭，然后飞快地往学校跑。到了学校门口，看门的工友说："你来得这么早呀！还有半个小时才上课呢！"但第二天他仍如此……日复一日地说迟到了，结果总是早到！

冯端有个习惯，即头天晚上做完功课，就将书本一扔，唯恐第二天迟到便早早上床睡觉了；待到次日起床后，还要赶紧收拾书包。他的书从来不包，所以没多久就揉坏了，封面不翼而飞。第一学期国文书的第一课画的是一只大黄鸟，他找不到了就嚷嚷："我的大黄鸟呢？我的大黄鸟呢？"急得团团转，母亲也帮他满屋子找。许多年后，冯端提起这事，自我解嘲，称这是他"读破万卷书"的第一卷。

这是第一学期，找缺失封面的"大黄鸟"国文书；而到了第二学期，则是每天早上找他破缺了封面的"蚂蚁"书；第三学期，找……此习惯延续至今，以至于现在他的书房里，书桌、书橱、椅子、茶几、地上，都杂乱地堆满了书籍、手稿和废纸。

而二哥冯康做事有条不紊，遇事不急不躁，书本放置得整整齐齐，书桌打理得干干净净，行事风格与冯端形成鲜明的对照。不仅如此，冯康在书法上亦有天赋。父亲是书法家，他认为四个子女中可教书法的唯有冯康"孺子可教也"。当年，父亲回苏州家中时，常有人请他写对联、题词，在旁展纸研墨的，非冯康莫属。父亲边写边指点，冯康则心领神会；后来父亲又指导冯康临摹唐褚遂良的《大唐圣教序》碑帖。由于良好的天赋及悟性，加之刻苦习练，冯康的书法也斐然可观。而冯端则自嘲："连展纸研墨资格都没有"。当然，就冯端之性格来说，也乐得父亲不教他写字。

兄弟情深，冯康、冯端二人合影

上学后，从家到学校路程较远，上小学时要走一刻钟，上初中时则要走半个多小时。冯端自上学始，都是自己步行去学校，不坐车也不要佣人背，练就了一双铁脚板。40 年后的 1971 年，南京搞拉练，南京大学有 20 多人被点名参加拉练，往返行程 500 余千米，历时一个月，日行夜宿，有时也要夜行军，最多的一天走了 60 多千米。时年 48 岁的冯端，为当时队伍里年龄最大的。拉练结束，几乎所有人脚上都起泡了，唯独冯端没有。其脚力之健，应拜童年时的锻炼所赐。

千年府学的小学及初中之教育，相当正规，其教育理念在那个时代是较为先进的，且没有太多的约束，以打好基础为主，按当时实验小学的做法："规规矩矩地谨守有关小学教习的范围，绝不越雷池一步"。语文方面只教授白话文，不涉及文言文，英语是一点儿都不教，包括 26 个字母。

时隔几十年，提起当年苏州中学实验小学的教育方式方法，冯康、冯端兄弟俩仍感触颇深：

这种做法，相当明智。因为最可怕的是由不合格的教师来教英语，将人引入歧途，以后再加以矫正就极其困难了。

对此，兄弟俩多次以大哥冯焕的英文作为例证。大哥冯焕天资聪明，深得父亲喜爱，对他期望甚高，在学习上也对他格外重视。冯焕小时候，父亲曾经聘请家庭教师专门教他学习国文和英文。可惜的是，当时所聘英

大学时代的冯焕

文教师不佳，误人子弟，把冯焕的英文教坏了。冯焕在中学读书时，各门课程的成绩都非常好，尤其是数学，唯独英文成绩不佳，连考大学都受其影响，拖了后腿，导致第一年未考上。后来，冯焕曾在中国香港、加尔各答等多地工作过，后又去美国伊利诺伊大学攻读电机系，获博士学位后在美国通用电气公司工作到退休。长期在英文环境中工作、生活，可他的英文一直也没有因此改善。后来，冯康、冯端兄弟俩到美国通用电气公司看望大哥并作学术报告，结果大哥的同事说："你俩的英语比你们大哥说得还好！"

勤奋的冯端在课业学习上显现出不凡的天分。语文、数学成绩皆上乘，还有社会（史地）、地理等课程，兴趣使然，成绩也佼佼出众。冯端至今还记得：

小学高年设置社会（史地）课，由级任导师汪永沂讲课。如他根据史记的《项羽本纪》讲"鸿门宴"的故事，讲法国大革命史中"三杰"（马拉、丹东、罗伯斯庇尔）的史事等，引人入胜，至今难忘。六年级他带我们游常熟，在归途舟中同学们都疲劳困顿，正昏昏欲睡，当时汪老师给我们讲福尔摩斯侦探案的故事，情节离奇，而侦探破案推理缜密，使同学睡意顿消，听得津津有味。我对地理也深感兴趣，将世界地图集看得滚瓜烂熟，各国形状及首都名称均了然于心。申报馆60周年出版了一本由丁文江、翁文灏、曾世英编辑的中国地图集，系依等高线绘制而成的彩色图集，是我经常翻阅的一本书，将中国的山峦起伏、河川原野，尽收眼底。

结束小学的学习生活后，1934年，冯端参加了苏州中学初中部的入学考试。冯端回忆道：

当时名列榜首，从此开始了三年的草桥生涯。

这里还有一段看榜花絮：当时大哥冯焕去看榜，看来看去，榜上无名，很是吃惊，心中诧异，心想"怎么可能？不至于吧？"无奈之余，再看一遍，从后往前，看到最后，名单之首，赫然写着“冯端”二字，竟是名列榜首。原来，他先前看时未看第一，而是从下面看起，如此，放下心来，回去报喜。宋·辛弃疾《青玉案·元夕》“蓦然回首，那人却在，灯火阑珊处”之句，不意在此得之，颇有影视剧中才有的戏剧效果。由此，冯端以入学考试第一名的身份，开始了三年的初中学习生涯。

苏州中学初中部在草桥，其“教室集中于两层红砖建筑，称为口字房。学校大门位于口字房的西南角，操场则在校外，可以望见近处的双塔”。

身穿童子军服的冯端（1934 年）

苏州中学的课程设置有国文、英文、数学、历史、地理及自然科学知识方面的文化课，应该说是很完备的。在苏州中学，格外重视的是国文、英语、数学三门学科。

20 世纪 30 年代，苏州中学有异常强大的教师阵容，名师荟萃，如吕叔湘、杨人楩、沈同洽、陈邦杰、朱浩然等，后来都到大学去任教了。当然，这些名师大都集中于高中部，而初中部的老师，虽不乏优秀之师，然则教基础课，都循规蹈矩，足够一辈子受用。

对于初中阶段的学习生活，冯端记忆犹新，提起任课老师，他不仅可以写出他们的名字，还能讲出其身体特征、讲课特点。教国文课的是沈同文老师，文白兼收，课堂上讲解的还是一些浅近的文言文，如袁枚的《祭妹文》、归有光的《项脊轩志》、薛福成的《布莱登记》等，在考试时还得默写一些文章。冯端所采取的办法是，考试前一天突击强记，使考试过得了关。想不到这种不足为训的学习方法，多少还会有些效果。许多年后，冯端回忆这段历史时说道：

> 如今，我能够较为顺利地阅读文言文，不再视为畏途，应该归功于那几年国文课的老师。

那时，苏州中学国文课每周有一节读书课，冯端在课上能自由阅读冰心的《寄小读者》、邹韬奋的《萍踪寄语》一、二集及《萍踪忆语》等，延续了对诗词的爱好，续缘矣。冯端回忆道：

在初中时期，我还仔细读了郑振铎的《插图本中国文学史》讲《词》的一个分册。这本书是大哥买给父亲看的。那时候，我是有书就看，不管它的深浅如何。我将这本书仔细地读了一遍，知道了不少有关史实，并读了书中引用的一些词章。郑振铎的观点反映了新文学运动以来的主流，侧重抒情和豪放。而我的父亲，作为正统的词人，显然是宗清真、梦窗的，因而对这本书并不欣赏，给予冷遇，是不足为奇的。

教英语课的是任祖铤老师。当年，苏州中学初中部的英文教学与现在类似，从26个字母教起，然后学一些课文和语法，从无到有，循序渐进。由于在实验小学一点儿英文都未学过，而其他同学或多或少都学过一些，基础不同，起点有异，所以冯康、冯端兄弟俩刚进初中在学习英文时都遇到了困难，但在兄弟俩的努力下，英文成绩很快就赶上了，不仅如此，成绩还跃居班上的前列。

初中时的冯康、冯端兄弟俩

冯康、冯端兄弟俩不仅课堂英语学得不错，而且还注意课外的自学。冯端回忆说：

冯康在高三期间，常将《高中英语选》上的一些文学作品译成中文。我记得一篇幽默文章《闺训》曾发表于杂志《逸经》，另有一篇剧作《月起》，则未发表。抗战初期学校图书馆被炸。他曾在断瓦残垣之间、灰烬之中拾得一本英语残书——《世界伟大的中篇小说集》，他就津津有味地阅读其中的一些篇章，这是他阅读英文书刊的开始。英文报纸和电影也成为他学习英语的辅助手段。后来他曾在许多国际会议上用流利的英语作报告并和外国学者交流。据我所知，他从来没有受过正规的英语口语训练，靠的是中学课堂教学的底子，以及后来的多看多用。至于其他外语，他的俄语受过专门训练，又在苏联住过几年；德语是大学里学的第二外语，可以顺利阅读书刊；法语是自学的，“文化大革命”后期还用一套唱片学法语会话。总的来说，他的外语素养是非常突出的，不仅能看狭义的科学文献，而且可以在广泛领域来阅读与科学有关联的著作，涉猎极广，如科学家的回忆录、传记、史料与评述等，使他广阅世面，眼界开阔，因而对科学的见解高超过人。

外语素养突出，科学见解过人。冯康如是，冯端又何尝不是？按冯端的说法：

初中三年的英语课，受益不小，再加上以后两年的高中英语，就构成我一生全部的英语正规教育。我在一生中对英语能够应付自如，不能不归功于这几年打好的基础以及随后的大量博览群书。

教授数学的是练寿康先生，这是一位以认真负责著称的老教师，他通常只教初一的数学，但由于与班上同学感情特别融洽，应同学的要求，破例地教了初中三年的数学，为同学们打下了数学运算的扎实基础。而世界史这门课则由当时苏州中学的训导主任后任苏州中学校长的杭海槎老师教授，他讲课非常精彩生动。

初中时的冯端于桑园中

各门课程，国文，文白兼收；英语，循序渐进；数学，基础扎实；史地，引人入胜。良好的学习环境、优秀的教师阵容、循循善诱的教学方法，使冯端受益良多，求学之开端有序，方能信是成功。

在苏州中学初中部（草桥）的求学

岁月中，有不少同学情趣相投，因而结为朋友。诸如，吴兆奇同学，正直而富理性，后停学他往。20 世纪 90 年代中央大学校友会在南京开会时，两人方欣然相聚（吴兆奇为 40～45 南京中央大学毕业生，冯端乃重庆中央大学毕业生）。邹祖芳同学，聪明伶俐，后于交通大学机械系毕业，曾在南京教师进修学院执教物理学。冯端记得在 20 世纪 70 年代中，邹祖芳携赛格瑞（E.Segre）有关现代物理发展一书的译稿来，冯端曾协助修订该稿，终在刊物上发表。但后来，邹祖芳竟暴卒于南京街头，令人深为痛惜。范建中同学，是当时班上成绩最优秀者，后来跳级考上东吴大学附中，1947 年他到当时的中央大学跟随施士元教授读研究生，用一台大型光谱仪进行某种中药的光谱研究，写成论文。1952 年院系调整后，范建中离开南京大学，先后任教于南京林业大学、镇江农机学院，后至江苏大学任电机系主任，冯端曾去镇江访问过他。陈庆荣同学，当时上学放学与冯端同行，两人情谊最深，遗憾的是自 1938 年离开苏州之后，两人再无机会相见。

读书是冯家四兄妹的最爱。身为小弟的冯端，在家庭好读书的氛围以及兄姐好学的影响下，从小喜欢看书，而且兴趣广泛，什么书都看，对知识十分渴求，他曾说：

> 如果说课堂内的学习是重要的，但课外的自学似乎更重要。在苏中的风气潜移默化之下，我养成了对读书的嗜好和独立思索的习惯。这也许可以溯源到小学的高年级。

在家中，先辈留下的诗词、小说及译本，兄姐的高年级课本（如陈衡哲的高中西洋史等），均令冯端爱不释手；在学校，冯端更是发现读书的天堂——学校图书室。当时，苏州中学实验小学、苏州中学初中部、苏州中学高中部均专辟图书室，供学生课外阅读，这为喜欢读书的冯家兄妹提供了绝好的条件。除了课本教程外，他们也经常借阅与课程无关的图书。在实验小学图书室中，有四卷本《胡适文存》等书籍，这些不是小学生能看得懂的，但冯端还是经常去翻阅，觉得非常有意思，久而久之亦有些许感悟；在校外，冯端又发现沧浪亭附近一座叫可园的江苏图书馆，可以从该馆借书回家读，于是，冯端的阅读范围得以扩大，开始读《撒克逊劫后英雄录》等。随着阅读范围不断得到扩展，独立思索的习惯也逐渐养成。

进入初中，借助于校内外图书馆，冯端更是拓展了阅读的范围，不再局限于自然科学，对文史哲乃至艺术，无不涉猎。尤其是 20 世纪 30 年代出版的名人传记以及有关自然科学的科普读物，更是冯端非常喜欢的读物。

时已在当时的中央大学读书的大哥冯焕，常常以新书作为给弟妹的礼物。冯端回忆道：

另一类的课余阅读则集中于有关自然科学的科普著作，这是大哥给我的礼物。首先是天文学方面的，我还记得山本一清的多卷本《宇宙奇观》，面对了遥远的星体和广袤的宇宙，引起了我对天文学的兴趣。大哥还为我订阅一份期刊《宇宙》，其中有些科普文章和我国当时天文学界的活动。特别报道的我国天文学家分赴日本的北海道和苏联的柏力去观测日全食的事迹令我着迷。我还开始自制一个望远镜想用来观测星体。三十年代英国著名天文学家兼物理学家，琴斯与爱丁顿曾写过不少科普著作，以生花彩笔描绘当代科学而知名于世，其中如《神秘的宇宙》《膨胀的宇宙》《物理世界真诠》等书都译成了中文，使我得以畅游星体之间，宇宙之中。

大哥送我一本房龙的《人类的故事》①，我也兴致勃勃地读起来了；还有一本兄姊们用的陈衡哲的高中西洋史，我也常去翻阅，这样就开始从自由主义的视角对世界史有所了解。

后来冯端又在苏州中学初中部的图书馆小楼中借阅了房龙的另一本译著《思想解放史话》②。岁至耄耋，冯端仍记得他当时读房龙的《人类的故事》《宽容》时的兴奋：

这两本书，把我的视野大大地拓宽了，并使我一生对文化有着特别的兴趣。我至今还记得《宽容》这本书上这样写道："要允许他人有行动或判断的自由，耐心地、不带偏见地容忍不同于自己或已被普遍接受的行为和观点。"

"宽容"这一精神，后来一直贯穿在冯端的教育、学术、科研生涯之中。而这一精神，也成就了冯端后来成为具有融合科学与人文双重素质的鉴赏能力、兼具科技史识和科技哲学素养的杰出物理大师。

数十年后，回忆起这段读书经历，冯端如是说：

---

① 《人类的故事》是美国作家亨德里克·房龙用讲故事的形式写成的一部人类发展史，其笔触浩荡且潇洒，风行于20世纪二三十年代。

② 实际上就是20世纪80年代风行一时的《宽容》一书的早期译本。

冯端传

这些书不仅介绍了天文学的新成果，还向我通俗地介绍了现代物理学中的新理论、相对论和量子力学，尽管由于基础所限，无从来具体加以理解，但是我隐隐约约地感到物理世界奥妙无穷，为之心迷神往。这也许就是后来我选择物理学作为我终身事业的契机吧！

回顾起来，琴斯与爱丁顿对量子力学的介绍，带有浓重的神秘主义色彩，不尽正确；爱丁顿用了不少篇幅介绍他自己的“基本理论”，属一家之言，未获学术界的认可。但这些并不妨碍几本科普著作的培养兴趣，引导冯端走向科学之路。

时至今日，冯端回忆起少年时的学习生活以及家庭教育对他产生的影响，深情地说：

我在上小学时喜欢地理，读初中时热爱天文。说实话，对科学的兴趣是受到中学时代所阅读的一些科普读物的启发。在30年代，出版了一批翻译的科普书籍，介绍自然科学新近发展，特别是介绍了近代物理，文笔生动，很有吸引力，它使我对奇妙的物理世界产生了兴趣。我们当前的研究工作集中在固体物理范围内的一个分支，是以控制缺陷为主题的，搞清它的规律性，探明它在相变中所起的作用，并进一步控制它的组态分布，以谋求诱发特殊的物理效应。如果把我比作“晶体世界”的一名“工匠”，而中学时代的那些科普读物，为我走向五彩缤纷的“晶体世界”，指明了一条充满荆棘和鲜花的山间小道。

正是在这些包容性极广的泛览中，冯端“养成了对问题要独立思考的习惯，并沾染上了一些自由主义与宽容思想的色彩。这些不一定是苏中当局和教师们所正面鼓吹的，但受到苏中酝酿的自由读书风气的熏陶则是无疑的”。

事实上，这种自由主义的教育，正是中国教育史上的一个重要时期，比较尊重个性的发展，给每个个体相对自由的发展空间，人性化教育是这个时期教育的特点。以此为节点，自由主义的教育不同于之前的教育，也与其后的教育不一样。之前，为体现封建传统的封建教育；之后，是完全工具理性化的教育。具体到冯端求学的微观环境，所处的学校、家庭，很有文化氛围、教育氛围，皆处在开放的前沿，开风气之先。

时隔70年，冯端回忆往事时，说道：

又有机会重新接触到房龙的一些著作，感到文章虽流利，缺乏一些底蕴，有报章习气，实非文之上品。而胡适之的文章，清爽明白。但是回忆起这些学童时期的际遇，我还是心怀感激之情，因为他们为我根除了“权威主义”与“蒙昧主义”的土壤，懂得了“宽容”与“自由”之可贵，引向我终身心仪的“独立之精神，自由之思想”之途。

同样，二哥冯康深厚的文化素养亦归功于中学教育。外文素养，固不待言。冯端在《冯康的科学生涯——我的回忆》中，写道：

谈到中文，他也根底良好。在中学里文言和白话都教，但以文言为主。他能用浅近的文言来写作。记得在“文化大革命”后期，无书可读，他就买了一套前四史（《史记》《汉书》《后汉书》《三国志》）来消遣。很显然，他的语文素养也在日后的工作中发挥了很好的作用。冯康的科学报告，乃至于讲课，均因语言生动精炼，逻辑性强，深受听众欢迎。他的文章和讲义，也都反映了这一特点。至于数学，不仅课堂学习成绩优异，他还参考原版的范氏大代数等国外教本进行学习和解题，应该说他中学数学根底非常扎实。还有值得一提的是，有一本科普著作对他产生的深远影响。在高三时期，他仔细阅读了朱言钧著的《数理从谈》。朱言钧（朱公谨）是我国前辈数学家，曾在哥廷根大学留学，回国后在上海交大任教。这本书是通过学者和商人的对话来介绍什么是现代数学（其中也提到费马大定理、哥德巴赫等问题），这本书有很强的感染力，使冯康眼界大开，首次窥见了现代数学的神奇世界，深深为之入迷。据我观察，这也许是冯康献身数学立志成为数学家的一个契机。

斯时的教育文化，空间甚大，未有课堂之下教科书、作业、考试等束缚，时间多了，自由度大了，得以在自由的空间和宽裕的时间中快乐成长。

除了课堂内的教育外，苏州中学更加重视课外的学习——苏州中学实验小学及初高中的教育，不但重视拓展学生的知识面，也十分重视培养健全学生的体魄。在实验小学的校园里，设置有各种体育锻炼的设备。德智体全面发展，是其基本要旨。实验小学的校歌“沧浪亭北，故学宫旁，梧桐杨柳门墙。兄弟姐妹朋友先生（即老师）读书工作忙。操场上，荡秋千翻铁杠，浪船浪木同来荡。这是活泼地快乐乡……”足证之。

为了锻炼学生的体魄，当时的实验小学、苏初中常组织各种远足与郊游活动，丰富学生的课外知识，开阔孩子们的视野。实验小学一二年级郊游就是去市中心的大公园，冯端还记得老师让他们每人带些干粮，玩饿了可以充饥。母亲便给他准备了许多糕点，但是还没从学校出发，他便一点一点地把干粮吃完了。到了公园，老师便教他们认识花草树木、虫鱼鸟兽，玩得很开心。但到中午该用餐时，他只能任凭肚子“咕咕”响，看着同伴们进食的高兴样子，心中盼星星、盼月亮地盼着父母亲能够突然出现，带来食物。其结果，往往是心想事成——父母亲总是在最需要时现身，像救星一样出现。可怜天下父母心。

三四年级时，去灵岩、天平爬山；五六年级时，乘小轮船到常熟等邻县，游尚湖，爬虞山……冯端回忆道：

实小时期，课余还出去闲逛，登上苏高中的道山亭。南边就是孔庙，耸立了巍峨的大成殿，人迹罕至，大殿屋檐有大批蝙蝠做巢，蝙蝠屎纷飞。再向南走几步，就到沧浪亭，曲廊临水，修竹宜人。左侧是省立图书馆，曾借阅过大仲马的《侠隐记》，即《三个火枪手》。沧浪亭的另一侧是画家颜文樑主持的苏州美专，仿希腊式廊庙建筑，颇为别致。从实小后门再走一段路，就到了南园，一派农村田野风光，和一百多年前沈三白在其《浮生六记》中所记载的，并无二致。

初二，乘火车到无锡，到惠山露营，饱览风景名胜，惠山、梅园……连岭苍翠，烟笼黛抹，淡远似画；小箕山，鼋头渚……望万顷湖光，指一帆风影，孕吴吞越，浩渺阔大之中，别有幽远淡泊之意，斯太湖之所以为太湖欤！

初三下，苏嘉铁路刚刚建成，即由铁路乘火车直达嘉兴，再转到杭州，“明湖一碧，青山四围，六桥锁烟水”，遍游西湖名胜，“水光潋滟晴方好，山色空濛雨亦奇”，对此湖山胜境，不能无感于怀也；攀南高峰，游虎跑、九溪十八涧，登钱塘江边的六和塔，看到了在建的钱塘江大桥，江流宛转，东入于海，隔江峰峦，山色凝黛，放眼荡胸，令人心旷神怡。得便，冯端还去浙江大学，探望在那里上学的姐姐冯慧。

1937 年初夏，学校组织到上海江湾体育场观看全国运动会，看了两场足球比赛，一是中国上海对马来西亚（华人），二是足球决赛：广东对香港。坐在球场上的草地上，冯端看得非常清楚。当时香港球王李惠堂已年龄较大，跑动不多，但脚头功夫仍健，一人进三球，香港队以三比零获胜。

听冯端说 70 年前的往事，生动鲜活，情趣盎然，盛世气象文化景观，在目在耳，神游其境，几乎感同身受，实实心向往之。

值得一提的是，无论是小学（苏州中学实验小学），还是初高中（苏初中、苏高中），其远足、郊游都是由老师带队，绝无家长陪同，学生们都自觉遵守纪律，无论舟楫火车，从无一次出事故。远足、郊游，增强了学生体质，训练了学生机智勇敢的精神，既学知识，又开眼界……一举多得，何乐而不为?

冯家四兄姐弟皆从苏州中学实验小学这一文化摇篮启蒙、成长，苏州中学初高中则是他们汲取知识与培养兴趣的基地。借此，如饥似渴地吮吸课内外知识，他们日后取得的成就，与培养教育他们的母校——苏州中学是分不开的。

三姐弟于家中后院合影（1930 年）

二、烽火连三月，东山避难

1937 年夏，全面抗日战争爆发，苏州惨遭日本敌机轰炸，苏州中学随即停办。斯时，二哥冯康只差半年就高中毕业，冯端则初中刚毕业，兄弟俩恋恋不舍地告别了苏州中学，也告别了他们快乐纯真的少年时代。

冯家之住所寿宁弄，虽处城西僻巷，亦被战火波及。时大哥冯焕在南京中央大学读书、姐姐冯慧在杭州浙江大学上学，均不在苏州，母亲遂携冯康、冯端，随众弃家，仓皇避难于洞庭东山，先居后山，后住前山。斯时，外婆业已90岁高龄，跑不动了，不可能跟大家一起逃难，只好留了一位佣人在苏州照顾，但不久她就在惊吓之中去世了。

姑苏城里的和平往事，苏州中学年少的恋恋时光，随着战争烽烟四起，一切都消失得无影无踪。

洞庭东山，是伸展于太湖东首的一座长条形半岛，因其在太湖洞山与庭山以东而得名洞庭东山，也称为东洞庭山，俗称东山。三面环水，万顷湖光连天，渔帆鸥影点点，西与西山岛、南与浙江湖州、东南与吴江隔湖相望。

此时的东山，风景优美，鱼虾鲜活，依然一幅太平景象。对此湖光山色，不能无感于怀也。冯康、冯端兄弟俩驻足湖畔，山光水色，上下一碧，空明澄澈，诚有“江山如此多娇”之感，为之心旷。然一转瞬间，忆及苏州古城，小桥流水人家，已沦倭寇，废墟遍地，文物飘零，腥膻满目。咫尺之邻，共处一地，而今景致万异，国仇家恨，齐涌心梢。

东山人杰地灵，古为“进士之乡”，今是“教授之镇”；紫金庵、杨湾庙、古雪禅院、法海寺、雕花楼等名胜古迹，形成了东山独特的人文内涵。利用避难东山之机缘，冯康、冯端兄弟俩游玩了紫金庵。先是冯康随同学前去，见到庵中泥塑彩绘罗汉像，感其艺术造诣高超，择日则邀冯端再去欣赏。

东山紫金庵

紫金庵，坐落在洞庭东山西卯坞内，始建于梁陈时期，唐贞元年间废后复建。庵之主要建筑仅为一殿一堂，但以罗汉塑像神态，“精神超忽，呼之欲活”，著称于世。罗汉塑像相传为南宋雕塑名手雷潮夫妇避祸东山时所塑。

紫金庵泥塑彩绘罗汉，各种姿态雕塑得惟妙惟肖，栩栩如生，充满世态人情，俨然生活在世上人间，写实与传神巧妙结合，显示了12世纪中国雕塑艺术的高超水准。兄弟俩一一观赏罗汉塑像，一览风貌，体会妙谛，为之流连不止。看到精妙处，争相评说，恰到好处，颇见功力，足证小兄弟俩当年所具之艺术鉴赏力。

风雨70年，2007年，冯端再游紫金庵，不无感慨，回忆当年：

……到紫金庵去观赏南宋雷潮夫妇所塑造的一些罗汉，特别是其中沉思尊者、降龙伏虎真者，气韵生动，不同凡响；遂为这些优美的形象所慑服。

兄弟俩游历紫金庵，得见佛教罗汉塑像艺术的精华，展读雕塑家的精湛技艺，从中得到人生的启迪和欣赏的愉悦，提高自身艺术鉴赏力，可谓是避难东山之一得。

避难东山期间，大哥冯焕、姐姐冯慧亦曾抽空回东山看望母亲，随即离开东山返校。战火愈加激烈，出东山之陆路已不通，只能改由水路：大哥冯焕渡湖至长兴，转经宜兴、溧阳，去南京，回中央大学，后随学校迁重庆；姐姐冯慧则渡湖至南浔，转湖州，巧搭一来往车，去杭州，仍就读于浙江大学，后浙江大学内迁，随校行动。想那兵荒马乱之际，20岁的冯慧，孤身一人，坚定地走上求学之路，真可谓勇气可嘉；也是“好人有好命”，危难中有好人适时相帮。

当时，日本野蛮的侵华战争，对中国经济和社会发展造成了毁灭性的破坏，也严重摧残了中国的高等教育。然而，在十分险恶的环境和极端困难的条件下，中国的高等教育并未被摧毁，而是得到恢复和一定发展。之所以如此，高等院校根据战局的发展而适时西迁，功不可没。

事实上，抗日战争爆发，在胜利遥遥无期、无法预判之际，中国政府当局将眼光投向了抗日战争后国家的复兴和重建，执行“战时教育需作平时看”的教育政策，摒弃了抗日战争时非常教育的实用主义，这一方针至关重要。

为避战乱、减少日寇的破坏与蹂躏，尽力保存已初步建立起来的近现代中国高等教育的宝贵资源，使中华民族的文化血脉得以进一步延续，面临战火威胁的大学纷纷迁往中国西南地区。坚持办学，继续培育中华民族之高等人才，上演了抗战史和中国教育史上波澜壮阔的一幕。

大学西迁，构成了抗战时期大学教育的一道独特风景线。大批的高校师生，怀着救国救民的理念，坚定抗战必胜的信心，继承奋发自强的传统，艰辛辗转，长途跋涉，战胜困难，奋力开拓，使我国高等教育在战火的严重侵扰下仍弦歌不断，并创造了辉煌的教育业绩，培养了杰出的科学人才，学术薪火相传，存续不绝，并奠定了未来现代化发展的坚实基础。

高校西迁，铸就了中国大学特有一种精神，自强不屈的精神，坚忍不拔的意志，乐观向上的胸襟，坚守精神家园，坚持大学基业，书写了近现代大学教育史上令人荡气回肠的一页。

国立中央大学 1937 年 10 月率先自南京西迁重庆，一次到位，无疑属于高校西迁行动最为迅速、从容的先行者。

1937 年 10 月上旬，国立中央大学文、理、法、农、工、医、教育 7 个学院的新老学生 1500 余人，教职员工 1000 人，连同家属在内，共 4000 多人，随携图书馆的藏书、杂志以及理工农医四个学院的仪器共 1900 余箱，开始漫漫西迁路。

人员，分两步实行迁移：第一步，自南京至汉口，化整为零，各自设法购买船票，分散而行，约定 10 月 10 日在汉口集中；第二步，自汉口到重庆，转乘轮船向重庆进发，由中央大学联络站负责至重庆的舱位安排。人员迁移虽日夜劳顿、备尝艰辛，但进展较顺利，最后一批学生到达重庆是 11 月中旬。

物资，学校的重要藏书、期刊及仪器全数装入大木箱，分批运往下关码头，幸得民生公司鼎力相助，民生公司将运送完开赴淞沪战场军队的这批客运船只，免费帮助中央大学运送图书、仪器，沿长江向西南进发。9 月起，至当年 10 月下旬，中央大学所有的图书仪器已全部装运一空，学校宣布人员、物资正式西迁。

值得一提的是，“就连飞机、动物、尸体都上了船”，原来是中央大学航空工程系为科研而拆卸的飞机三架由于太大，只能把上层客舱破例打通摆放；还有医学院泡制好、供解剖用的二十四具尸体也在其中；另外，学校与民生公司商量，将轮船的底舱改造成临时的家禽栖居地，将中央大学农学院巨资引进的国外优良的牲畜品种，如美国加州牛、荷兰牛、澳洲马、英国约克夏猪、美国火鸡等，每样选一对，随图书仪器一起西上，再现了唐人“鸡犬图书共一船”的景况。

1937 年 11 月，中央大学沙坪坝新址即正式开课，西迁的图书仪器展开使用，开战时迁渝高校在渝行课之先河。

时隔约一年，1938 年深秋的一个黄昏，重庆街头出现一支奇怪的队伍：澳洲老马背着美国火鸡，英国约克夏猪扛着北京肥鸭，荷兰牛驮着德国长毛兔……浩浩荡荡，吸人眼球。这正是中央大学西迁时学校未来得及运走的农学院畜牧场的鸡、鸭、鹅、兔、牛、猪等牲畜，在中央大学几名畜牧场职工的带领下，于南京下关渡江，由浦口出发，走南京至合肥的公路，再沿大别山北麓公路西行，过平汉路，继而沿桐柏山南麓，抵达宜昌，得宜昌交通部门相助，挤出舱位并不收运费，输运这支特殊的“大军”至重庆。一路跋山涉水，风餐露宿，历时约一年，行程数千千米，辗转赶运到重庆，其坚忍不跋的精神令人为之动容。

对于这一场景，时任南开大学校长张伯苓曾在公开场合慨而言之：“抗战开始以后，有两个大学都弄得精光：南开大学被日本飞机炸得精光；中央大学却搬得精光，连畜牧场的牛羊都从南京赶到了重庆。”中央大学“鸡犬不留”的故事引发震动，体现了中央大学精神，也展示了中华民族巨大的潜在力量。

这些良种家禽家畜的到来，标志着中央大学的西迁全部完成。

回溯中央大学西迁之全过程，干净利落，一步到位，堪称计划得当、组织有序、行动果断，是为典范。这一切，得益于中央大学校长罗家伦的远见卓识和充分准备。预判时局，罗家伦自 1932 年 8 月就任中央大学校长以来，一直默察时局，预见到日本侵华战争的必然，“1935 年至 1940 年，中日必有一战”，战，则南京必将不保。早做准备，罗家伦与战争赛跑，提前安排，两年前，1935 年即对战时设校的地点、条件做了事先的考察，综合考察结果后选定重庆。同时，也做了一些物资方面的准备，如预制载物木箱、登记物资清单等。

诚然，之所以看中重庆为理想的迁址地，与当时的备战有关，国民政府有把重庆作为抗战大后方的计划；也缘于罗家伦的见解，一是抗战是长期的，作为学校不便一搬再搬；二是所迁地以水道能直达者为宜，方便搬迁；三是重庆乃可守之处，且山陵起伏，宜于防空。

罗家伦判断力超强，处事不惊，善于决断，迁校布置，有条不紊，环环相扣，措置得当。在迁址重庆的决定遭到校内校外各方人士反对的情况下，他力排众议，坚定西迁决心，亦得日本飞机连续轰炸促成搬迁行动实施——在日军飞机的持续轰炸和炮火的不断蔓延中，顺利内迁，一步到位，创下奇迹。

自后，随着战火的蔓延和失地的增加，浙江大学亦走上了艰辛的西迁之路，初迁浙江建德，继迁江西吉安、泰和，经广东、湖南，再迁广西宜山，终迁贵州的遵义、湄潭、永兴，并在那里坚持办学7年。1937年11月～1940年2月，辗转浙江、江西、广东、湖南、广西、贵州诸省，行程漫漫2600多千米，历时两年半，流亡办学，教学学习之余，播下了科学和文化的种子——在浙西、赣中、桂北、黔北农村和山区，既坚持了办学和科学研究，又促进了这些地区的开发，“文军长征”矣。

其时，南迁于湖南长沙的国立长沙临时大学（国立清华大学、北京大学和天津私立南开大学加上中央研究院组建）再行西迁昆明，分两路：一路经粤汉路到广州，转香港、海防，再由滇越路进入云南到昆明；另一路经常德、芷江、晃县（今新晃）进入贵州，再经贵阳、永宁进入云南，经平彝（今富源）到昆明，为“湘黔滇旅行团”，步行线路。于昆明改校名为“国立西南联合大学”。

其他的国立大学，亦纷纷向大后方搬迁，武汉大学迁到四川乐山，中山大学迁到云南澄江，同济大学迁到四川宜宾和南溪，东北大学迁到四川三台……

冯家四兄妹皆是这一时期的亲历者，也是践行中国大学特有精神的实践者。大哥冯焕随中央大学西迁，姐姐冯慧随浙江大学西迁，而二哥冯康于1939年考入中央大学（1939年春，考入福州协和学院，后于1939年夏又考入中央大学），遂西迁入川；小弟冯端则于1941年与姐姐一起奉母西行，万里跋涉，历经闽、赣、粤、湘、桂、黔、川七省，迁居重庆，完成了“家庭西迁”的壮举。这段经历，在其各自的成长过程中，影响重大，均留下殊为珍贵的印记。

淞沪鏖战三月，日军在侧翼金山卫登陆，遂导致我军全线崩溃，上海失守，十一月中旬苏州沦陷，十二月下旬南京也相继沦陷。战争烽火继续燃烧，日军进占东洞庭山。母亲携冯康、冯端不得不离开东洞庭山再次返回苏州城。

苏州城内一片狼藉，冯家原住宅已大部分被毁，遂另在西美巷租屋居住。由是，父亲冯祖培多年来所收藏的图书字画也损失殆尽，对此，父亲冯祖培淡然处之。“元来身外非吾有，都作浮云过眼看”是为20世纪30年代之语：身外之物，全都是浮云，境界高雅脱俗，所论浅显明快，洒脱精到，极是，极是！

日本人来了，学不能上了，冯康、冯端兄弟俩每天在家除了忙生计外，一有时间便看书。有一天，冯端随冯康到草桥中学原址去，原图书馆小楼已遭敌机炸毁，残迹宛然，二人心痛不已。在废墟上，断瓦残垣之间、灰烬之中，冯康拾得一本烬余残缺的英文书 *Great Short Novels in the World*（《世界伟大的中篇小说集》），其中有屠格涅夫的《草原中的李尔王》等，就津津有味地阅读起来，这是冯康阅读英文书刊的开始。这令冯端羡慕不已，下决心也要看英文原著书。在以后的学习生活中，冯端读书主要以原著为主，实发端于此。

除英文书刊外，冯康、冯端兄弟俩亦以英文报纸和电影作为学习英文的辅助手段。后来，冯康、冯端兄弟俩都曾在许多国际会议上用流利的英语作学术报告，与外国学者交流。兄弟俩皆从来没有受过正规的英语口语训练，靠的就是在中学打下的良好基础以及后来的多看多用。

冯家在苏州住了半年有余，后因战事持续，生计艰难，遂决定去福建与父亲团聚，时父亲冯祖培供职于福建省政府，任民政厅主任秘书，后调任秘书处主任秘书。省政府原在省会福州，后于 1938 年春因战火内迁至闽西的永安。

永安，古名浮流，因巴溪、九龙溪相汇于城区西，宛如燕子的尾巴又称燕城，位闽中偏西，闽中大谷地南端，处武夷山脉与戴云山脉的过渡地带，“九山半水半分田”概括出永安的地理轮廓，一年四季气候宜人，钟灵毓秀，才子佳人，人才辈出。

言其历史，明代始设县治，民国时实行省、县两级行政制，永安属省管辖。永安拥有 12 个少数民族，是一座独具魅力的城市。古朴淳厚的民风民俗，赋予这座“麻雀虽小，五脏俱全”的城市以极其深厚的历史积淀和充满迷人魅力的文化底蕴。

抗战期间，战火蔓延到东南沿海一带，1938 年 5 月，闽海战事骤紧，日军攻占厦门，继而福州告危，战时总动员，福建省政府决定省会内迁，择地永安，随后，经国民政府批准，全员大搬家至永安，达七年半之久。

之所以选择永安，源于其地处闽中，四面环山，有着较大的战略纵深，可守可退，且因其交通便利，经济发达，故为战时省会的上佳选择。

福建省政府首脑以及中枢机关办公厅、财政厅、民政厅等几十个部门相继向永安而来；新闻、文化、教育部门、司法系统、金融机构、企事业单位也陆续迁来，这里成了战时全省的政治、文化中心。一大批政界、教育界、文化界名人和进步青年，抱着“抗战到底”的决心，建学校、修电站、办报纸……一直坚持到 1945 年抗战胜利。

父亲冯祖培曾有诗记述内迁前的感触：

其一

松影摇窗夜向阑，梦回孤枕觉衾寒。
打包僧已风尘老，又办青鞋入永安。

其二

移桐当墉意森然，桐叶初萌境已迁。
一院清明纵无分，长留老干碧参天。

永安，山秀、石奇、溪清、林幽……自然资源丰富，素有“金山银水”之称，生态景观甚佳，尤以历史文化（明清文化、儒家文化、闽越文化是其三个重要组成部分）、抗战文化驰名八闽。据介绍，斯时永安之抗战文化活动涉及政治、经济、军事、文学、艺术、新闻、教育等各个领域，轰轰烈烈，享誉东南。政府机关、学校及研究机构、文化团体、社会名流……群聚永安，为当时东南文化名城，与重庆、桂林并称当时全国最具盛名的三大抗战文化中心。

据记载，1938 年随福建省政府内迁永安的近 40 个党、政、军、文、教机关驻在永安吉山村，作为抗战时期福建行政、军警、司法、文教中心，吉山村至今仍保留着多处抗战文化旧址。

吉山处永安近郊，始建于明弘治年间，依山傍水，背靠北陵山，地势险要；面朝文川溪，潺潺的流水，成“几”字形穿村而过，水陆交通便利，商贸发达。明末以来，这里经济发展，文化繁荣，清康乾时期更是盛极一时。鼎盛的人文，厚重的历史，为古村留下许多古文化遗迹，造型各异的清代古建筑至今仍大都保存完好。

吉山古村，临文川溪而立，浸润着历史的风雨沧桑，文脉旺盛，且为富庶之地——自古民风淳朴，崇尚礼教，耕读持家，“山明水秀、小桥流水人家”是吉山的乡村名片。清康乾时期，吉山文风大盛，建有萃园、淇园、图南山馆等十多座书院，书斋林立，文人辈出。千余年来，吉山一直是百里闻名的文化之乡。

诚然！信然！事实上，抗战时期省主席府邸落户此地，足以证之。一定的基础条件和设施还是必要的，君不见，众多明清古民居中，即有诸如：八闽第一房——材排厝，气势恢宏；屋里乾坤——棋盘厝，布局酷似棋盘；团和厝，雕梁画栋，精巧别致……

古代吉山，“绿树村边合，青山郭外斜”，是为文化之乡；当年，凭借树木浓荫，溪流环绕，古屋交错，进退有据，吉山成为战时省级行政中心。古村落，背山面水，其建筑结合地形随意安排散落在村落中，道路则随地形曲直而布置、房屋就地势而组合，随意间体现有序，利用对景手法，形成丰富和谐的空间布局。

现代吉山，则因战时省会而为具有政治色彩的历史名乡——吉山，以历史文化、抗战文化，驰名八闽。斯人已去遗韵在，岁月留存，文化积淀，历史钩沉，信乎人杰地灵，不枉山水明秀。

抗战期间，父亲冯祖培与其同事们就是在永安，在吉山，坚持抗战。然因为七十多年前的往事，其办公、家居处所，皆无处可寻；处理公务，寻常轶事，都且无记载。容易理解，战争年代资料保存不易；然则另一方面，或问：闽人之于文物保存何漠然哉！难不成又应了明·董其昌《画禅室随笔》语“闽人未知赏也”。

1938 年夏，母亲携冯康、冯端由苏州去上海，在租界暂住，后乘海轮去福州，又乘船溯闽江而上到南平，转坐汽车至永安，与父亲团聚。

冯端一行到永安后，甫一安顿，尚未好好游览一下这座美丽的小城，冯端即于 1938 年 9 月下旬，由永安到沙县，就读于迁至该处的省立福州高中。二哥冯康则在永安家中自学，修完了高中课本与部分大一的课程。

自此，冯康、冯端两兄弟分开，开始了各自的独立生活和学习。

1939 年 2 月，冯康考入僻处闽西北邵武的协和学院数理系就读，这是一所教会创办的学校。虽然以优异的成绩获得了奖学金，但冯康认为该校教学水平有限，决意离去。于是只读了一个学期，便于当年 9 月以高考状元的身份考入当时已内迁重庆的国立中央大学电机系，只身赴渝。

三、世乱同南去，福中借修

福建省立福州高中，是为当年福建最好的高中学校。1937 年抗日战争爆发，1938 年，省立福州高中从福州东街三牧坊小巷内迁至闽江南源沙溪下游的沙县，省政府拨专款修缮校舍，在沙县城关文庙办学，以此开始，学校逐步转入战时教育体制。

沙县城关文庙的遗存

斯时诞生的校歌写出福州高中的悠久历史：“闽山苍翠水萦回，美哉伟哉我福中。正谊凤池托迹古，此邦人物甲南东。李忠定、俞家军，缅怀壮烈挹高风。鸡鸣风雨同舟切，百千健儿，齐起勤勇复公忠。振起中华民族，万祀永无穷！”

福建省立福州高中，其前身可追溯至清嘉庆二十二年（1817 年）创建的凤池书院和同治九年（1870 年）创建的正谊书院，从光绪二十八年（1902 年）奏准改建、改名的福建省第一所公立“全闽大学堂”的新学为起点，孕育形成了“植基立本、成德达材”的校训和“严谨、求实、竞取、活跃”的校风，成为福建教育的骄傲。

长期以来，省立福州高中坚持最先进的办学理念，教育成果名声显赫，早在 1938 年的全国大学首次统一招生考试中，学校即被列为全国最优的十所中学之一，受当时教育部传令嘉奖。1940～1944 年连续四年全国会考成绩合格率高达 99%，其中成绩优秀、免考保送升学者占毕业生总数的 36.65%，被各大学公认为是全国中学之冠——在福建，冯端求学投奔的就是这样一所名闻国内外的高中学校。

时光回溯到当年，沙县为闽西小城，处于南平与永安之间，濒临沙溪。公路不经县城，在沙溪河之对岸，河上有浮桥连接。河水中有旧石墩，看上去似为桥墩残留，若如是，以前过河是通过桥的。

从汽车站下车，越过横跨沙溪上的浮桥（并舟加铁索木板以成）就到了县城。县城不大，只有两条平行的长街，石板铺就，街道整洁，而福州高中就位于南街东侧的文庙。大成殿供开全校大会之用，庑廊改为学生宿舍，长长的木板通铺上横列着众多学生的卧位。大成殿前面就是一片操场，每天清晨在此举行升旗典礼。

冯端初到福州高中时，入学考试日期已过，校方就用面试来代替，考两门课，一门是英语，一门是数学。数学考试，常规也，会者不难，应考自不待言；英文试题是“笋”，当时冯端不知笋的英文名为何，问老师，告知为“Bamboo Shoots”，便凑一短文应试。结果，数学、英语两门课考得都不错，顺利通过，得以编入高一甲班。

冯端于2007年在回忆文章《回忆在福高的岁月》中叙述了当年的基本情况、入学经历等往事，对此仍记忆犹新，饶有情趣。

而今，城关文庙早已不存，有名无实矣。唉，文庙学官，乃古代儒学教育的殿堂，沙县为闽学文化摇篮、先贤文化之地，何以存留不得文庙？据沙县老人指点，文庙之遗址位置在今天沙县一中校园一带，文庙门墙即在现沙县一中校门附近。考沙县兴国寺史料：“旧时，兴国寺，东边一墙之隔为赞化宫，寺前与文昌宫连成一体，西与孔子庙相比邻。”而沙县兴国寺正位于现今沙县第一中学校园内东侧，由是，文庙地址所在可以确定，正在现沙县一中校园。

在福州高中，课程不少，科目繁多，有国文、英语、数学、物理、化学、中外历史、中外地理、博物、生理等。福州高中非常重视国文、英语和数学教育，英语、数学自不待言，就国文课来说，含古文、作文两部分，作文当时多要求写半白话文，对字数严格限制，务求简明扼要，表达清晰，期考、年考都被列为首门，难度较大。好在有优秀的教师在福州高中，名师荟萃，有一批学者型、专家型的教师，是为师资的核心力量。

高一时，教国文的是管雄老师，他是毕业于当时的中央大学的高材生，省立福州高中之校歌的词作者（曲作者为饶士斌）；英语老师是王志恒先生，圣约翰大学的高材生；教数学的是位女老师顾先生，一口苏州口音，慢条斯理……他们皆是大学毕业，自视颇高，教学态度十分严肃认真，也深谙教书的技艺。

结合课堂教学，冯端与同学发起组织“牛顿自然科学社”，得到黄缘芳老师（教数学颇有名气，后来也在大学执教）的指导，他们读书、写心得，曾将阅读何鲁所著的《虚数详论》之心得体会写成壁报。忆及当年往事，冯端不无感慨：“如果这些涂鸦之作称为论文的话，当时写的《论虚数》就是我写‘论文’的嚆矢。”

课程之外，学校也组织课外活动：国语与英语演说比赛、国际时事辩论会等。受班级推荐，冯端参加了这些活动，并获得过好名次。

除了课程学习、课外活动外，在福州高中，还有社会学习，顺应形势，尽社会责任。冯端于高一时参加了两次校外活动，一是去夏茂镇作兵役宣传，二是沿沙溪舟行去三明镇（当时，三明仅是镇而非市）参观访问。

夏茂镇地处沙县西北部，距县城44千米，翻山越岭，走几十里路，至镇，鼓动宣传外，则在祠堂中戏台上睡地铺，这是冯端走上社会、体验社会的第一步。

夏茂，是沙县小吃的发源地。所谓“沙县小吃”，薄、快、清、廉，是中国难得的快餐小吃，现今于全国风靡一时，其招牌，昭然、挺然于通都大邑、街头巷尾。问起当时知否“沙县小吃”为国内著名？冯端坦言并不知晓。如此看来，在当时，“沙县小吃，名闻遐迩”，其言不实，以往并非如此，也只是当地小吃有特色，仅此而已，远非现在“有城市的地方，就有沙县小吃”之状况，其红遍全国乃近一二十年的事。虽说风水流转，兴衰际遇，另有千秋，但此“沙县小吃现象”，值得研究。

而三明则是在福建搞政改的试点。实话实说，于三明考察政改试点，对一名高一学生而言，只是走上社会的一种体现，象征性远大于实质性，走过场而已，对冯端的人生经历并无多大影响。

时值抗战，教育部门要求，凡高中学生都要参加战时“民训”“民教”工作。故冯端读完高中一年级后，即按规定，去沙县的一所乡间小学教书，算是参加“民教”，历时一年。

沙县，古名沙阳——穿越1600年的文明古城，位于武夷山脉与戴云山脉之间、闽江支流沙溪岸边，福建山海主通道上，据闽西北要冲，东出南平至福州，西过三明至厦门，北上浙赣至中原华北，自古即为闽西北的要商品集散地，水陆交通方便，是商贾云集之地；素有“金沙县、银建瓯、铜延平（南平）、铁邵武”之称。

沙县，山水清秀，原壤膏腴，是为“闽中明珠”，乃闽学文化的摇篮、先贤文化之地。考《沙县志》：宋代文教昌盛，出现“五步一塾，十步一庠，士以诗书相劝……乘朱轮、曳金紫者不知其凡几也”之盛况。

事出有因，渊源有自：沙县为历史上中原南迁移民的著名客家历史文化之乡。

言及客家，说的是中华民族一支重要的汉族民系：自西晋始，五胡乱华，永嘉之难，中原黄河流域河洛地区华夏汉民族不断南迁，形成相对稳定的客家族群，继往世界各地迁徙，终成汉民族中一支遍布全球且人文特异的重要民系族群——具有显著汉族与山区少数民族特征的特殊民系，一方水土养一方人，诚然！信然！

客家人，守望中原文化的内核，历经数百年的兼容并蓄，形成汉民族中一支个性鲜明的客家民系——遥想当年，战乱频仍，中原汉人一次次告别家园，举族南迁，面对无数残酷环境，客家先民，行走天下，聚族而居，不断开拓新的生存空间，坚忍不拔、勇敢拼搏、团结进取、自强不息，砥砺出令世人瞩目的客家精神。

客家精神秉承中原文化古风，以耕读传家，渗透了南迁途中所经历的艰难曲折，融汇了为适应新的生存环境所经历的磨炼，容纳了南方土著族群的文化精华，通过漫长历史的整合、兼容、同化、改造、创新，孕育出慎终追远、仁爱诚信、崇文重教、开拓进取、兴家报国为内核的客家文化，艰苦创业，终成大观。

于是乎，向来蛮荒的南方山地上，多了一群勤劳的拓荒者，他们把中原先进的文化和生产力，传播到南方的山山水水，形成了独特的客家文化——客家人的生活习惯、民风民俗，既保存了中原文化底蕴，又烙下了客家先民筚路蓝缕的印记，同时吸纳了土著人和周边族群的文化因素，具有鲜明的客家特色。

人的联想，很有意思。书写至此，忽然想到昔日美国的西部开发和中国历史上的客家人南迁，进而又想起美国的印第安人和中国南方的土著人。当年美国人即沿66号公路西行，开发西部；与中国客家人南迁，拓荒南方，庶几近之！然，何以为客？何以为家？二者的行为实践决然不同。

“来的都是客”，客与主对应。当然，客、主之名分是相对的。相较而言，当年，北民南迁，为区别当地的土著人群，自称“客家”，客处也！而山姆大叔西行，何有客处之说？考其结局亦大异：一是艰难度生之漂泊，寄人篱下；一是开疆辟土之功臣，耀武扬威。虽说今之视昔，不能用今的模式硬套昔之人、之事、之情、之理，但须还历史本来面目。

据记载，沙县为福建客家人主要聚集地之一，闻听有一说：据族谱调查，沙县境内各姓居民，无一不是中原各省（豫、冀、晋、徽……）汉族的后裔。未予考证，不知对否。

冯端参加“民教”，虽说是按规定而行，时势所迫，无奈之举，然，生活是“无字书”，生活是知识的源泉，走进基层乡下，走进生活实际，走进客家人群，零距离接触客家文化、民俗民风，开阔眼界，增长许多在书本上读不到的实际有用的知识，又何尝不是好事？

“民教”期间，冯端住在乡间学校里，白天讲课，教学生，因学生不多，故不是很忙；夜里一盏油灯伴着他批改作业，看书备课。用餐，则先是在学校食堂，后来在农户家搭伙，条件所限，生活较为艰苦。

一年的教学生活，对冯端了解社会、认识人生、增强独立生活能力有很大的帮助。不仅如此，这一年里，由于没有学业之累，事也不多，时间多了，正是读书的好机会，这对于酷爱读书的冯端来说，可谓得其所哉。

沙县市面上的书并不多，但有两种书可买到，一种是文化生活出版社出版的由巴金主编的各类丛刊，另一种是刘西渭（李健吾的化名）的批评文集《咀华集》。

巴金主编的各类丛刊中，如《文学丛刊》《文化生活丛刊》《文学小丛刊》等，介绍各类文学作品，长短篇小说、散文、诗歌、戏剧、评论乃至书简、报告等，应有尽有，内容充实；还有介绍外国文学名著的《译文丛书》，则包括狄更斯、勃朗特、福楼拜、托尔斯泰等文学巨匠名作。冯端选择性地购买阅读，由此，读了很多著名作家的作品以及文学新人的著作，博览广阅，读书成趣。

《咀华集》，是从李健吾先生的作品集中选出的一些文学评论，作者对现代文学史上的一些作品给出了自己的看法和观点，其中有巴金、沈从文、曹禺、何其芳等人的著名文学作品，其评述，或由原文一点生发开来，或是探讨文学创作理论问题，或对原作进行赏析，在其中铸进自己对生活和艺术的发现，旁征博引，展开联想，时有独到的见解，精妙恰当。读之，思之，很有启发，此书既介绍了文学作品之本身，又使对作品的理解更加深入，含英咀华，名副其实。

如《边城》与《八骏图》都是沈从文的代表作，刘西渭将两者联系起来，从中读出沈从文的艺术创作表现了“具体的生命”，而他“所涵有的理想”是融化在作品中“各自的生命里”的，认可沈从文作品创作的独特风格。“沈从文是抒情的，然而他不说教；是抒情的，然而更是诗的。”

又如对林徽因的小说，更是如此。林徽因借鉴意识流手法创作了小说《九十九度中》，选取北京夏季炎热的一天，以挑夫流动的脚步，将貌似互不往来的社会各阶层不同的生活场景连缀在一起；截取生活中有代表性的片段，且让这些片段带着生活本身的空间广延性与时间连续性，展示了 20 世纪 30 年代中国都市生活的样态。这是早期运用现代派手法的名篇，但在发表的当时，由于叙述方式的超前而不能被有的读者接受，甚至有保守的大学教授竟然读不明白，为此李健吾写出了与小说同题的评论，热情称赞：“在我们好些男子不能控制自己热情奔放的时代，却有这样一位女作家，用最快利的明净的镜头（理智），摄来人生的一个断片，而且缩在这样短小的纸张（篇幅）上。”并指出：“在我们过去短篇小说的制作中，尽有气质更伟大的，材料更事实的，然而却只有这样一篇，最富有现代性。”

冯端读《九十九度中》，为小说谋篇的灵活性、情节的开放性、结构样式的新颖性、素材片段的拼接手法，深感震撼；再读李健吾的评论，则有豁然开朗的感觉，觉得形式比内容更富于现代性。而初读废名的《桥》，则有一种莫名其妙的感觉，它没有总体上的情节构思和故事框架，而是通篇由片段性的场景构成。“桥”之概念，得以延伸，废名在《桥》中如是说：“凡由这边过渡到那边去的都叫做桥，不在形式！”在《桥》中，人、物、事……都变为了风景，对物与风景的迷恋，使废名为中国新文学小说体式造就了一座独特的“桥”——写意小说。

冯端很喜欢废名的这种典型和独特的文体风格，以及偶发性和跳跃性的手法，因为这样的作品自然耐读，有诗境，有理趣，没有过多的雕饰，却充满着诗情画意。至今，冯端仍保存着当时购买的废名的《桥》——此书跟随他走过了万水千山。

在大量阅读国内外文学作品的基础上，再细读《咀华集》，使冯端对文学的理解有茅塞顿开之感。高二时，学校里上演了李健吾的话剧《这不过是春天》，是由高三同学串演的，十分精彩。冯端还读到李健吾的另一剧本《新学究》，乃是绝妙的喜剧。李健吾推崇沈从文、卞之琳、何其芳、废名等人的作品，受其影响，冯端欲一睹为快，于是寻之、购之、读之，诚有耳目一新之感。

值得一提的是，冯端对沈从文著作的爱好，也始于其时——当年于沙县书店购买到《沈从文选集》，又在图书馆借阅了《边城》《湘行散记》等书，由此奠定了阅读基础，并一以贯之。

“民教”一年，苦中有乐，失中有得，回忆这段往事，冯端深有感触：

通过系统的读书，渐入佳境，有了判断文学艺术的能力，增强了文学艺术的鉴赏力，开始进入了文学的殿堂。

由进入文学殿堂论及读书，联想到当年的购书，忆及此，冯端记忆犹新，兴趣盎然地说起当时的“一折八扣书”。所谓“一折八扣书”，就是书的实际售价按书的定价打一折后再打八扣，也就是实际售价是定价的百分之八。定价一元的书，实际只卖八分钱。这些一折八扣书几乎全是古旧书重印，排版密集，行外标点，封面大都用色纸单色印，一律是32开平装本，以便出得多、出得快，有利于降低成本和售价，有利于竞争。可以理解，20世纪30年代，中国的新式出版业以活字排印代替木板雕印已日趋成熟。图书市场方兴未艾，商战此起彼伏，于是乎，翻印古旧之书即成捷径——翻印古旧之书，拿来就可印，不必找作者写，甚至也不必找编辑编，还不必付稿费、版税，确是花钱少又能快出、多出的不二法门。但任何东西做得多了，多有问题，或照做，或仿效，甚至不必另外找人标点，把别的书店标点好的依样画葫芦翻印就是，弊端很多。其应对，除了另辟蹊径外，只能在售价上花样翻新，同样货色，设法卖得比别人便宜，以达到“多售”之目的。于是，一折八扣卖图书，应势而生。“折扣大战”之产物，无足为奇，商战怪状矣。

话虽如此，当时很多“一折八扣书”却广受欢迎，成了大众畅销书，乃不争的事实。原因在于：一是其出版范围十分广泛，除小说外，还包括戏曲、诗话、《韩昌黎文集》、《王安石文集》等正统文学书籍，还有经、史、子、集等历史文集，涉及广泛，受众面大；二是其价格低廉，给了不少手头不宽裕的读者一个读书的机会，有一定的积极作用，尽管这并非书商之本意。事实上，“一折八扣书”因其价廉，当是一些囊中羞涩的学生购书、读书的重要途径，据冯端回忆，其时，他亦经常光顾书店、书摊，购买“一折八扣书”，购之，读之，乐此不疲。

1940 年 8 月，结束“民教”后，冯端回到省立福州高中继续读高二，任教的仍然是一批名师。

教数学的是翁礼平老师，讲大代数非常精彩。教国文的是游寿老师，这位中央大学、金陵大学的高材生讲了一个学期的《离骚》，冯端回忆道：

记得她将《离骚》从头到尾讲了一遍，这显然不是中学课本的内容。对中学生确实太难了。游老师清癯瘦弱，但讲课时，繁征博引，头头是道，给人以学问渊博、才气纵横的印象。有些千古传咏的词句，至今还在我脑海中回响：“吾令羲和弭节兮，望崦嵫而勿迫”“日月忽其不淹兮，春与秋其代序。惟草木之零落兮，恐美人之迟暮。”这要归功于游老师当初的教导。

福州高中的国文老师皆出自名家，多半擅长古典文学，管雄老师如是，游寿老师如是，后来他们都在大学执教，是为著名的学者与书法家。冯端在一篇回忆文章中写道：

当时我看到管、游两老师的字迹，疏朗矫健，不同凡响，字体有类似之处。待日后看到胡小石先生的字迹，方才悟到他们都是胡先生的高足，在字体上同一师承。

英语老师是魏锡勋先生，沪江大学的高材生，与高一的英语老师王志恒先生一样，也深谙教书的技艺，因而冯端得以在高中阶段受到良好的英语训练。按冯端的说法：

在高二念完后，去重庆沙坪坝闲居一年，借助于中央大学图书馆的丰富藏书，阅读了大量的英语小说、传记、散文。1942 年考入中央大学之后，随即参加一次英语甄别考试，列为最优等可免修大一英语，就落得优游自在，自己看书。后来修大二英语，老师不点名，我也就逃课了，期末以一篇作文代替考试，也轻松过关了。这样算来，我正规的英语教育是只有初中三年，高中两年。但由于日后泛览大量英语著作，习惯于英语思维，因而读、听、说、写都能应付自如。

冯端求学于福建沙县省立福州高中，在极其艰苦的条件下，研习中国古文，接受传统教育，深刻认知中国文化，感受其博大精深，树立信心；学习英语，师资优秀，受到良好的英语训练，奠定基础；数学等课程则按部就班，循序渐进。

高中时的冯端（1940 年）

诚然，无论课内课外，所得皆来之不易。学习条件十分艰苦不谈，还常有敌机来袭，经常需疏散至郊外，上课不定时，生活无规律，如此环境下读书，如有所得全凭自我充实。学习，是冯端困苦环境下求生存的动力。

在福州第一中学档案馆中，还保存有当年（1941 年）福州高中学生的学期成绩一览表，其中，冯端的各科成绩为：

姓名：冯端　　年龄：19　　籍贯：江苏吴县

入学年月：二十七年八月　　科别：高中

第一学期成绩平均：80.5

第二学期各科成绩：

	公民	军训	国文	英语	算学	化学	历史	地理	图画	音乐	平均
各科成绩	85	78	87	87	79	91	70	63	75	70	78

第二学期成绩：79.3

操行成绩：甲
体育成绩：74

回眸高中时代，冯端自以为，通过博览群书培养了鉴赏和甄别的能力，以后学以致用，专于一门，实得益于此。冯端回忆道：

福高这段岁月也是我在文学上的启蒙时期。

课堂生活多姿多彩，值得回味，但得益更大的却在正课之外。

学校图书馆藏书甚多，冯端频繁光顾，遂得以饱览群书。当时，福州高中图书馆有时任福建省主席陈仪赠予的初版《鲁迅全集》，20卷，红面精装。由是，冯端得以从容翻阅其全部作品和译作，他回忆道：

所喜欢的是《野草》《朝花夕拾》，以及所译鹤见祐辅的散文集《思想、山水、人物》。图书馆中，也有周作人的不少作品，如《谈龙集》《谈虎集》《雨天的书》《看云集》等，一一读过，颇欣赏其闲雅冲淡的文章。

得益于福州高中图书馆丰富的馆藏，冯端还读了《新月诗选》和徐志摩的《巴黎的鳞爪》，也喜欢其华丽流畅的诗与散文。冯端常翻阅馆藏的期刊《新月杂志》等，读了卞之琳译的《西窗集》和梁宗岱译的《一切的峰顶》，这些对冯端是一个启示，促发其对象征派、后象征派和现代派的诗文和小说产生了浓厚兴趣。

冯端兴趣广泛，文史哲和自然科学无不涉猎，培养了对文学的兴趣，虽与后来事业无关，却长期作为业余爱好延续拓展。

初高中都有国文课，也包括诗词，这构成冯端诗教的一个部分。到了高中，作为个人行为、自我消遣与自我教育，冯端开始阅读一些新诗和译诗，逐步摸索出一些门道来。正如他自己所说：

在高中阶段，在课堂以外，我开始阅读一些新诗……看过一些早期的新诗集，如胡适之的《尝试集》，兴趣不大。后来读到徐志摩的诗，感觉就不一样。读来还觉得诗意盎然的。如徐志摩《残诗》完全是说话的腔调，但抑扬顿挫，自有其节奏与韵律，使我感受到新诗的魅力。后来看到刘西渭（李健吾的化名）的批评文集《咀华集》，其中流露的对文艺的洞见使我茅塞顿开。

冯端接触并欣赏了西方现代诗，特别是象征派和后象征派，增加了了解西方诗的兴趣，领悟了中西学养融合对诗歌创作的作用：

……从梁宗岱的诗论集《诗与真》一集与二集，我初步了解象征主义的一些情况，再翻阅了译诗集《一切的峰顶》（梁宗岱译）和《两窗集》（卞之琳译），首次接触到法国象征派诗人（波德莱尔、魏尔伦、马拉梅）以及后象征派诗人（瓦雷里与里尔克）的诗，展示了诗艺的一个新天地。这样的诗，精致微妙，烘托出空灵超脱的意境，使我着迷。同时也使我去寻找在中国诗词中相对应的篇什……尽管语言和时代有很大差异，但古今中外的诗，还是可以彼此呼应，相互沟通的。一句话，“心有灵犀一点通”。

道与诗同，道即是诗，诗也是道，都是对具体的物、具体的功或利、具体的一得之乐一己之喜的超越。悟道功夫，也即诗意的发现。与诗结缘，发现诗意，则虽衣带渐宽人憔悴，也是其乐无穷，妙不可言。

2003年，冯端著文论诗缘，谈及当年读新诗和译诗的经历和感悟，还饶有兴趣地说起一件轶事：

离开福建之前，曾在地摊上买到一本唐诗的英译本，Cramer Bing译的*The Lute of Jade*（《瑶琴集》），这是我自己购买的第一本外文诗集。读起来还有一些诗味，虽则译得不太准确，还记得其中将李白的“长安一片月，万户捣衣声……”译为“Under the crescent moon's faint glow, Washermen's bats resound afar。”万户捣衣的月夜应接近于满月，而非这里译的新月。这本书早已丢失，但这一误译却念念不忘，真是买椟还珠了。

步入老年，回顾往事，对于事业和文学之关系，冯端诠释如是：

科学是我的事业，而文学是我的业余爱好，两者并行不悖，持续至今。正是在福高的这段岁月奠定了两者的基础。饮水思源，令人长念母校的恩泽。

2007年，时值福州高中190周年校庆之际，冯端欣然为母校题词“格物致知，实事求是。不断进取，开拓创新。”

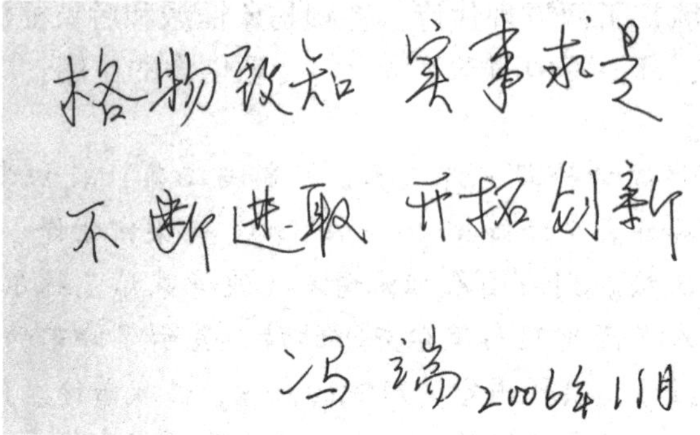

冯端为福州高中 190 周年校庆题词

同学少年，峥嵘岁月。在福州高中，冯端与一批同学结识并成为好友，同学习，同生活，一起切磋学问，一起锻炼身体，皆极富性情，或优雅，或渊博，或激昂，或淡定，或幽默，或深沉，风采各异，“书生意气”溢于言表。

数十年来，每每忆及这些福州高中时期的同学、好友，冯端仍目光灼灼，神情之间，似乎又回到那梦幻般的青春岁月。青春的友情弥足珍贵，他在回忆文章《回忆在福高的岁月》中，深情地写道：

李鸿栋同学才华横溢，我们经常沿操场散步，讨论众多的问题。还记得有一次全校大会上，他慷慨陈词，认为：在抗日烽火遍地的中国，学生还在课堂上读诗经“坎坎伐檀兮……”这种老古董，不合时宜。当场引起了教导主任戴锡璋老师的反驳。李鸿栋在读完高一后，就跳考入中央大学医学院，后因病辍学。1941 年夏，我寄居长汀时曾到他家访晤，适值他父丧，吊客盈门，未能畅谈为憾。新中国成立后他在广州，从事商业工作，我曾去探晤；他也两次来南京看我。后来他去美国定居，90 年代后期病逝，未登高寿为憾。当时班上学习成绩最优秀的是葛文勋与卢谋两位同学。惜乎卢谋英年早逝。葛文勋毕业于厦门大学，后赴美留学，执教于 Case Western Reserve University（凯斯西储大学）多年，将电子技术应用于医疗方面取得卓越的成就。他又兼职厦大，并捐巨资建立研究中心，在推动祖国的事业和培养人才方面也成效显著。2004 年，我们曾从底特律驱车到克里夫兰葛府，逗留两天。葛文勋身体矫健，步履轻捷，精力充沛，闲暇时尚挥毫自娱。葛夫人贤惠精干，热心公益活动。她原是女高音歌唱家，后因相夫教子，退出乐坛。我们有幸欣赏其早年所录歌曲，歌声高亢，余音绕梁。葛夫人雅善烹调，精制糕点，又巧于女红。班上的苏元章和阮元珍两位同学均擅长数学，曾闻阮元珍在湖南师范学院数学系毕业后，分配到上海，不幸自杀殒命，未能展其所长为憾。2004 年 11 月在美国洛杉矶停留时，承苏元章驾车来访，陪我们到市区观览，并在一中餐馆与叶德风、黄德洛两位老同学相聚。后又至他家中与其夫人相叙。在八九十年代，我常至北京参加全国人大会议，又有缘与老同学邱守鍠、范志增、罗启前、郑肖钊等相会。在高二时，又有一些原本低一班同学与我们编在了一起，其中和刘诗华同学最为相契。当时他主持壁报，我曾撰写多篇文章供稿，记得有关国际形势的《法兰西的悲剧》，有译自《密勒氏评论报》有关滇缅公路的报导，还有一篇译文《新闻文学论》。后来刘诗华在台湾任电信局长的高官，惜享寿不高，无缘再聚。许多福高的同学后来都事业有成，应归功于母校的施教。

1991 年，部分福州高中同学于北京重逢（右二为冯端）

四、国破山河在，举家西迁

不久，这样的学习生活就发生了改变。

1940 年下半年，冯端读高二时，家里陡生变故——父亲突然罹患胃癌（一说是脑出血）去世，在父亲同仁的帮助下，将父亲安葬在永安一块由福建省政府出资所购的墓地。

时在贵州的姐姐冯慧于浙江大学毕业寻找工作，闻听父亲病重，遂由贵州湄潭回福建永安省亲，但因路途遥远、时间漫长，回到永安时父亲已故去，并没有见到父亲最后一面，甚为憾事。

父亲辞世的阴霾未散，冯家随即又陷入经济窘迫之境况——父亲病逝，冯家的顶梁柱瞬间坍塌，家中顿失经济来源。因为家里从来都没有积蓄，失去父亲的收入，家里顿显经济拮据。由此，家境开始由殷实转为贫困。

其时，冯端在沙县福州高中读高二，生活、学习都需要钱。而大哥冯焕、二哥冯康远在重庆，大哥由当时的中央大学毕业，任职于通信总队，刚参加工作出差为常事，家里一点儿都照顾不到；二哥则在当时的中央大学就读二年级，由于能从学校获得的助学救济金很少，只能依靠自己找点临时工作来贴补学习费用之不足——1941 年 8 月，冯康找到一份在交通部国际报话费核算处作核算员的兼职工作，半工半读，勉强维持生计。

父亲故去，母亲尚在，为了母亲，姐姐冯慧在福建留了下来，主持家政，节流开源：节流方面，辞退佣人，减少开支；开源方面，冯慧去了父亲在世时为她联系好的一个单位工作。单位在福建长汀乡下，于是冯慧带母亲去了长汀。

长汀，乃闽、粤、赣三省之边陲要冲，别称汀州，盛唐以降，长汀均为州、郡、路、府的治所，是历史上客家人聚居最具代表性的城市，为中国客家的大本营，世界客家首府。长汀，融人文景观与自然景观于一体，与湖南凤凰古城一起被路易·艾黎誉为“中国最美丽的山城”。

姐姐冯慧工作的单位是一个新创办的研究机构——水土保持实验区，属福建省研究院。在当时，水土流失对农业生产的严重影响已引起政府的重视，于是设立专门机构进行小规模水土流失治理的实验。进行水土保持研究很有创见性，而冯慧在那里从事无土栽培的研究，即用不同的营养合剂、不同浓度的营养液来培养各种农作物。这是一个非常有前瞻性的工作，在那个时代更是极具超前性，对中国这样一个人多地少的国家有非常重要的意义。新中国成立后，类似研究于 20 世纪 70 年代始起步，80 年代方才兴起，作如是观，冯慧乃为先驱者之一。

冯慧在水土保持实验区工作了近一年，取得了很好的成绩，无土栽培的各类植物长得茁壮、茂盛，唯因时局所限，未能持续下去，实为可惜！然则其前途，未可限量乎？

1941 年 7 月，冯端结束高二的学习回到长汀。此时，因经济拮据，家计入不敷出，迫于生计，姐姐已与母亲商定去重庆，投奔大哥冯焕（二哥冯康亦在重庆），就等着冯端念完高二归来。斯时，重庆为陪都，为当时中国中心之所在。

人既回来，谋划转为实施，其结果是：冯端又一次中断学业，告别了福州高中，走向新的历程。

1941 年 8 月，冯端在姐姐冯慧的带领下，奉母亲由福建长汀出发，西行，辗转往重庆。妇孺三人，于兵荒马乱之际，举家西迁，既限于物，举家也，当有物——带着行李物件，箱子就有十几个之多；复碍于行，万里跋涉，一路关山阻隔，困难重重；西迁之路，何其难也！即使现在看来，难度之大亦不可想象，何况是在战乱时期，诚大有“蜀道难，难于上青天”之感，亦唯有付之长叹而已。

冯端一家举家西迁路线图

好在有历经磨砺、非常干练的姐姐——回溯西迁之全过程，姐姐居功至伟！

姐姐冯慧运筹帷幄，筹划线路，环环相扣，点线相接，携老带弟，毅然决然地走上西迁之路。顺便提一句：姐姐先前在浙江大学读书时，随浙江大学西迁，有类似的经历。不过，随浙江大学西迁，那是随众；而此举家西迁，则为主事者，大不相同，也是难为她了。途中，姐姐冯慧亲力亲为，联系、接洽、沟通，找人、托人、求人……皆一力承当；操不完的心，看不够的脸色，忙不了的事，能屈能伸，忍辱负重，尽显其巾帼英雄之本色。

数十年后，冯端忆及当年的西迁，由衷赞叹：“举家西迁，主要依靠姐姐冯慧的照料和安排。”

三人乘汽车，经江西瑞金到达赣州。出于经济上的考虑，姐姐本想找朋友、同学帮忙，以便搭车南下往韶关，故于赣州停留小住。姐姐去找人、接洽，打理事务；冯端则与母亲，看守东西，专事等候，随时准备动身前行。在此期间，还去看望了住在赣州乡间、从未谋面的姑母卢太夫人。其他时间，亦有时与母亲上街走走，购买些必要的东西。

赣州是粤闽湘赣四省边际中心，是为“千里赣江第一城”，章江、贡江于此汇合成为赣江，而赣江是为江西的母亲河——从赣州出发，由南向北，纵贯江西全省。赣江之水，绿水环流，碧波荡漾；两岸群峰竞秀，绵延不绝；水碧山青，秀丽迷人，风景这边独好。

自读辛弃疾《菩萨蛮·书江西造口壁》：“郁孤台下清江水，中间多少行人泪。西北望长安，可怜无数山。 青山遮不住，毕竟东流去。江晚正愁余，山深闻鹧鸪。”始知郁孤台、清江水，进而知赣州，然未悉其形胜也。因慕赣州山水清幽，遂有耕读之志。

赣州，富有南国江城秀丽景色，是中华客家文化的荟萃之地，作为客家人的聚居地，从城市到乡村，那处处存在的建筑景观，就是物化了的客家历史、文化的真实写照。赣州之城，独具宋城特色，是全国独一无二的宋城，名胜古迹以宋文化遗产为核心、为特色，有“宋城博物馆”之誉，有开创于唐末兴盛于宋代的通天岩石窟寺、宋代江西四大名窑之一的七里镇石窑遗址、全国仅存且保护最好的宋代砖城墙、堪称城市建筑史上奇迹的地下排水系统（宋代建成且至今仍在发挥作用的福寿沟）、因宋代辛弃疾的一首《菩萨蛮》词而闻名遐迩的郁孤台、始建于北宋的八境台、北宋九层砖塔慈云塔，等等。

可惜，此行为避难之途，赣州乃路过之地，于此，处行动之瞬态，全然顾不上其景致风光，不得深入，所见仅是表象，也是一憾。若是在安定年代，来赣州看着这客家人独特的建筑风格、古朴的风俗、独具特色的饮食文化等，当有所得。

冯慧原拟搭便车南下去韶关，可是在赣州逗留数日，总不逢机缘，事皆不果，遂自购票乘班车前行。赣州至韶关，约有 226 千米，车程在 8 小时左右。

由赣州南下韶关（曲江），经南康，过大庾岭——临川才子汤显祖倾心着墨《牡丹亭》之地，车入峰岭之间，无边无际的绿色扑面而来，东睇或西览，无非是绵延的林木；左眺或右望，尽是连亘的山脉。这群山牵连相拥重叠于眼帘者，其实只是大庾岭山脉向南奔走到广东的一段和南岭山脉的一部分。所走之路，则是沿着秦汉时开辟的梅关古道，逶迤南行。

出梅关，则入粤境。群山皆作一片深翠，峰峦不高而如绿云飘浮，百里长路从中穿过。“一路梅花一路诗”，梅岭之名，洵非虚语。

梅关古道尽头是南雄。南雄，“居五岭之首，为江广之要冲”“枕楚跨粤，为南北咽喉”。车至南雄，不停，穿城而过，继续前行，过平甫，隐约遥见丹霞山，想象其山体，“色渥如丹，灿若明霞”，益令人远想慨然，悠然神往。思绪还在丹霞山独特的地质地貌间逗留，车子已驶进了韶关。

韶关，作为“马坝人”的故乡、石峡文化的发祥地，是中华民族古老文化摇篮之一，有着悠久的历史和古老的文明，是岭南较早接受中原文化和先进生产技术的地区，是古粤与北方货交换的一个主要集散地，商品经济比较发达。抗战时期，更是成为前后方水陆中转地。过桥进城，环身四顾，青山环抱，三江六岸，风景如画，山水城，相辉映。当时的韶关，较赣州为大，也更为繁华。

历史名城，山清水秀，民族风情，乃韶关之靓丽名片。地处山区的韶关，四面环山，地势险要，军事上，“一夫当关，万夫莫开”；而商贸上，则是“一吏当关，万物难出”，各种商品货物，均有东、西、北三关把守，商贾们称其为韶关正缘于此（隋时设“韶州”，乃是取州北韶石山之“韶”字为州名，并无“关”之说）；水资源丰富，河流众多，北接浈水、武水，南延北江；浈江、武江二水从东西两向贯穿市区，呈羽状汇入北江。韶关是多民族聚居的地区，大部分是汉族，此外还有瑶、壮、回、满、蒙、京、苗、白、侗、土家等三十多个少数民族，民风民俗，多姿多彩。

于韶关稍作休整，姐姐奔走找人、托人，忙着联系由曲江（韶关）经湘往桂的火车，战时的韶关，无论是火车还是汽车，均是一票难求。不过总归还算幸运，等了几天，得人帮助终于购到曲江（韶关）到桂林的车票。于是，他们转乘火车，改由粤汉铁路经郴州至衡阳，再由湘桂铁路抵桂林，一段段走下来，虽一路艰辛，然尚算顺当。

关山阻隔，桂黔道难。桂林，以甲天下的山水而闻名，也是西南地区的重要军事重镇和通往东西南北的交通枢纽。然，在抗战时期，桂林不仅是内地通往海外唯一一条最便捷的交通通道上的中继站，也是一个重要的文化中心。源于优越的地理位置、相对宽松的政治环境，具备了人气聚集的条件，小小的桂林山城几乎汇聚了全国各地的文化人，“文人荟萃，书店林立，新作迭出，好戏连台”，呈现文化繁荣、民众救亡情绪高涨的景况，被称为“江南唯一繁盛之地”。特殊的环境为这场全民族的文化抗战提供了特殊的条件，桂林成了当时抗战中的文化名城。

旅途十分辛劳，过度疲乏，确实需要休息一下，故冯端他们于桂林停留，一边休息，一边找人。冯慧到处奔走，请同学相助，联系接洽并安排，自然是姐姐一手承担，冯端则陪着母亲，静候在侧。

忆辛弃疾《丑奴儿 · 书博山道中壁》词云：“少年不识愁滋味，爱上层楼。爱上层楼，为赋新词强说愁。而今识尽愁滋味，欲说还休。欲说还休，却道天凉好个秋。”偿以“少年不知愁滋味”与“而今识尽愁滋味”相对照，回顾少年，衬托“而今”，写出两种思想感情的变化。斯时，少年冯端对此二者均说得上是经历过了。

既然因谋生的关系当起了旅人，来到桂林，“桂林山水甲天下”，山水魅力的诱惑是挡不住的，既来之则安之，多少还有些“不知愁”的味道，要知道“愁”乃“识尽”不得。冯端于桂林等候期间，亦在其周边寻游。只是处境使然，无心无闲，玩起来也并不畅快，印象也不深。只是浮光掠影，蜻蜓点水，走到而已。“山，空自愁；河，空自流。”事实上，在抗日救亡这一强大的时代潮流面前，桂林的山水文化悄然隐退，各门类的文化主题都直接或间接地为抗战服务。

待到车票问题解决，冯端和母亲、姐姐三人就乘火车离开桂林直奔柳州了。

柳州又称龙城，位处广西中部，是中国南方人类“柳江人”的发祥地，多民族聚居地，具有浓郁的乡土文化和民族文化，几千年来一直是汉族和岭南土著民族经济和文化交流、融合的汇聚点，具有深厚的民族传统文化沉积。柳州属典型的喀斯特地貌，山清、水秀、洞奇、石美，“岭树重遮千里目，江流曲似九回肠”，以及徐霞客笔下“千峰环野立，一水抱城流”，是为柳州城市风貌最为形象的写照。可惜，战时的柳州，虽然风景依旧，但社会一片乱象，到处都是于此中转的行人，各种人等都在此涌入、再寻机离开。冯端等亦是如此，概莫能外。姐姐动用了所有可能的关系，千方百计搞票，争取早日离开。好不容易弄到车票，即乘火车再从柳州到金城江——当时，火车铁道的尽头就是金城江。

金城江位处桂西北、黔桂交界处（即如今的河池），到处都是崇山峻岭，山路曲曲弯弯，陡、险、窄，但这里是通向大西南的唯一交通要道，由此可通向重庆、贵阳、昆明等地。正是因为火车只到金城江，抗战时，成千上万前往内地的人们，几乎都涌到这里，聚集在这个弹丸之地，使得这个名不见经传的小城声名大噪。

金城江是典型的广西山水，属喀斯特地貌，山峰，挺拔俊秀；河流，幽蓝如梦；山光水色，旖旎风光，如诗如画。然而，对于不同人等，金城江，或是地狱，流落于此，上天无路入地无门……或是天堂，大发国难财，花天酒地，醉生梦死……充满了希望和幻灭、充满了血和泪……

车到金城江，人满为患，冯端三人无处可去，只能将行李物件堆放在火车站的站台上，而看管任务则非冯端莫属。三人在火车站周边租了个小窝棚让母亲歇息，姐姐陪母亲离开，冯端则陪伴着十多件行李，在金城江火车站的月台上，度过了一个难忘的不眠之夜，好在当地治安尚好，有惊无险。以后的几天，三人就在城里租了个木板房栖身。

金城江人多，凡来此地的人都想找出路，都在找前往各地的交通工具急着离开。而冯端一行自然也是如此。姐姐冯慧一连跑了多日，皆无收获，诚有“已是黄昏独自愁，更著风和雨”之感。

谚曰“功夫不负有心人”，后经多方努力，得到同学、朋友的大力相助，冯慧通过关系联系上军邮的一辆卡车，基本定下，择日便可启程。冯慧宽下心来，回来告知母亲、弟弟，皆大欢喜。三人遂改迁到河池，等待出发。

数日以后，动身，三人乘汽车走河池、南丹、六寨，出广西进贵州，过独山、都匀、马场坪、贵定，至贵阳，走走停停，一程程苦熬，艰苦度日，费时半月有余。

自入桂境，或在火车道上，或在汽车路上，或是走在城里，每每得见山川灵秀，山势离立，拔地干霄，攒玉浮碧，车驶（人行）其间，如出没玉笋中，绿天中行，碧云无际。大抵广西之山，是发育完美的热带岩溶地貌的典型代表，龙飞凤舞，远望虽似连岭，近观则峰峰离立，徐霞客喻为“碧莲玉笋世界”，庶几近之。山景美妙迷人，令冯端大饱眼福。车行景换，一幅幅图画依次呈现，岂止山阴道上，令人应接不暇已哉！

而后过六寨，始入黔境，其山势迥异广西，遥望群峰起伏，似叠浪连涛绵亘不断，公路屈曲于崇山峻岭间，山势浑厚而荒凉益甚。

到贵阳后，三人盘缠不够了，于是冯慧发电报给重庆的大哥冯焕，请他汇钱来，三人在贵阳等。

等候期间，正遇浙江大学在贵阳招生，冯端便参加了浙江大学的入学补考，但由于自身无高中毕业文凭，遂顶用冯康之名去考，却也顺利考上。然最后并未去浙江大学读书，一是不愿冒名顶替，心想：斯时冯康在中央大学读书，这里又冒出个冯康，说来不好；再说冒名能持久否？如此，冯端之名何时才能出头？二是浙江大学并非是其大学终极目标，他意在中央大学，放弃目标而另就，心有不甘；三是西行之目的地尚未到，他又怎能让母亲与姐姐两人单独上路？堂堂男子汉责任使然，憧憬的骑士风度尚在，年少志高的冯端于是放弃了浙江大学的入学资格。而浙江大学之考试，就当是牛刀小试吧！

待大哥冯焕将钱汇到贵阳后，三人购得车票，即乘车北上。因为车子容量有限，带不了这许多箱子物件，怎么办？姐姐当机立断：留下若干箱子，交由同学，于后办理托运。在当时，如此做风险很大。但事到临头，也只能这样。顺便说一句，这些东西以后也顺利运到了重庆，同学之能量真乃不容小觑。

车发贵阳，过息烽，绕冈峦而驶，更依岩而上，山回路转，则乌江在望矣。抵乌江，渡乌江桥。江从深山峡谷中来，绝壁对起，直下千仞，长风浩浩，激流滔滔。过乌江，长岭峨峨，连天而起，公路宛转群山中，萦迂而上，北瞻遵义，已在望中。车入遵义，稍事休息后又再上征程，遍地皆山，缘坡上驶，公路陡绝，直上娄山关。娄山关为黔北要隘，高踞岭上，有"一夫当关，万夫莫开"之险。渡岭而过，缘坡下驶，出群岭，地较平坦，至桐梓。再前行，又入重山叠岭，登岭巅，下七十二弯，公路至此，迂回往复，七十二折；再过川黔路上险境之一的钓丝湾，山势愈峻，左岭右峰，磅礴飞舞而出。

再前驶出黔省境，入四川綦江界，沿綦江循川黔公路而北，公路凿山傍水而行。抵綦江，下车小憩。綦江系一山城，却倚娄山，下临綦江，扼川黔公路咽喉。再发綦江，过巴县，往重庆，到达重庆对岸的海棠溪，二哥冯康来接，至此，结束了西行之途。

举家西迁完成时姐姐冯慧个人照

（1942 年 1 月，重庆北碚）

昔年，元·张可久咏："望长安，前程渺渺鬓斑斑。南来北往随征雁，行路艰难。青泥小剑关，红叶湓江岸，白草连云栈。功名半纸，风雪千山。"追求功名，南来北往，然，"功名半纸，风雪千山"，可望而不可即！人生无奈！"刘郎已恨蓬山远，更隔蓬山一万重"，感慨莫名。

而今，冯端维持生计，奉母尽孝，且为学业走遍天涯路，"三十功名尘与土，八千里路云和月”，辗转闽、赣、粤、湘、桂、黔、川七省，用时7月有余，万里跋涉，一路历尽艰险，终于迁居重庆，完成了举家西迁之壮举，有志者事竟成！其间经历，大小掌故、悲喜酸甜，难以细表。相较于钱钟书之《围城》所述类似经历，庶几近之，更胜一筹。诚然，这段劳其筋骨、打磨意志的旅程，也在冯端的人生经历中留下了浓墨重彩的一笔。

五、岁月行如此，苍茫独立

冯端，历尽艰辛，万里跋涉远来重庆，奉母投亲，一为生计，是为无奈之举；二为当时的中央大学，不远千里，专为此而来——冯家三兄弟都曾就读于当时的中央大学，就是今天的南京大学。

南京大学的历史源远流长，其前身上可溯至公元258年（三国东吴永安元年）的南京太学，历晋代与宋、齐、梁、陈四朝，南朝宋时设文、史、儒、玄、阴阳五科，为史上首所分科高等学府、教育与研究合一大学，至明朝南京国子监时期为世界最高学府。而近代校史则始于1902年创办的三江师范学堂。历经更名，1928年5月定名为国立中央大学。1949年8月8日，国立中央大学更名为国立南京大学；1950年10月10日，国立南京大学更名为南京大学。

南京大学历尽沧桑，秉持自身的办学理念，彰显良好的办学特色，无论是肇始时的校风“俭朴、勤奋、诚笃”或校训“嚼得菜根，做得大事”，还是百年前的风范追求“钟山之崇高，玄武之恬静，大江之雄毅”；迭经变革，由“诚、朴、雄、伟”延展到“严谨、求实、勤奋、创新”，薪火传衍，学脉绵延，熏陶了一代又一代南京大学的师长和学子。

国立中央大学是民国时期中国最重要的高等学府。抗战期间，中央大学迁校至重庆沙坪坝、成都华西坝等地办学，迁移一次到位，无论是人员还是设备，几乎都未受到损害。地处民国时期首都、陪都的“地利”，加上历任校长励精图治、用心经营的“人和”，使得中央大学的发展蒸蒸日上。

1945年8月，抗战胜利后，中央大学师生返回南京。1946年9月，中央大学拥有文、理、工、农、医、法、师范7个学院、37个系、6个专修科、26 个研究所，是当时国立大学系科设置之最。

据 1947 年 3 月 10 日的《申报》“教育消息栏”统计：

中央大学，7 院 37 系；
北京大学，6 院 26 系；
清华大学，5 院 23 系；
复旦大学，5 院 28 系；
浙江大学，6 院 28 系；
中山大学，7 院 27 系：
……

1948 年，在普林斯顿大学的世界大学排名中，中央大学已超过日本东京帝国大学（现东京大学），居亚洲第一。作为例证，不妨看一下 1945 年国立大学及研究机关比较的一组数据。

教育部检报国立专科以上学校教员及国立研究机关科研人员统计总表

	教授（人）	副教授（人）	讲师（人）	助教（人）
国立中央大学	325	57	113	259
国立西南联合大学	155	7	34	177
国立中央研究院	55	32	45	16
全国	3298	1063	1647	1955

国立中央大学规模之大，民国时期在国内首屈一指。也正是这民国第一学府，让冯家三兄弟先后与之结下不解之缘。

1933 年，大哥冯焕考入中央大学电机系。在那个年代，大学的电机工程被认为是最有用的，也是出路最好的，学子们趋之若鹜，特别是国立中央大学的电机系成为最难考也是竞争最为激烈的系。

也许是受到大哥的影响，榜样的力量是无穷的；也许是青年好胜心，越是难考的，越想要试一试。二哥冯康于 1939 年在众多高校入学考试皆为第一名的情况下，毅然选择了中央大学电机系。

可是，冯康入学之后逐渐感觉到工科不能满足他对知识的渴求，于是就想从工科转为理科，目标定在物理系。但由于提出的时间过迟，到二年级尚未转成，就造成并读两系的局面——同时修习电机系与物理系的主课。

虽学习负担奇重，影响了冯康的身体健康，然，“塞翁失马，焉知非福”，也许正是这其中的曲折，使得冯康完成了相对系统、齐备的工科训练，为他后来在理科方面的发展和创新打下了坚实的基础。

在冯康差不多已将物理系和电机系的主要课程读完时，热爱读书又对学术新动向有着敏锐嗅觉的他，迅速地捕捉到数学抽象化的新动向，于是他的兴趣又从物理学转到数学，而且更倾向于抽象的纯粹数学。

对此，冯端在回忆中如是评述：

20 世纪 40 年代，正当数学抽象化的高潮［以布尔巴基（Bourabki）学派为其代表］，这股潮流也波及中国大学中有志数理科学的莘莘学子，他们存在不切实际的知识上的“势利眼”，理科高于工科，数学在理科中地位最高，而数学本身也是愈抽象愈好。冯康之由工转理，从物理转数学，而且在数学中倾向于纯粹数学，正是这种思潮的体现。他在学科上兜了一个圈子，对他以后向应用数学方向发展，确有极大的好处。试想当初如果直接进数学系，虽然也要必修一些物理课程，由于上述的心理障碍，必然收效甚微，物理如此，更何况工程了。当前拓宽大学专业的呼声又甚嚣尘上，冯康的事例对此可以给予一些启迪。

应该说，这段经历为冯康的数学家之路奠定了重要的学科基础。正如美国科学院院士彼得·拉克斯（Peter Lax）教授所指出的那样：冯康的早年教育背景微妙地形成他后来的兴趣。作为应用数学家，工程和物理方面的基础是至关重要的，冯康的经历可以说是培养应用数学家最理想的方式。冯端对此也认为，“虽然这并不是有意识的选择与安排，而是在无意中碰上的。”

作为一位应用数学家，冯康兼具工程、物理和数学三个学科的背景，故在很多方向的研究上得心应手，顺畅多了。

与两位哥哥一样，1942 年 7 月，冯端参加大学的入学考试，目标同样定为国立中央大学，不同的是他锁定的是物理系，而不是电机系，后为国立中央大学物理系所录取。

这是一片圣土，以兴学而青史留名，是为文化之地、科学之地，生生不息的是历代学人高贵、自由、乐以天下、忧以天下的灵魂。这里的一石一木，都仿佛有生命、有灵魂，手指触碰之处均是历史，目光所及之地皆是学问。不经意间，一种智慧、理性、敏而好思的感悟，从中央大学到南京大学，一代代学人，接受千年文化的积淀和传承，又以自己毕生坚守、完善的人格操守和学术精神往后延伸，传承道德修养、学术风范、探求精神。莘莘学子，用知识、用中央大学（南京大学）独有的气质包装自己，形成自己的风格，共有一种精神的人格魅力。

年复一年，许许多多的中央大学（南京大学）教书人和读书人，从这个学校进进出出：有的走出去，融入时代洪流，遁入茫茫人海；有的留下来，但亦抓住时机，漂泊海外，远去……归或未归。唯有这一位，冯端，自 1942 年进了中央大学的校门，就与这所大学结下了不解之缘，求学执教，年轮转过，一以贯之七十余年。七十余年，在历史长河中仅是一瞬间，而对于一个人而言，几乎就是一辈子了。

七十年来，除去求学的四年外，冯端从助教到讲师、副教授、教授，乃至院士，教学依旧；从教研室主任、研究所所长，到校研究生院院长、国家重点实验室主任，科研永远；辛勤耕耘，历经半个多世纪，以独特的科研和教学实践走出了一条自己的独特之路，耄耋之年仍笔耕不辍。为科学尽瘁，为教育献身，数十年如一日，一往情深，超越七十春秋，其科学人生与这所学校融为一体，其科学道路和学术思想自成体系，使中央大学（南京大学）精神得以传承。

不妨将年轮回转，回到 70 年前的那个年代，重庆修学，修炼内功，转眼都成陈迹，而中央大学岁月悠悠，一代风华，犹如雨过天晴，彩虹横空，依然历历在望。

结束举家西迁之行，抵达重庆之后，冯端与母亲居住在大哥冯焕的宿舍。这是位于沙坪坝镇近郊一所大院内二楼的一间斗室，距离中央大学松林坡校舍和小龙坎宿舍区都不远。当时大哥冯焕大学毕业，任职通信总队，正出差香港，后又去了印度，其宿舍正好供母亲与冯端栖身。姐姐冯慧在重庆北碚一家研究所找了份工作，住在单位的宿舍里，半年后去遵义浙江大学的湄潭分校任教。二哥冯康则在中央大学读书。因为当时中央大学规定：高中肄业两年不能投考，须再等一年，故冯端只能于家闲居。

为生活计，冯端也出去找工作，于 1942 年 4 月考入位于重庆沙坪坝西的中央气象局做练习生。斯时，考中央气象局做练习生，亦要高中毕业证书，而这正是冯端所没有的。无奈，由大哥出主意，找关系，以一毕业于苏高中但因战争爆发未能拿到毕业证书的毕业生之名义，写信给苏高中，要求办一毕业证书，不想却顺利办成。于是，冯端顶其名，考入中央气象局。

无独有偶，这次考试经历，不啻为在贵阳时考浙江大学的一次翻版，人生华妙，世象纷披，然，集于一人，仍属罕见。彼时，顶二哥冯康之名，兄弟矣；此时，所顶之名，只知其名不知其人，曷胜感叹。

在中央气象局，冯端所做的工作是对各地台站发来的气象资料进行计算加工，为天气预报做准备。因为在此处未工作多长时间，再加上各地报上来的资料不全且零乱，实际效用不大，工作并没有真正展开。

当时担任中央气象局局长的是黄厦千教授，他也兼任中央大学气象系主任，具体指导冯端工作的是王华文先生。当时，中央气象局里还有徐尔灏先生（后为中央大学气象系主任）等。

1942 年 7 月，冯端参加中央大学的入学考试，为物理系所录取，故到 10 月便离开了中央气象局，在此工作仅半年时间。

工作之余，冯端充分利用空闲时间读书学习。当时二哥冯康在中央大学读书，他即借用冯康的借书证到位于松林坡顶的中央大学图书馆借书，借助其丰富藏书，阅读了大量的小说、传记、散文、史料和评述。靠了中学英语的根底，冯端开始阅读一些英语书籍：首先接触一些新派传记：如 Lytton Strachey 的 *Eminent Victorians*，*Queen Victoria*，Andre Maurois 的 *Disrali*，随后又看了一些 Strachey 与 Virginia Woolf 的散文集，再追溯到 19 世纪末的唯美主义者的著作，诸如 W.Pater 的《文艺复兴》，颇为心仪其文章的华美；王尔德的《意向集》，则以机智俏皮的对话录令他折服。这样，百把本英文书读下来，冯端就将英语学通了。

冯端泛览大量英语著作，习惯于英语思维（thinking in English），英语对话难题迎刃而解，因而英语读、听、说、写都能应付自如。入大学后，冯端参加了新生的英语甄别考试，获最优等，免读大一英语，以修大二英语来代替，但大二英语只要在期末交一篇英语作文就了事了。所以进了大学以后，冯端没有再上过英语课程。换言之，上大学前闲居沙坪坝这一阶段使得冯端的英语水平在中学阶段（苏初中、福高中）奠定的基础上又上一层楼。

1942 年 10 月，冯端以同等学历考入中央大学物理系，开始了四年的大学生活。

据记载，1937 年 10 月，国立中央大学自南京内迁重庆，全校师生分散坐船，溯江而上，建校于重庆沙坪坝的松林坡，1937 年年底中央大学就正式在重庆上课了。

重庆沙坪坝的中央大学松林坡校区一角

后为躲避日机轰炸，重庆中央大学又在距沙坪坝十多千米沿嘉陵江上游处建柏溪分校，一年级学生便在此上课。

1938～1939 年，中国的大片国土相继沦陷，日寇气焰更是嚣张，日机对重庆的轰炸益频，1940～1941 年重庆中央大学多次遭到轰炸；而到了 1942 年，日寇忙于南进，顾不上重庆这个陪都了，日机亦疏于来袭，重庆中央大学的教学秩序更趋稳定。冯端正是在此时走进了中央大学。

重庆沙坪坝的中央大学校门

柏溪地处重庆远郊，是嘉陵江边的一个非常僻静的小镇，一片荒野，日机轰炸无目标可寻，故相对骚扰少多了。柏溪与沙坪坝间的交通工具是小火轮，类同于今天的校车。柏溪至沙坪坝，不过二十里水路，顺流而下，无风很快即可达；而沙坪坝至柏溪则是逆流而上，船行速度非常慢。当时，很多同学都不愿意坐船，而愿意步行，沿着嘉陵江边一条石头铺成的路，十余里路程，行走于柏溪与沙坪坝间。

虽然暂时避开了抗战的烽火前沿，但在战火年代，许多校舍和教室都是临时搭建的简陋平房，那种艰苦的条件今天是无法想象的。冯端在回忆文章中如是说：

当时的大学教室相当简陋，墙壁是用竹片编的，用黄泥把空隙填满，再刷上白石灰水，房顶则用茅草覆盖。房间都是大统舱式的，几十个人挤一个房间，用床隔开，一个小间一个小间的。外面还经常有枪声和炮声的骚扰。

在冯端看来，

中大校舍极差，教室、宿舍都是草顶平房，是1938～1939年西迁时仓促建成的。比同在沙坪坝的重庆大学和中央工业学校都差，更比不上抗战前夕新建的南开中学。

而冯端当时的舍友、中央大学数学系的戴执中之回忆则更为具体：

我们一年级不是在沙坪坝，是在柏溪，柏溪的宿舍是个大草棚，不像普通的宿舍。这个大草棚里面怎么个住法呢？四张上下铺构成一间，如此排下去。这个大草棚呢，从中间进去，两边都是箱子，对称的，中间是通道。安排上，大概是理工学院住一个大草棚（那时我跟冯先生是理学院的），按照一贯的排列，理学院以数学、物理、化学为序，一路排下去。我们两个系（数学系、物理系）六七个人住在一个房间，留下一个空的铺位放放其他东西。我跟冯先生一开始就住在一个房间里面，不是同系但是同舍，一直住在一起，从1942年到1946年……第二年，就搬到沙坪坝，但是不住在松林坡的校舍范围以内，离开松林坡校舍还有一段距离，在松林坡上面，距离当然不是很远。这里的宿舍不再是一个大草棚，而是一个个小房间，就像现在的学生宿舍，不过那个是平房，没有楼上楼下，一个房间有四个上下铺，大概是七个人，比一年级多一个人，是从兵工学校转学到数学系的何旭初。到了三年级，就搬到沙坪坝，中央大学校舍的范围内，上课就很近。上课的教室也在里面。四年里住有三个地方。

冯端与中央大学同学、舍友戴执中合影（摄于冯端南京寓所，2012 年）

尽管当时生活环境恶劣，但大学生们的精神生活还是很丰富的。求学，一方面是为了实现自我价值，另一方面是为了救国。国家危难，人人有责。由于落后导致被人欺侮，因此大家都暗自努力，希望通过学习为祖国的进步做出一点贡献。他们通过读书学习科学知识，也通过书籍了解各种文化和文学。

在重庆中央大学读书，条件十分艰苦，戴执中先生记得：

唯一能调剂一下的是沙坪坝那个地方有茶馆茶店，有的时候，同学看到茶馆有空位，就跑进去泡一杯茶，带着书进去写作业。茶馆给我们冲茶，算是唯一的享受吧。还有就是到了三四年级，住在沙坪坝里面，沙坪坝有个礼堂，在那里，谢启美同学请了在重庆的一些有名的音乐家、歌唱家到沙坪坝，我们有的时候就去听一听。

冯端回忆说：

外在的物质条件不是最根本的，最怕的是精神的贫乏。幸运的是，我们可以看很多的书，中大图书馆的藏书只是一个途径，另外我们可以找到很多的“影印书”，就是当时的盗版书。我们喜欢阅读一些国外英文原著和文学类的书籍。

战争年代，物质生活条件和学习环境十分艰辛，但丰富的精神生活几乎可以让年轻的学子根本不在意环境的恶劣，毕竟求学求知是第一位的。

也许正是那段特殊时期的特别经历，铸就了冯康、冯端这些学子们坚韧的人生意志和强烈的爱国情怀。

冯端说，“简陋校舍中的学术空气却是浓郁的”，安贫乐道，一心向学，浓郁向上的学术氛围，感染着冯端，使他很快融入其中。

冯端大一时在柏溪分校，大二起在沙坪坝的松林坡校区。大一时，由沙玉彦教授教普通物理，以 Duff 物理为课本，讲授时另有笔记；由唐培经教授教微积分，他同时兼任分校主任……大二时，由王恒守教授讲授电磁学，用的是 Page 与 Adams 的教本；杨澄中先生讲授理论力学，用的是 McMillan 的课本；大三，则由孙光远教授教高等微积分、赵广增教授讲授热学、施士元教授讲光学、张宗燧教授讲热力学和理论物理……冯端至今仍记得张宗燧教授所讲授的理论物理之内容为经典电动力学再加相对论，其参考了 Abraham & Becker 的电动力学，后来张先生在 1957 年出版《电动力学与狭义相对论》，可能即是由当年讲课笔记扩展而来。大四时，吴有训先生出任中央大学校长，赵忠尧先生由西南联合大学调来担任物理系主任，并讲授原子核物理学这门新课。赵先生全部用英语授课，这也许是西南联合大学的习惯，而当时中央大学教授一般是全用英语板书，但讲解还是采用中文……得益于英文基础比较好，冯端能够直接记录讲课内容，而一气呵成的笔记，往往被同学和一些助教视作范本而传阅。施士元教授教近代物理，施先生留法时师从居里夫人，20 世纪 30 年代初归国任教中央大学，学生中有后来被誉为“中国的居里夫人”的吴健雄教授。1945～1946 年，正值施先生休假，因此是由王恒守先生教授的近代物理课。

据戴执中先生回忆：大一时，基本上都是大班课，公共课程，如微积分课，数学系、物理系、工学院等多个系的学生都在一起上；普通物理课，也是很多系，如数学、系物理系、工学院和其他系的学生一起上。而自大二起，则专业课就分开上，小班教学。二年级以后，专业课就分开了，但有些德文法文、中国通史、哲学概论等课还是一起上，三四年级，一般的公开课还是一起上。

毋庸置疑，其时的专业是受到外来因素的影响，但那时为英美体系，“自由教育”，按系科设置分年课程，而非以后的苏联“专门化”模式。以物理为例，一般是不分专业的，但是课程的设置则由系主任决定和调整，在课程安排上，从普通物理，到电磁学，到光学，大四时，则有选修课。当时的情况与后来不同，其时尚无“四大力学”之说，而到后来，由苏联引入专门化，全盘学苏联，情况有所改变。苏联的课程重理论，从普通物理到“四大力学”，到专门化课程……理论课程太重，对学生而言，难度加大了，是为负担，且理解受到限制，并不利于个性、特质的发展。70年后，九旬老人冯端忆及往事，还多少有点儿庆幸。

六、云在意俱迟，风华一代

1942～1946年，冯端在中央大学求学的四年，前后有四任校长，第一位是继罗家伦（任期为1932年～1941年7月）而出任校长的顾孟余（任期为1941年8月～1943年2月）；第二位是蒋介石，1943年3月4日上午他赴位于重庆市郊沙坪坝的中央大学正式视事，担任该校校长，至翌年夏天（1944年8月）辞去了中央大学校长之职，代之以“名誉校长”的冠冕，改由时任教育部政务次长的顾毓琇接任中央大学校长，是第三任。顾毓琇主持校政一年后卸任，1945年8月由蜚声海内外的核物理学家吴有训先生出任中央大学校长，为第四任（任期为1945～1947年）。

蒋介石任中央大学校长，是其第一次也是最后一次担任除军事和党务院校之外大学校长（非名誉职衔），时任中国国民党总裁、国民政府军事委员会委员长兼行政院院长。应该说，蒋介石一年半的校长经历并未对中央大学的发展史产生什么深刻的影响。这种由“最高领袖”兼“最高学府”校长的模式也仅仅是中国高等教育史上的一个特例而已。作为校长，蒋介石对中中央大学的管理只是象征性的，他对学校具体事务的掌握在很多时候是出于他偶尔视察后的直观感受。

一般情况下，中央大学的校政全部委之于教育长朱经农。但实际上并非如此，在学校日常决策和管理过程中，朱经农还常常受制于人。当时在学校里即有“校长坐轿四人抬”之说，所谓“四人”，乃教务、总务、训导三长和教育长。对冯端而言，主事何人？不甚了了，也无意知道。

冯端上大四时，吴有训执掌中央大学。据冯端回忆：当时吴有训出任校长的消息传出，经历四年四换校长的中央大学师生都十分高兴。冯端认为：

在中国老一辈物理学家中，吴有训先生是取得国际地位、在国际国内都有影响的少数几位之一……让一位没有任何政治背景、真正杰出的学者来当校长，这在南大校史上也是值得大书一笔的。

值得一提的是，当年，中央大学物理系的师长们白手起家，埋首研究且硕果累累，给冯端留下了深刻印象：

值得注意而且重视的是，即使在抗战的万分艰苦的阶段，中央大学物理系的一些教授们还埋头进行科学研究，而且取得了一些难能可贵的成绩。

当时，物理系的仪器设备主要是为学生实验而配置，只有极少数是为研究工作配备的，如英国Hilger公司出品的E–1和E–2摄谱仪，在当时属于高级设备。还有一些真空技术所需的器材……抗战期间，中央大学西迁，全部仪器设备经历从南京搬运到重庆的全过程，只有损坏没有补充。在重庆，因日寇飞机骚扰，重要的仪器设备都被放进防空洞，以避损失。

赵广增教授于1941～1943年从美国回来，做研究工作的干劲十足，当他了解到系里的仪器设备情况后，就决定利用摄谱仪来进行研究工作。

研究所需的实验设备包括真空系统、摄谱仪、直流测量仪表和试验气体，但还需要在真空系统中加上一个配有探针的放电管，没有需要自制，赵广增教授遂决定自己动手吹制这个放电管。

这是一个形状比较复杂的放电管——不太长的玻璃管里，要安装两个平行的圆盘电极，导线从管的两端接出管外。另在管壁距一个电极几毫米处，接出一个探针电极，然后由管子中部接到真空系统中。

放电管的吹制谈何容易？简陋条件下，难度极大——利用压缩泵，把空气从一个导管压入汽油瓶内，搅动汽油，从另一管带出油蒸气作为燃烧气。另外用一只脚踏的“皮老虎”[①]，打出空气作为助燃气。当时买不到派热克斯（Pyrex）玻璃，只得用普通的软玻璃来代替，而软玻璃的“火候”难以控制。吹制时，需要两手翻动玻璃管，一只脚不断地踏“皮老虎”，还要不时地空出一只手来调节燃烧气的流量，同时，须观察控制火候。赵广增教授亲自动手，摆好设备，开始吹制，但不是设备出问题，就是玻璃管烧裂，或者玻璃吹炸，一天复一天，赵广增教授从不气馁，从不向失败低头，就是这样吹了炸，炸了再吹，持续了一个多月，终于做成功了。后来气体放电管与摄谱仪得以正常工作，通过电学测量，取得足够数

① 即一种打气泵。

据，进行分析处理，完成了一篇题为《气体放电的温度分布》的论文，于1945年7月在《物理评论》（*Physics Review*）上发表了。在当时，*Physics Review* 还是薄薄的一本，每期只有六七篇文章，而一篇来自战乱中重庆中央大学的工作成果，也能置身其列，是令人欣慰的。

由是言之，研究工作之所以能够进行并取得成功，关键在于赵广增教授所代表的中央大学物理人的不畏艰难、勇往直前、专心致力于科学研究的精神。

冯端回忆道：

重庆中央大学时期，埋首研究工作的还有张宗燧教授，他在剑桥大学师从 R.H. Fowler 教授，进行统计物理合作现象理论的工作，取得了不少成就。1940年至1945年在中央大学执教期间还在国际刊物上发表了三篇这方面研究工作。但值得注意的是，在这段时期他已将研究重心转移到量子场论这一领域，也发表了由 P.A.M. Dirac 推荐的三篇文章。这成为他后期工作的主要领域。连同前面的一些工作，表明他在重庆中央大学时期研究硕果累累。施士元教授也曾指导李博讲师用声波回声测距法来测量嘉陵江的水深，还指导了蓄电池厂的技术工作。

时隔近50年，1990年，对于当年重庆中央大学物理系师长们在极其困难的情况下埋首科研，冯端在南京大学物理系建系70周年大会上的讲话中，再次给予肯定：

在重庆中央大学那种困难条件下，物理学的实验研究工作、理论物理研究工作还在进行，而且取得了为国际上认可的成就，达到了能在世界第一流杂志上发表的学术水平，这就明确地显示了虽然当时在抗战时期，条件极为困难，但我系物理学研究工作，还是在孜孜不舍勤奋地进行，并取得了进展。

在重庆中央大学读书期间，冯端在艰苦的条件下，系统学习物理知识，打下了扎实的物理学基础。在大学期间，冯端选修德语作为第二外语，又旁听了一年法语，20世纪50年代初又突击学习俄语，从而掌握了数门外语，为日后的科研与教学奠定了坚实基础。

忆及当年求学经历，冯端对有些场景至今仍记忆犹新：

也有许多名人来中大作报告，多半是在松林坡的101教室。例如当时美国著名学者费正清偕其夫人一同来作报告，费正清似乎不长于辞令，但其夫人却非常活跃，更引人注意。郭沫若先生曾来朗诵其《屈原》剧本。郭沫若的嗓音尖高，还要用假嗓来模拟婵娟，颇感别扭。洪深和曹禺都在大礼堂作过报告。洪深能说会道，但所述内容已了无痕迹。曹禺的口才不如洪深，但他的一段开场白却给人留下深刻的印象，他说："一个人正在讲坛上大放厥词，医生跑来抓住他说，我正在给你做手术，将你脑子挖掉了，你怎么在这里胡说八道呢？"曹禺即以此自嘲，引起哄堂大笑。

冯端的毕业论文是由赵忠尧先生指导的，他让冯端看两篇文章，一篇是当时《现代物理评论》（*Reviews of Modern Physics*）上的总结性文章，文章比较长。在原子弹爆炸后，《现代物理评论》上发表了 *Smyth Report*，是美国军方批准发表的有关原子弹物理原理的综述报告，可以公开，当然也有保密的部分。据冯端说："一般来说物理过程懂了，技术过程不是特别难，虽有保密的部分，但是根据原理也可推导出来"。另外一篇是玻尔（Bohr）和其学生惠勒（Wheeler）写的有关核裂变的液滴模型。这个是发表在《物理评论》上的文章。液滴一分为二可以反映核裂变的现象——液滴分成两半以后，表面积增加的过程与原子一分为二的过程有一些类似的地方。原子弹爆炸成功以后，各个国家原则上都可以复制出来，技术上有一些问题，但是从基本原理上来看就不是太难的问题了。冯端认真研读这两篇文章，论证，消化，吸收，据此写出毕业论文，得到赵忠尧先生的赞许，顺利通过。

冯端以原子核物理为毕业论文的方向，事出有因，乃有意培养人才使然。

事实上，由吴有训执掌中央大学、赵忠尧掌管物理系，有可能是国民党政府发展原子弹科技研究的一部分——国民党政府曾有计划在迁都回南京之后，在中央大学建立核研究中心，主要由吴有训掌门，而赵忠尧具体负责实施。行动计划中，两条腿走路，请进来，走出去，内外结合。一方面，请进来，即请在美国核研究方面取得出色成绩的吴健雄教授等人回国执教；另一方面，走出去，即由国内派一批数、理、化方面的教授，各带两名青年学者出国。请进来，走出去，内外结合，应该说，路径选择思路甚佳。

据记载，国内所派人员，数学方面为华罗庚，带徐贤修、孙本旺；物理方面为吴大猷，带李政道、朱光亚；化学方面则为曾昭抡，带唐敖庆、王瑞铣。当时，华罗庚、吴大猷、曾昭抡是全中国最顶尖的数学、物理、化学方面的权威专家，三位一体，组成了原子弹研制的"黄金搭档"，"原子能研究委员会"已俨然成形。

据冯端猜测：

这些可能是俞大维为蒋介石出的主意，传闻蒋介石当时听到原子弹爆炸后，就对俞大维说，我给你若干万元，你也搞一个原子弹出来，俞大维的回答是，光有钱是不行的，要有人才。所以我留校当助教可能和此事有关系。

然而，不久赵忠尧就出国了，中央大学核研究之事则不了了之。

向学依旧，同学情谊。课余闲暇时，冯端安于"仍旧贯"，一心向学，图书馆里、校园丛林间、草坪上……都留下他读书的身影；沙坪坝的书店、旧书摊，冯端总是常客。

冯端著文谈及这段时期的读书情况，介绍说：

在沙坪坝读书时期曾读了普鲁斯特《追忆似水年华》英译本多卷，纪德的《新的粮仓》(卞之琳译)、《地粮》和《伪币制造者》(盛澄华译)。在大学生圈子内，曾有过纪德热。抗战后期美国军用本口袋书，十分便宜，又容易买到。在重庆炎夏，曾读到梅尔维耳的《白鲸》，追逐太平洋上的白鲸，兴味盎然，酷暑顿消。沙坪坝镇上有多家书店，我每每站立在书店中读一些刊物，感兴趣的有署名子佳（梁实秋笔名）的《雅舍小品》，署名男士（冰心笔名）的《关于女人》，还有中大哲学系教授宗白华写《世说新语与晋人之美》给予我深刻的印象……

冯端沉浸于书的海洋中，徜徉其间，品读书之乐趣，倒也忘却了战时的艰辛，不经意间提高了人文素养。

值得一提的是，这段时期冯端延续了高中阶段读新诗和译诗的爱好：

在重庆读大学时期（1942～1946 年）读新诗仍然是我的业余爱好。有较深印象的：卞之琳的《十年诗草》，冯至的《十四行集》，何其芳的《预言》以及后来收入《夜歌与白天的歌》的一些诗篇。

问及感受，冯端列举戴望舒《我思想》、冯至《十四行 第二十首》、林徽因《十一月的小村》等诗篇，认为：

> 戴望舒的这首小诗，巧妙地将笛卡儿的哲学论断“我思故我在”和中国庄周梦蝶的玄想融合在一起，思绪联翩而意象鲜明，饶有理趣……冯至的《十四行集》将西诗的一种体裁成功地移植到新诗里。将泛滥的情绪转化为经过体验的沉思，显示了里尔克的影响。格律谨严而内涵丰盈是这些十四行诗的特征。此处用诗的语言阐述了生命的融合与交叉……而林徽因《十一月的小村》诗的节奏和韵律体现于灵动流利的口语之中是这首诗的外部特征。就内涵而言，表面上它描述江边小村的景色和作者（一位多年患病者）的心潮起伏；但在表面下还潜藏了更加丰富的意蕴。这首诗的关键词就是第一行“我想象我在轻轻的独语”就点明的“独语”。独语的地点：李庄，四川的一个偏僻的滨江乡村。独语的时间：1944 年 11 月下旬，抗日战争最艰苦的岁月，日军攻占了贵州独山，引起了大后方的巨大震动。因而这首诗的深层含义为作者在做哈姆雷特式的独语：“活下去还是不活，这是问题。……”正是存在了双重含义，赋予了这首诗以巨大的张力和独特的魅力。这或许可以解释为什么我在 1948 年首次在杂志上读到这首诗的时候，有异乎寻常的感动，虽则道理并不清楚。

冯端在《诗缘》中如是说：

> 当然，要真正欣赏西诗，需要直接从原文来读，因为翻译总不免走样。

在大学里所学外语中，冯端以英文为主，修德语、法语、俄语等，掌握数门外语，之所以如此，当是科学研究及教学需求所致。然而，为了能够阅读德语、法语、俄语诗的原文，又何尝不是重要原因之一呢？按冯端自述：“在大学里选修德语为第二外语，又旁听了一年法语。这样，也可以勉强阅读德、法语诗的原文。”

进大学之后，直接读英文诗的机会多了，阅读面广了、深了，欣赏水平“更上一层楼”。冯端注意从西诗的节奏、格律、音韵等方面来体会诗歌的美，注意比喻、象征的巧妙运用。据此，他领悟到各民族语言有自身的特点，节奏音韵各不相同，涵义可以转译，诗之美韵却损失很多。故：诗是无法翻译的，一经翻译就会失去原汁、原味、原样。诚然，译诗是不得已而求其次：为使不懂外语的人能接触西方诗歌，译诗还是必要而有益的。

大学图书馆里找不到的一些原文诗集，冯端就依靠亲友的协助，托他们从国外买。后来，自己到法国时，还到塞纳河边的小书摊去淘旧书。

古人云：“熟读唐诗三百首，不会作诗也会吟。”兴之所至，冯端也学起写诗、译诗来。1944 年，冯端还在大学读书时，看到外国杂志上刊登的第二次世界大战时期轰动英美文坛的法国抵抗运动诗人阿拉贡的《心碎集》几首诗，遂据其英译本译为中文，用“若梵”笔名投寄重庆《大公报》文艺副刊，随即刊出，是为阿拉贡诗在中国的首译。随后，1947～1948 年亦曾翻译了瓦雷里和里尔克的几首诗，仍用“若梵”笔名投寄，虽说译得不错，但因有些不合时宜，未能刊出。

1948 年，冯端选译了一组 20 世纪 30 年代活跃于英国诗坛的奥登（W.H.Auden）、史本德（S.Spender）、麦克尼斯（L. MacNeice）、台·刘易士（C.Day Lewis）以及略迟于他们的狄兰·托马斯（Dylan Thomas）等人的十首新作，投寄上海《中国新诗》，作为《当代英诗选译之一》得以刊载。

首先刊出狄兰·托马斯的两首，是为狄兰·托马斯的诗在中国首次露面。

之一

于我的技巧或阴沉的艺术
在静夜里我孜孜不倦，
当只剩月亮在猖狂，
而恋人们都躺在床上拥抱着他们一切的哀怨，
我用尽气力来轻唱：不是为了野心与面包
或是在象牙的舞台上
种种高视阔步的娇艳；
……

之二

在纸上签字的手覆灭一座城；
五个至尊的手指要人的命，
叫全球的死者加倍将国家瓜分；
这五个国君逼死了一个国君。
有力的手贯通到斜塌的肩架，
手指的关节为钙化所阻绊；
一个鹅毛笔尖终结了谋杀，
……

刊出时附有编者按语："这十首诗中除这次刊出的两首外，尚有奥登三首，史本德三首，麦克尼斯一首，台·刘易士一首，以后陆续刊登。"但是，《中国新诗》杂志随即停刊，原先"陆续刊登"的承诺即成泡影，刊出的狄兰·托马斯的两首诗遂为绝唱，甚为可惜。

还算万幸，冯端认为：

最值得留存的就是刊出的两首。在20世纪40年代，狄兰·托马斯的脱颖而出是当时诗坛最引人注目的事件。《中国新诗》杂志编辑特别挑选这两首诗先行刊出，还是眼光不错的。

当年，冯端作为译者写有导言，对几位诗人的诗作背景、内容、风格、技巧等有所介绍，其对狄兰·托马斯的评价为："狄兰·托马斯是当今英国诗坛最出色也最有前途的一位青年诗人。超现实主义，霍浦金斯怪异的作风及威尔士乡间流传的神话，都在他的诗中刻有印记，他的诗里有鲜丽的意象，紧凑迫人的音韵与深湛的玄思。"

对冯端来说，无论是"阿拉贡的诗首次出现在中国报刊上"，还是"狄兰·托马斯的诗在中国首次露面"，都不重要，重要的是阿拉贡的诗，乃是冯端第一次发表自己的译诗，在西诗中译上占有先机。

自此，一发不可收，冯端翻译了许多英、法、德、俄等国及古希腊的诗歌，诗作者有雪莱（P.B.Shelley，1792～1822年）、爱伦·玻（Edgar Allen Poe，1809～1849年）、叶芝（W.B.Yeats, 1865～1939年）、朱利安·贝尔（Julian Bell，1908～1937年）、魏尔伦（Paul Verlaine, 1844～1896年）、瓦雷里（Paul Valery，1871～1945年）、歌德（J.W.von Goethe, 1749～1832年）、赫尔德林（J.C.Friedrich Holderlin，1770～1840年）、梅逸（C.F.Mayer，1828～1898年）、里尔克（Rainer Maria Rilke，1875～1928年）、普希金（Alexander Pushkin，1799～1837年）、莱蒙托夫（Mikhail Y.Lermontov，1814～1841年）、阿赫玛托娃（Anna Akhmatova，1889～1966年）……

译诗有一部分被收录于《零篇集存——物理论丛及其他》之中，以《西诗偶拾》为名。

但凡品读过冯端译诗的人，都会或多或少、或自觉不自觉地为其译诗那种语言凝练、韵味醇厚的独特魅力所感染……

在译诗的同时，冯端也会在工作之余，忙中偷闲地写些诗词，表达自己的情绪和心态。

在中央大学学物理，学业艰难，学成不易。在柏溪时，班上物理系同学有十余人，后来许多人陆续离校，坚持读完四年毕业的仅沙频之、赵文桐与冯端三人，就是实证。三人中，沙频之在“文化大革命”中精神失常，不幸离世，殊为可惜。赵文桐则在新乡河南师范大学任教至今，冯端与之一直有联系。

大学四年，在冯端结识的众多朋友中，最值得一提的是谢启美同学。冯端初识谢启美，是在1942年从沙坪坝去柏溪的轮船上：

1942年10月我在沙坪坝去柏溪的轮船上首次结识谢启美同学，他也是去中大物理系读书，我们一见如故，遂成知交。后来他兴趣改变，转入数学系，中间又停学去中学教书，因此比我迟一年毕业。毕业后去清华大学数学系任助教，新中国成立后参加南下工作团，去武汉。后转入外交界工作，曾在驻瑞典使馆任职。1979年任驻美使馆文化参赞。后又任联合国副秘书长、中国联合国协会会长等要职。

冯端夫妇与谢启美夫妇（摄于冯端南京寓所，2002年）

在谢启美众多绝非一般的“头衔”后面，当然是杰出的创造、成就和贡献。谢启美多才多艺，喜欢音乐，擅长歌唱，曾参与组织钟山合唱团，且为其中的活跃分子。在沙坪坝时，他还组织过一次著名歌唱家斯义桂的独唱音乐会。

在学校里，冯端与谢启美两人居住在同一间宿舍（在谢启美去中学教书时亦是如此），过从密切，濡沫相与。谢启美 1947 年自中央大学毕业，去了清华大学数学系，时冯康正任教于清华大学，故谢启美与冯康也熟识。1993 年，冯康逝世，谢启美出席冯康追悼会并作了发言。

2002 年南京大学百年校庆之际，谢启美专程返校参加校庆活动，在庆祝大会上，宣读联合国秘书长加利的贺电并致辞，表达对母校的关怀和支持。

2010 年年初，谢启美与世长辞。闻此噩耗，冯端不禁想起清代画家与诗人金冬心的诗句："故人笑比中庭树，一日秋风一日疏"，诚大有凄然感伤之情，命笔写下《悼念亡友启美》，以此记述68年友谊，寄托不尽哀思。人间真情，亦属当为。

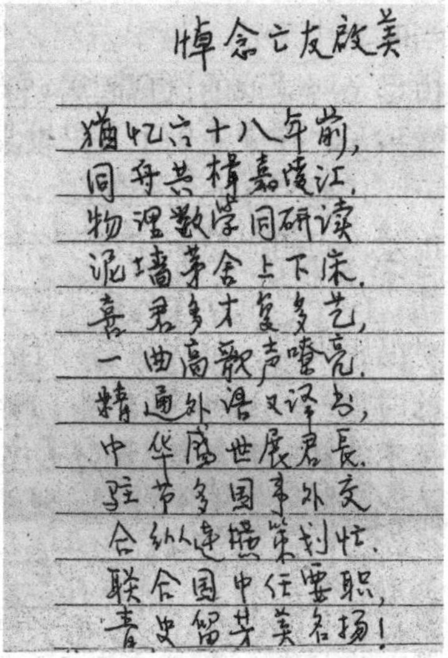
悼念亡友啟美

猶忆六十八年前，
同舟共楫嘉陵江，
物理数学同研读
泥墙茅舍上下床，
喜君多才复多艺，
一曲高歌声嘹亮，
精通外语又译书，
中华盛世展君長，
驻节多国事外交
合纵連横策划忙，
联合国中任要职，
青史留芳美名扬！

悼诗《悼念亡友启美》手稿

犹忆六十八年前，同舟共楫嘉陵江。
物理数学同研读，泥墙茅舍上下床。
喜君多才复多艺，一曲高歌声嘹亮。
精通外语又译书，中华盛世展君长。
驻节多国事外交，合纵连横策划忙。
联合国中任要职，青史流芳美名扬！

20 世纪 40 年代初，冯家自经历父亲病逝、家中经济拮据之困境以来，又一次迎来了困难时期——二哥冯康病倒了。

事实上，冯端与姐姐奉母西行抵达重庆，重新见到二哥冯康时，即已发现他的脊椎出现了明显弯曲——当脊椎结核病魔侵蚀冯康身体时，他正在同时修读电机系和物理系的课程，沉重的课业负担、艰苦的生活条件，加上病痛的折磨，令冯康的生活跌入谷底。在经济拮据的困境下，冯康没钱看病，无法求医，只能任由病情一日日发展加剧。尽管病魔侵蚀恣意妄为（脊椎结核病是由结核杆菌侵入骨或关节引起的化脓性破坏性病变），但冯康还是以惊人的毅力坚持学习，不仅在不到两年的时间里修完了电机系、物理系的课程，还修读了许多数学课程。到 1943 年夏，冯康已读完所有课程，但因为学校规定转系后须再读三年才能毕业，所以他仍拿不到毕业证书，而是推迟一年才能拿到。

在等待拿毕业证书的这一年里，由于生活所迫，冯康不得不拖着病躯四处寻找工作。最初他曾联系过沙坪坝的南开中学，但面试时因驼背遭拒，这对冯康的心理造成一定的影响。之后，冯康在重庆南岸英国教会创办的重庆广益中学当数理教员，半年后又转至重庆兵工学校物理实验室当助教。

1944 年春，冯端接到重庆兵工学校的电话，说是冯康病倒了，无法行走，便连忙赶到重庆兵工学校，雇了滑竿，将冯康抬到歌乐山中央医院，经诊断确认冯康为脊椎结核，需立即住院治疗，急需一大笔钱。可是当时家中无钱，囊中羞涩，住不起医院，只得将冯康接回沙坪坝的斗室，由母亲照顾他的饮食起居。当时，母亲正在帮刚刚生了孩子的姐姐冯慧照看孩子，冯康病倒了，母亲又赶回家照顾冯康，非常辛苦。

1944～1945 年那段时间是冯家最困难的时期，大哥冯焕长期在印度出差，姐姐冯慧生完孩子后仍在重庆九龙坡的上海交通大学重庆分校做助教，小弟冯端在中央大学读书，家中既没有经济来源，也没有劳动力。而对冯康来说，卧病在家，生活如同炼狱般，更是其一生中最艰难、最痛苦的时期——1944 年 5 月～1945 年 9 月，冯康都是在床上度过的，不仅身子不能动，而且身上还有一个口子不断地往外流脓。冯康回忆说：

这一时期因骨结核病经年久患失医，形成残废，同时接连几年痢疾不断，健康情况特别坏……有时觉得前途暗淡。1945 年夏，抗战胜利，世界大战结束，我却病势沉重辗转病榻，一方面欢欣鼓舞，一方面因病对自己前途悲观，也怕连累家人成为一辈子的负担，心情很沉重。

读之，默然。脑海中，宋李清照《声声慢》涌现：“寻寻觅觅，冷冷清清，凄凄惨惨戚戚。乍暖还寒时候，最难将息。三杯两盏淡酒，怎敌他，晚来风急？雁过也，正伤心，却是旧时相识。满地黄花堆积。憔悴损，如今有谁堪摘？守着窗儿，独自怎生得黑？梧桐更兼细雨，到黄昏，点点滴滴。这次第，怎一个愁字了得！”心情随之沉重！

尽管残酷的病魔恣意折磨着冯康的身体，却没有摧毁冯康顽强追求理想的精神世界，他执着于自己感兴趣的数学世界，并在大量书籍的阅读中完成了知识与人生境界的一次升华。

2010 年冯康诞辰 90 周年之际，冯端著文纪念，文中谈及：

这一时期，是冯康对数学兴趣最浓的时期。正是这段时期，他下定决心要做一个数学家。在病床上，他仍孜孜不倦地学习现代数学的经典著作。当时，由我亲自经手向中央大学图书馆借阅施普林格（Springer）出版的黄皮书，数量就不少。就我记忆所及，有豪斯道夫（Hausdorf）的《集合论》、阿廷（E.Artin）的《代数学》等。此外，还有市场上买得到的影印书，如外尔（W.Weyl）的《经典群》、庞特里亚金（Pontryagin）的《拓扑群》等。冯康昼夜沉溺其中，乐此而不疲，使他忘却自身的病痛和周围险恶的环境，并对他的数学教育起到关键作用。这种数学上的自我教育，既进一步巩固了基础，又和当时的发展前沿衔接起来了，使他对现代数学的领悟又上了一个台阶……

1994年8月冯康逝世周年之际，石钟慈院士和崔俊芝院士联名投书报端，于《中国科学报》上，以《深切怀念我国计算数学的奠基人和开拓者——冯康教授》为题，悼惜缅怀，文中指出：

冯康教授从青年时代就立志献身科学，养成了不畏艰难和刻苦钻研的严谨学风。他接受了完整和系统的工程科学、物理学和数学的基本训练，这一切都为其后来的学术成就奠定了深厚的基础。冯康教授的毅力和顽强精神令人钦佩。他在进入大学两年正准备攻读新的学科时，患上了脊椎结核。由于家境困难，无钱住院治疗，他只好待在家里，就在脊椎上的疮口不断流脓，而且经常发高烧的情况下，以极大的毅力读完了斯普林格出版社的一套经典数学名著。即使在“文化大革命”期间受到多种折磨和摧残的情况下，他也从未停止科学上的思考和创造。

对此，冯端也回忆道：

治病期间，伴随冯康左右的是书，外文作品中的文化滋润也给他坎坷的生活带来了慰藉和乐趣。在感到前途渺茫之际，正是从阅读莎士比亚的《哈姆雷特》的原文中得到了安慰。当时，他大段朗诵其中的诗句与独白。我至今仍忘不了他在重庆沙坪坝的斗室之中深有感触地用英语朗诵：“活，还是不活，这是一个问题……”“让受伤的鹿去哭泣哀号，无恙的野兔嬉闹耍玩；有的该守夜，有的该睡觉——世道就是如此运转。”

1945年秋，靠着顽强的意志，也缘于自身抵抗力，冯康化脓的伤口居然奇迹般地愈合了。冯康，站起来了！

冯端及家人喜出望外，真可谓好事连连：先公后私，于公，抗战胜利，举国同庆。于私，冯康重新站立，当为第一；二是一直在国外负责采购工作的大哥冯焕回到重庆，一家人再次团聚；三是1945年9月经中央大学介绍，冯康为复旦大学数理系所聘，任助教（时复旦大学西迁至重庆北碚）。初愈的冯康，身体处于虚弱的恢复期，但敏感而细心的他不想继续成为家人的负担，觉得自己必须工作，闯过病魔关的冯康，遂任教于复旦大学。

东海茫茫东去，西山苍苍北往。1946年8月，随着西迁的众多高校纷纷迁回原址，冯康也随复旦大学迁回上海。1947年年初，由复旦大学转至清华大学，遂北上至北京，先后任教于物理系、数学系，结束单打独斗的自学，融入清华大学浓郁的学术氛围，走上了深入钻研数学之路。清华园成为冯康成就数学家梦想开始的地方。

1946年5月，冯端与中央大学师生一起自重庆乘船而下，回到南京。春夏之交，冯端从中央大学理学院物理学系毕业，获理学学士学位。冯端在《执教六十年的回顾》中回忆说：

> 1946年春夏之交，当学期即将结束之际，赵忠尧先生（当时担任中央大学物理系主任）通知我留校担任助教，从而决定了我一生的走向：在中央大学—南京大学物理系教书、读书和写书，进行科学研究、人才培养和教材建设。

留校任教当是双向选择，学校如是，而冯端之所以选择留校任教，最根本的原因是希望能在一个安定的环境下做一些工作，冯端如是说：

> 当时大学毕业，也可以到中学教书，但中学教师不是很稳定，一会儿这里，一会儿那里。而大学教师是一个相对安定的职业，有发展，而且还有可能出国进修。因为机会还是好的，所以就选择了留校任教。

大学四年，多层次、多方面修炼内功，为冯端的成长与发展奠定了良好的基础。基础打好了，蓄势待发。而任教于南京大学，适得其所，可谓开端有序，英雄有用武之地矣。

第三章

坐看云起时，教学相长

教育，乃社会之基、国运之肇、为政之本、成才之道，伟乎大哉！

回溯历史，在教育的贵族时代，孔子提出了“有教无类”；在只重书本知识的时代，陶行知提出了“生活即教育”；在精神禁锢的时代，蔡元培提出了“思想自由、兼收并蓄”……在烽火连天、抗日、社会主义建设……的时代，教育救国、报国、兴国，教育兴则人才盛，人才盛则百业旺，万千教师重任在肩——教育大计，重在教师。

冯端自走上教师岗位，担传道授业解惑之重任，立志为师，则以圣贤为范：见贤思齐，闻过则喜，有教无类，不偏不倚，安贫乐道，诲人不倦。他立于三尺讲台上，领万千学子驰骋学术天地，播载物之理，传厚德之道，展其怀、达其理、抒其志。

一、江柳共风烟，南大执教

冯端长达60余年的执教生涯始于1946年，先从助教做起，由带实验开始——按照当时大学中的科班惯例，助教的主要任务是带实验和改习题。冯端就从带普通物理实验开始，有些经验后，改带电磁学实验，乃至于近代物理实验。

严谨治学，志存高远。1949年春，冯端始上讲台，先在外系（医学院、生物系、地理系、化学专修班……）讲授普通物理课程；再到本系讲授物理系的普通物理课程、热学与分子物理、电磁学；继而从基础课到专业课，讲授了物理学的多门课程，几乎教遍了物理学的各个分支。

20世纪50年代中期，有两门非常特殊的课程令系里负责教学的老师非常头疼，也是由冯端所承担下来的，一门是为数学系开设的理论力学，时间跨度长达三个学期；另一门是为天文系开设的理论物理。

“教学是一件辛苦的事”，当时，普通物理学课程为大班课，听课的学生多达200人，教室里又没有扩音和隔音设备，讲课时老师与其说是大声不如说是吼叫，只有这样，才能保证教室最后一排的学生能听见。如此讲课，无疑需要脑力劳动和体力劳动之最佳结合。

李齐在《中国现代科学家传记（第四集）》中，如此写道：

冯端数十年如一日，在教学第一线辛勤耕耘，担负过物理系几乎所有基础课和实验课的教学工作，即便学术领导、行政事务与社会工作极端繁忙，他仍然十分关心基础教学，亲自开课或举办讲座。20世纪60年代以来，致力于专业课与研究生课程的教学，频频开设新课程，将物理学的最新发展介绍给学生。冯端博学多才，治学严谨，授课时立论高远而深入浅出，概念清楚，逻辑严密，擅长将物理学各领域乃至自然科学各学科的知识与规律融会贯通，因而讲授生动易懂，常常出现教室爆满、站在室外旁听的动人场面。

为人师者，教法为要。冯端深谙其内涵，本着“把心思用到精巧”“把技艺练到纯青”“把小事做到极致”的理念，自执教以来，他努力提高自身的理论研究素养，在教学实践中不断用理论深化、指导教学，在教学中实践、丰富理论；既有丰富的实践经验，又有深厚的理论底蕴，使之教学有所创新，是为一名成功的教育者。

冯端回忆说：

在新中国成立前和新中国成立初期，大学通行的普通物理教材是Duff、萨本栋或严济慈的《普通物理学》，还有Sears的*Principles of Physics*，三卷本或简编本。1952年院系调整后，则采用中译的苏联教材。弗里斯与季莫利娃的《普通物理学》大行于世，这是列宁格勒大学的教本。

但自冯端看过莫斯科大学的教本（即Strelkov的《力学》、Kalashnikov的《电学》、Landsburg的《光学》……）后，认为这套书编写得更为精简，其中Landsburg的《光学》是名副其实的名著。

认识有所提高，视野得以拓展，在教学中则加以借鉴引用，收益颇丰。例如在教电磁学时，冯端曾认真地参阅Kalashnikov的《电学》，颇有收获。当中是以电流元的安培互作用力来引入磁场，强调了它和电荷间库仑定律与电场关系的对比性，虽然在力的方向性问题上较为复杂，但思路独到、另辟蹊径，很受启发。故冯端在讲课时按此思路来讲授，效果不错。

对于这一阶段物理教材的阅读、研习及认识，冯端曾专门著文加以描述：

我见到过Landau与Lifshitz合写过的一本普通物理教程，是他们在莫斯科技术工程学院任教的讲义（包括力学、热学与分子物理和静电学），似未写完，不知是否另有足本。该书流传似乎不广，未见中译本和英译本。内容则别具匠心，开创物理学大师写基础物理学教材的先河。1963 年，Feynman 的三卷本物理学讲义问世，立即轰动物理学界成为引证最多的物理著作。此书娓娓道来，如行云流水，潇洒生动。虽不适用于实际教学，乃是供物理教师参考的枕中秘籍。稍后的 Berkeley 物理讲义，其中 Kittel 的力学和 Purcell 的电磁学各具特色，而其余几本平平而已。Abraham 与 Becker 的电动力学素负盛名，似无英译本。后来 Becker 与 Sauter 的改写本，简明扼要。Tamm 的电学原理有中译本，对电介质与磁介质问题，阐述得一清二楚，解决了你能想到的所有问题，甚至一些你想不到的问题。而有关电磁感应的两种不同表示（静止媒体与运动导体），则以狭义相对论的框架予以清楚阐述，真是一本难得的好书。而 Feynman 讲义中则对这两种电磁感应在形式上的类似深表诧异，但认为并无深刻的物理意义。似乎验证了“荷马也会打瞌睡”这一西谚。

冯端着重指出：

在德国，大师们编撰多卷本理论物理教程已构成了一项优良的传统。Planck 在柏林大学讲课的五卷本讲义在第一次世界大战后问世，其中对基本概念给予了清楚的阐述，但对具体运算全付阙如，使人有开卷瞭然、闭卷茫然之感。Sommerfeld 在慕尼黑大学的六卷本教材，在四十年代末方始出齐。这套书不仅论述精到，也便于实用。对 Born 有“读来兴趣盎然如小说”之评语，深获吾心。Pauli 在苏黎世理工大学讲课的一套讲义，读后没有深刻印象，似乎与 Pauli 的高度独创性不太匹配。苏联的 Landau 与 Lifshitz 的十卷本理论物理教程，谨严精简，堪称这一领域的压卷之作。虽则作者谦称之为理论的最低要求，但我辈不专攻理论的就有仰之弥高之感。只能根据实际需要选读其中一小部分。就我而言，读过力学、经典场论、弹性和流体力学、连续介质点动力学和物理动力学的若干章节，也许两卷的简编本才是名副其实的理论最低要求。

阅读广泛，研习深入，不仅使得冯端在普通物理教材的评价、选择上拥有话语权，在其他方面亦助益良多。

一是学以致用，在教学实践中身体力行，汲取精华为我所用，摒弃糟粕轻装前进，取舍自如，事半功倍。如在为数学系讲授理论力学时，先前采用的全是陈旧的苏联课本，难教不易懂，后加以改革，其讲授主要参照戈德斯坦（Goldstein）的《经典力学》（*Classical Mechanics*）这本分析力学的标准著作来教，收到较好的效果。冯端回忆道：

初次看这本书，不仅为其精彩论述心折，也为一些立体感极强的阴影图所吸引；也许只有美国的教科书真能做到图文并茂，后来的 Halliday 与 Resnik 的基础物理教本就是一个例子。

冯端在南京城墙上（1951 年）

同样，在为天文系开理论物理课时，则参照了斯莱特（Slater）和弗兰克（Frank）的理论物理导论，效果明显。

二是融会贯通，善于总结历史经验和教训，并用于指导自身的科学研究和群体的学术管理，高屋建瓴地把握科学发展方向。同时，也为其潜心著述奠定基础。

三是意存高远，以精深的学术造诣为基础，源于自身丰富的科研实践而作出辩证分析，视角之独特，洞见之敏锐，见解之精辟，充分展现其科研经验、治学之道、人生阅历与思想见解，完善了其独特的知识结构，建构理论体系，独树一帜。

二、潮平两岸阔，言传身教

人事代谢，世代更新，随着高等教育日趋普及，其对社会发展的意义和作用越来越彰显，高等学校更多地关注学生的全面发展，关注人的精神成长——道德和精神的发展，已日益成为高等教育的核心取向。正如联合国教科文组织所强调："高等教育和研究正作为个人、社区和国家在文化、社会经济和环境方面可持续发展的主要组成部分而发挥作用。所以，高等教育本身正面临着巨大的挑战，而且必须进行从未要求它实行过的最彻底的变革和革新，以使我们目前这个正在经历一场深刻的价值危机的社会可以超越一味的经济考虑，而注重深层次的道德和精神问题。[①]”

1949 年后，我国高等教育的发展受到苏联的影响，热衷于构建与经济建设相对接的“专门化”办学模式，有意无意间，进一步强化了科学至上的文化——过分突出“科学知识”的地位，高校每每因为被奉为“科学殿堂”而迷离发展方向。而展望 21 世纪，联合国教科文组织在《教育——财富蕴藏其中》（1996 年）中提出：大学应成为“面向全民的文化场所”，其任务除了“培养大量青年人从事研究工作或其他专业性工作”之外，还应该“成为满足日益增多的、以自己的好奇心寻求使生活富有意义的人的求知的源泉。这里所设想的文化是广义的文化，它包括从最严密的科学到诗歌的所有精神领域和想象领域。”这一核心价值取向的出现及强化，强调了人文教育的意义和作用，值得关注。

1952 年，在学习苏联的热潮中，国内高校大幅进行院系调整，作为综合性大学的南京大学亦概莫能外。南京大学调整出工学、农学、师范等部分院系后与创办于 1888 年的金陵大学文、理学院等合并，仍称南京大学，校址从四牌楼迁至汉口路。原南京大学物理系（亦即是新中国成立前的中央大学物理系）和金陵大学物理系合并，组成全新的南京大学物理系。

斯时，办学方向、教学模式，走向如何？数十年后，冯端借《南京大学物理学系的七十个春秋》对此作出分析和评价：

> 院系调整以后教学是全面学习苏联，苏联的体制接近欧洲大陆，特别是德国的体制。教学课程有所加强，基础课很强，特别是理论物理课程（四大力学）加强了，分科比较细，还设置了专门化教研组、专门化实验、毕业生论文，要求促使各教研组开展研究工作，故系统性的理论和实验均有所加强，但同时也出现了课程重，分科细，灵活性不够等弊病。

具体而言，加强基础，是指加强基础课程和理论课程，在力学、热学、电磁学、光学、原子物理等基础课程上，增加理论物理、电动力学、统计物理、量子力学四大力学的理论课程，增加物理实验——基础物理实验和中级物理实验，加深内容；设置专门化教学，以比专业窄一点的专门方向进行教学。

诚然，在如此大环境下，办学的指导思想是强调应用，学苏联优先发

① 联合国教科文组织，《21 世纪的高等教育：展望和行动世界宣言》，1998 年。

展重工业。在认为重视金属物理研究对加速工业化很重要的背景下，物理系首先确定了对金属物理研究以及金属物理专门化的建设——南京大学于1953年最先建立“X射线金属物理专门化”，后陆续设立声学、理论物理专门化，1956年后又先后建立半导体物理、磁学、无线电物理和原子核物理等专业。

自“X射线金属物理专门化”创立，冯端就被分配至此。当时，“X射线金属物理专门化”由施士元教授、程开甲教授领导。冯端曾辅教过施士元先生的X射线晶体学，使用的都是英文教材，后来就接替施先生开始上课，讲授X射线晶体学，冯端回忆说：

> 当时觉得A.Guinier写的《X射线晶体学》非常不错（看过法文原版，英译本已略有增订，还有俄译本已增补为一本巨著）。

教书育人，是冯端理想、信念、情操之起点与基石，是其人生、事业、追求之动因与鹄的。作为一位物理学家、教育家，冯端融学术、教育和人格魅力于一体，数十年如一日，效法古今圣贤，感师者之乐，悟杏坛之道。

教书育人，以学识来引导知识，用人格来提升品德，冯端的为人、为师与为名师之人格魅力在此展露无遗：为学笃行，为人诚信，勤奋好学，创新奉献，格物致知，人本为先。做学问，勇立潮头，敢为人先，远争上游；立师德，铸人格，永居高处，行为世范。

意气风发（摄于20世纪50年代）

高付出必有高回报，冯端的授课乃至科学报告，话语平实，内涵丰富，堪称大家。

其教学，从研习教材到课堂讲授，环环相扣，步步踏实：研习教材，分析特色，梳理思路，将基本概念、原理弄懂弄透，融会贯通；课堂讲授，突出物理图像，说透物理意义，强调形象思维，表述生动又精炼透彻，旁征博引而比喻得当，引人入胜且效果显著。

其报告，俨然是一位高明的向导，冯端引导着学生和听众们寻幽探胜，时而“山重水复疑无路”，时而“柳暗花明又一村”；他调动学生和听众们的兴趣，引导他们在物理世界里自行探索。虽似言传，妙在意会，按其指引，一游再游反复游，进而“渐入佳境”“品味”“得趣”而至“乐不思蜀”矣。

2003 年，时任南京大学校长的蒋树声，著文盛赞其老师冯端，以表钦佩之情：

先生首先是一位难得的好老师。在南京大学执教的时间里，他几乎教遍了物理学的各个分支，从基础课到专业课，从实验课到理论课，他博学多才，严谨治学，又能融会贯通，授课时立论高远且深入浅出，概念清晰，逻辑严密。听他的课能得到多方面的启迪，因此他的课深受广大师生的喜爱。他教学相长，长期的教学实践，打下了扎实的基本功，掌握了形象化的物理思维方法，通晓了科学的内部结构及其与外界的联系，所有这一切都对他以后的科研工作积蓄了力量，产生了深远的影响。

三、清光犹为君，为学笃行

当年，蔡元培定义“大学者，研究高深学问者也”，立志改革，“思想自由，兼容并包”，凝聚革新力度。他认为：“一个民族或国家要在世界立得住脚，而且要光荣地立住，是要以学术为基础的，尤其是在竞争激烈的二十世纪更要依靠学术，所以学术昌明的国家，没有不强盛的。反之，学术幼稚和智识蒙昧的民族，没有不贫弱的。”在其看来，国家强盛要靠学术的昌明，“对于学说，仿世界各大学通例，循‘思想自由原则’，取‘兼容并包主义’。自由与专制相悖，并包与专己相对。”

“思想自由，兼容并包”的办学方针，合理地容纳着中西方的积极内容：思想解放、言论自由、讲求民主，革专制积弊，反专己守残，兼收并蓄，相容共进，裨益社会，以无限的张力与活力，开辟一片新天地。

“作为教师，必须学习终生。”回顾60多年的教学生涯，冯端如是说。他始终服膺胡适之名言“为学当如金字塔，要能博大要能高”，同时还坚持陈寅恪所倡导的“独立之精神，自由之思想”，运用于鉴别、汲取或批判当今世界学术界流行的各色哲学思潮，提高自身科学鉴赏力。

60多年来，冯端边教学边科研，不断思考和探索，充分体现了一贯务实的治学精神：爱护学生，尽自己所能教育学生，无私奉献；在传授方式上，讲清概念、原理，以启发为主，适当引导，由表及里、由浅入深、去粗取精、去伪存真、升华为理，于高层面培养学生的科学鉴赏力。

孔子时代，社会的政治经济和文化教育下移，孔子抓住机会，创办私学，希望通过兴办教育来培养“贤才”和官吏，以实现其政治思想。在教育对象问题上，基于“人皆可以通过教育成才成德”的认识，孔子明确提出“有教无类”的论断，扩大了教育的社会基础和人才来源，对于全社会成员素质的提高起到了积极的推动作用。而今，教育成为世人的需要和共享的权利，教育的全民性和普及性显得更为鲜明充分。

多年的基础性教学，使冯端在做学问时比别人有了更深的理解和更多的感受。教学中，冯端善于因材施教，针对学生的不同特点给予精心的点拨、指引，根据兴趣培养学生。在适当的条件下，他会采用“分类教学”，以便更好地发挥学生的潜能，用其所长。

李齐在《中国现代科学家传记（第四集）》中写道：

> 他特别善于发挥每个人的长处，让他们充分施展自己的才能。例如，他的学生闵乃本勇于创新，有闯劲，他就不失时机地引导闵乃本拓宽领域，使闵乃本很快在晶体生长及材料设计方面有所突破，写出获奖专著《晶体生长的物理基础》，成为该领域的知名学者；他的另一些学生，如李齐、蒋树声等，善于在一个领域里精雕细刻，他就让他们在具有优势的传统领域中向纵深发展，指导他们在晶体缺陷的结构与组态研究等方面取得了可喜的成就。

“有教无类，因材施教”，是中国古代教育传承下来的一个优良传统，这也是冯端之所以门下多名士的一个根本原因。他在教学实践中，关注学生从细微之处做起，要求严格，着重培养学生科学的思维能力，提高学生对物理问题本质的认识。

2002年新年前夕，应《江苏社会科学》之邀，冯端与青年学子交流读书与治学的问题，就继承与创新，他如是说：

我们需要强调教育的另外一面，就是引导学生独立思考，让学生自己来解决问题。这在从事研究工作中特别重要。科学研究体现了继承与创新之间辩证的统一。“学而不思则罔，思而不学则殆”，应该说，我国教育界的情况是灌输得太多，而在培养学生的独立思考方面，还有所不足。我们需要一代代的学生，超过他们的老师，即所谓“青出于蓝而胜于蓝”。这就需要大力培养学生的独立思考和创新思维。

《江苏社会科学》刊载时，加了如下的编者按：

南京大学冯端教授是一位德高望重的著名学者。应本刊邀请，冯先生在新年前夕与青年学子们交流读书与治学的问题，非常难得。我们从冯先生文章的字里行间，既可以品味其朴素严谨的大学问家风范，又可以感受到前辈学者对当代青年人的一种信任和期盼。

冯端在南京大学浦口校区给学生作报告（2002年6月）

培养学生将原有的和新获得的知识进行重组或加工，以加强分析问题并有效解决问题的能力，这实质上也是一种创新思维过程。

“一名优秀的教师应该让学生因为你的讲解而喜欢上科学，你应该使他们的求知欲变得更加强烈。”1976 年诺贝尔物理学奖获得者里克特曾说过：“在课堂上，一名教师应该告诉你是怎样看世界的，你要教会他们必要的知识，点燃他们求知的火花，还要和他们并肩学习。”对此，冯端深有同感：

教书要面对学生，对自己所讲的内容必须理解透彻。如果自己一知半解，讲课时就不理直气壮。理解教材就是深入的学习过程。在教学中，学生会提出各种各样教师想不到的问题。要回答学生的问题，自己也必须学习。因此，教学工作是一种很好的学习过程。我从事的晶体缺陷研究和我以前教的电磁学基础课，在内容上截然不同，可是作为做学问的道理，却有许多相似之处。当年我对于位错理论的理解，就是得益于电磁学课的教学。打个比喻：一门门科学，仿佛一幢幢建筑物，尽管建筑物的形象、风格有很大差异，结构各不相同，但所有的建筑物都有相似之处，例如都有柱、门、窗和墙，科研所涉及是尚未完成的建筑物，还需要为它添砖加瓦；而教学所涉及的往往是业已（或接近）完成的建筑物。当生手开始盖房子时，对如何设计、用料没有把握。然而，别人盖好的房子，是可以供我们借鉴、参考的。

冯端躬身践行，表现出人性的光辉和“以人为本”的真谛，当是一名优秀的教师。1993 年，他被授予全国优秀教师奖章，即为例证。

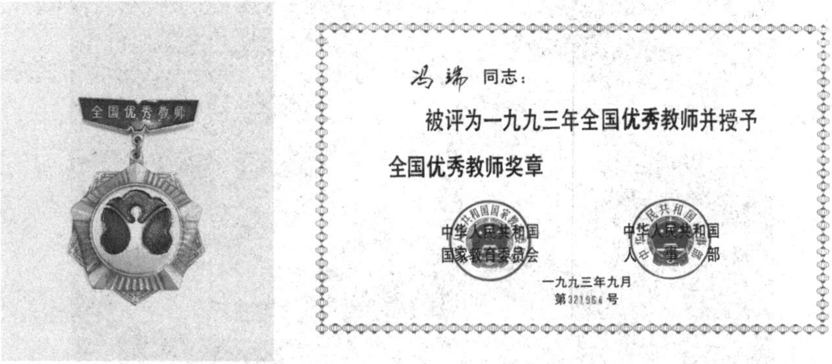

冯端荣获全国优秀教师（1993 年）奖章与证书

冯端自任教以来，心头铭记的始终是韩愈的“师者，所以传道、授业、解惑也。”他是真正把物理学当成一门事业来做，真正把发展中国物理学当作自己的任务，为此，他义无反顾，教书一生，从不懈怠，岁到晚年，仍以顽强的毅力和无私的奉献精神，坚持在教学科研第一线。

冯端在讲课

自1990年起，年近古稀的冯端，开设了研究生课程“凝聚态物理学新论”，一教便是数年；1992年，又开设“凝聚态物理学导论”，教学践行；1996年，于清华大学讲授“凝聚态物理学导论”，探索创新；1998年，于凝聚态物理暑期讲习班为全国从事凝聚态物理学研究的研究生及青年教师授课，历时一月……三尺讲台，伴其一生。

四、广泽生明月，教育理念

在长期的教学实践中，冯端对大学本科教育、研究生教育、中西方文化差异、历史传统的传承等都有自己的理解，其见解独到，切中肯綮，论必有据，持之有故。故能娓娓道来，引人入胜。

教育，“教化培育”矣，其概念有广义和狭义之分，泛指增进人的知识、技能、身体健康以及形成改变人思想意识的活动。教育，又是一种思维的传授，考虑到人之意识思维，形态各异、走势另样，故教育当以最客观、最公正的意识思维教化于人，重要的是培育智力活动的习惯、独立思考的能力……教会人去思考问题，形成正确的人生观、价值观，学会解决在生活中和学习中遇到的一些问题的方法。显而易见，这些智力上的素质，是不可像知识那样传授的，培育的唯一途径是受具有这样素质的人的熏陶。

果若是，冯端践行“学高为师，身正为范”的古训，则不愧为一位睿智（开明）的教育家。作如是观，再来看冯端对于教育、文化、历史传承等方面的一系列论断、见解，就会甚感亲切，颇多共识，闻其声而见其人了。

格物致知，求真务实。对于现在的大学本科教育，冯端认为：

一个很重要的问题是分科太细，而美国的一些大学理科教育在本科阶段基本上是不分数理化的，这种问题也可能出现在文科上，分科太细本身就有很大的局限性。学生本科毕业之后并不能成为这一学科领域内的行家，不仅如此，分科太细还在很大程度上制约了学生的进一步发展。另外，不少毕业生就业时很难找到和自己专业对口的职业。

事实上，大学本科教育如此，研究生教育亦如是，这是中国大学和研究生教育体制历史遗留的问题，这样培养出来的人才并不能很好地适应当今世界的发展需要。

1810年，德国创办全新的柏林大学，明确提出学术研究是大学的中心任务，强调大学同时也是科研机构，大学要在办学实践中积极探索教学与科研相统一的办学新思路，科学研究的功能始为大学追逐的重要目标。全新的大学，全新的办学理念，影响深远，其逻辑产物便是当代在高等教育系统中占主导的研究型大学。此后，高等教育的社会服务功能受到普遍重视，大学与社会的互动与互助成为一种新的发展模式，无论是对高校还是对社会都是如此。

高等教育发展的总体走向是更多、更广、更深刻地融入社会发展的主流，高等教育之于社会发展的作用不仅越来越大，而且越来越重要。得益于这种教育与社会的良性互动，社会的可持续发展才获得了不竭的动力。

据此反省我国的高等教育，由于认识定式的制约，其办学理念仍囿于系统知识传授，改革思路仍“不越知识这一雷池半步”，在池内打转，人才培养方案及其相应的专业课程设置显出极为明显的学科本位取向，忽视技能培养，忽视创新精神和创造能力的培养。同时，在现行管理体系中，教学、科研、服务三大职能“析而分之”，各自为政，泾渭分明，教学科研两张皮，被体制性缺陷所架空，三大基本职能架构亟待重筑。

通观冯端教学、科研生涯，他摆脱认识定式束缚，教学科研服务一体，跃出雷池，海阔天空。

有关研究生培养，冯端之言谈中渗透着一片深情：

科学技术一代一代向前发展，青出于蓝而胜于蓝，这是客观规律。当老师的责任是培养好年轻人，鼓励他们超过自己。如果老师带出来的研究生比自己差，社会的发展和科学的兴旺是不可想象的……师生关系是同志关系，学术上是平等的。老师不要用自己的观点去压制学生，要让青年人独立思考，大胆探索，充分施展自己的才能……

冯端是这样说的，也是这样做的，为了高质量培养科研人才，他身体力行，很注意指导的艺术。帮助研究生确定课题时，他总是抓得很准；他敢于放手，但绝不放羊。不管多忙，研究生找到他，他总是热情接待，认真指导；中青年科研人员出了成果，他总是分外高兴，到处宣传；他鼓励、指导研究生撰写、发表论著，即使其中凝聚着他的心血，也从不肯挂上自己的名字……

冯端认为：

对于研究生，既要培养他们具有坚实的理论基础、外语基础，又要培养他们具有较强的实际动手的能力，二者不可偏废；同时要注意培养良好的工作习惯。……我们整个教育制度比较偏重考试和考分，对实践能力的培养不够重视，从小学到研究生院都有这个问题。有些教师只注意向学生灌输知识，不注意启发学生思考、动手、得出结论。这种做法，循规蹈矩，学得死板的学生沾光，想象力、创造力强的学生却被层层关卡卡住，很容易被埋没。这个问题要引起重视，逐步加以解决。

冯端在《研究生治学若干关系的辨析》一文中谈治学关系，针对胡适之名言“为学当如金字塔，要能博大要能高”，他是这样理解的：

在博大的基础上求高深，要像金字塔，不要像旗杆。学理科的，中文外文要能通顺；学文科的，除了中文外文要好之外，还要懂一些计算机。至于学科之间的交叉领域，往往是最活跃的生长点，井中之蛙是无法窥其奥秘的。而每一个实际问题，也往往是多学科的交叉，解决它需要广博的知识和技能。大家应该注意这一点，力求开阔视野，触类旁通，弥补原来教育中的缺陷。

继而，他用一系列的论述诠释其观点，以正视听。这里，举其大端列举之，以成完璧：

大学期间，我们应该更注重基础知识的学习和思维方式的训练。而一些研究和专业的方向应该在硕士、博士研究生阶段才能确定。我们国内目前的学科很大的薄弱点在于一些交叉学科的研究和发展。

通才很少，而这一类的人才又迫切需要。产生这种问题的直接原因，又是我们的学科分得太细，很大程度上我们的教学已经把原来一些彼此关系非常紧密的知识割裂开来了。

另外，我也不是主张不要有学科的划分，我提倡的是文理之间的交融。学文科的一些基本的理科知识也是要懂的，虽然你不一定要知道某些公式的具体算法，但某些原理和一些简单的应用还是要懂的。再比如一些应用性的工具，计算机要会用吧；而学理科的也必须学会一些文科的知识，最起码的是，你要会写作吧，一些文化常识要懂吧，要不然怎么做研究呢？即便你已经有了研究成果，但你不能或不善于表达，或者表达得不够明确，那也是不行的。

现在的学生给我的印象是，不是被管得太死了，而是太 uniform（一致）了，缺乏应有的个性。当然从整体上来看，总的素质可能比我们以前好，但是要想得到更高更好的发展，就比较困难。你们一定要注重自我个性的发展和培养，要有自己独立的思考和自学能力。

对于中西方文化差异，冯端如是说：

关于两种文化的问题，我觉得东西方的文化不应该对立起来。文化有其本身的生命力，只要你是中国人，你与生俱来的就会带有中国人或者特定环境里的秉性，本身并没有好坏优劣之分。但我个人认为，中国文化应该更多地学习外来文化，更多地吸收外面有用的东西。这种学习在我们的文化处于强势的时候，表现得比较明显，例如唐朝，当时对外来的文化就比较的宽容。

对于一种文化的历史传统，我们不能过于依赖，历史传统不能成为我们前进的包袱。任何一种文化形态都是有其自身缺陷的，在这个意义上说，历史越久，某些缺陷就越严重。所以我认为两种文化决不能割裂开来，而应该相互补充。

仔细观察我们的文化，你就会发现这样一个传统，它能够产生很好的技术，诸如四大发明之类的东西，但是它始终不能在某一领域形成一个系统的学科。这些问题本身有很多的说法，就我认为，中国人的抽象思维带有很强的功利色彩，没有长远的和超脱的追求，所以你经常听说有人会为国家献身，但很少听人说要为科学献身。这不能表明中国文化不好，但这的确在很大程度上制约了科学的发展。这当然是个很普遍的现象，因为不同的文化都会有它自身的局限性。一个很现实的问题是，我们的技术发展处于弱势，如果你要跟上并且超过一些西方国家，你就必须要改变一些传统文化中的不利因素。在这种情况下，你就必须要改变，否则不会达到我们所期望的程度，所以我不怎么赞同当今一些新儒家的想法。也许那些新儒家学者长期生活在国外，所以怀念我们的传统儒家文化，而我们生活在国内，所以更加清楚一点。

情见乎辞，这些话宛然一篇篇政论文章，言谈微中，妙谛诠释，讲“活”了中国的教育，具醒世益人之效！

1998年，冯端撰写的《研究生治学若干关系的辨析》入选《中国社会主义精神文明建设宝典》，享有该书的著作权与署名权。

2009年，冯端与学生对话，在回答学生提问时，给大学生打气，告诉他们基础科学须有一种坚持：

我一生经历了很多事情，沮丧过，也失败过，但最后我还是坚持了下来。坚持，就是既然选择了研究物理这门基础学科，就必须抛弃急功近利求名利的心态，一直保持踏踏实实做人、做学问的态度。

应该说，淡泊的人生际遇，使冯端坚定了理念，做自己要做、喜欢做的事，走自己的路，开创了一片属于自己的新天地。

第四章

江流天地外，创新开拓

“作为一位科学大师，先生的成就是历史性的和时代性的。”身为冯端学生，时任南京大学校长的蒋树声如是说：“先生的学术视角触及多个领域，科学工作跨越物理学和材料科学两大学科，成为我国金属物理学和凝聚态物理学的奠基人之一。”

李齐在《中国现代科学家传记（第四集）》中写道：“冯端在科研工作中高瞻远瞩，勇于开拓，既立足于国家需要和自身条件，又瞄准世界科技发展的前沿，精心谋划，精心组织，实现了一个又一个飞跃。”

一、白云回望合，胜概何寻

他山之石可以攻玉，文学艺术作品言意境，人生与为学又何独不然？王国维的《人间词话》中称之为境界。对象不同，表达之方法亦异，故诗有诗境，词有词境，曲有曲境。意境因情景不同而异，其与为学所现意境亦然。

《人间词话》云：“古今之成大事业、大学问者，必经过三种之境界：‘昨夜西风凋碧树，独上高楼，望尽天涯路。’此第一境也。‘衣带渐宽终不悔，为伊消得人憔悴。’此第二境也。‘众里寻他千百度，蓦然回首，那人却在，灯火阑珊处。’此第三境也。”此虽古人咏景说画之辞，为学之法适同，能为此，则意境自出。

细作探究，可知，第一境界是“登高远望，绝处求生”之境，学海无涯，唯有登高望远，瞰察路径，明确目标与方向，方能了解事物的概貌，寻找到自己要达到的目标；第二境界为“苦苦追寻，竭尽全力”之境，一旦选定了路，就必须不避艰难、坚定不移地走下去。没有对目标的迫切愿望和自信，难以面对征程的漫长和艰辛；要在事业上有所成就，不经过一番寒霜苦，没有不达目的不罢休的心志是不行的；经过一番辛勤劳动，废寝忘食，孜孜以求，直至人瘦带宽也不后悔。第三境界则是“豁然开朗，一片光明”之境，寻找到方向对头的道路，又有执着的追求，反复追寻、研究，下足功夫，自然会豁然贯通，有所发现，有所发明，就能够从必然王国进入自由王国，没有千百度的上下求索，不会有瞬间的顿悟！求得“真”与“是”，出乎意料，又正在情理之中！

诚然，这三种境界，概略言之，不外乎是认清方向、埋头苦干、喜获成功。对此，冯端认为最重要的是“第一境界”。

独上高楼，路在何方？答案是：路在脚下。

对于科学研究，冯端尤为看重两点：基本功和鉴别能力。对待科研，他说道：

一是要有基本功，要看扎实不扎实。青年时代，在大学里，就是要解决基本功的问题。要掌握基础理论，自然科学、社会科学都有基础理论。要掌握科学研究的基本方法，包括怎样利用资料，搜集、整理资料。二是要有鉴别能力，有了基本功，还不能成为一个出色的科学工作者。我认为，还需要有比较好的鉴别能力。人们似乎以为只有搞艺术才需要有鉴赏能力、鉴别能力。我的看法不同。科学是个很广阔的领域，哪怕任何一个小的学科，在今天，都有很广的领域，都与外界有着千丝万缕的联系。你要从事研究，就要选择课题，这就牵涉到一个人的科学眼光或者说鉴别能力上。你要能够判断，哪些课题是重要的，哪些是无关紧要的，哪些是时机已经成熟的，哪些是还不具备条件的。须知，完成一个重要的课题，并不一定比次要课题花的力气多；而课题选择不当，就可能走入死胡同，花了不少力气，难以出成果，问题正在于科学工作者的鉴别能力上。

诚如其言，冯端在科学研究上成就卓著，原因是多方面的，但非凡的战略眼光是其成功的基本前提。“敏锐的眼光和坚强的意志力，是成功的关键。”冯端不仅在实际科研工作中善于运用非凡的战略眼光指导选题，而且善于从理论的高度总结科学鉴赏能力对科研工作的关键作用。

冯端指出：

在掌握科研基本功后，要想做出出色的工作，就要看你是否具备鉴别能力这一点了……科学和艺术有相通之处，艺术工作方面有创作者，也有鉴赏家和批评家，能够懂得艺术作品的好坏。而实际上优秀的艺术家必然也是懂得艺术作品好坏的鉴赏家，虽然它不一定善于用文字来表达。在科学上同样有一个鉴别能力的问题，能否善于抓住一些有条件解决的重要问题，乃是一个优秀的科学家和普通的科学家的差别所在。如果选对问题，并解决了问题，你就走到别人前面去了。所以如何提高你的鉴别能力，就成了头等大事。

冯端始终认为：科学工作者的鉴别能力需要在科研中琢磨和培养，要不断地把握世界科技发展的脉搏，不断地调整，努力使自己站立在学科的前沿地带，努力开拓新的领域。

冯端曾详解智力素质与精神素质之区别，以诠释“坚强的意志力”之内涵：

聪明能干反映了一个人的智力素质，这是进行科研工作极为有利的条件；坚忍不拔，锲而不舍，知难而上，为科学献身，这是最理想的优良的精神素质，是进行科研工作的最可贵的条件。如果要在两者之间有所选择的话，我宁愿选择后者。因为科研工作实际上就是克服困难，如果缺少优良的精神素质的话，遇到困难就会停步不前，最终在科研上一事无成。这种例子我们屡见不鲜。优良的精神素质不是先天就有的，思想教育在这个问题上能起一定作用。如果一个人能将他的全部精力用于他要解决的问题，献身于他的事业，锲而不舍地努力下去，必将会取得有意义的结果。

二、斯人独憔悴，公道长存

在这一方面，冯端经常举自己的二哥冯康为例。“像老鹰在天空中盘旋，他终于寻找到自己的目标，并一一攻克。”冯端如此描述作为数学大师的二哥冯康。

作为中国应用数学的领军人物，冯康一生成果卓著，概约言之，冯康在其学术生涯中实现了科学上的几次重大突破，一是在1964～1965年独立地开创有限元方法并奠定其数学基础；二是在1980年提出自然边界归化理论；三是1984年以后创建哈密顿系统的辛几何算法及其发展……

1994年，石钟慈院士与崔俊芝院士发表联名文章力陈冯康的重大科学突破：

冯康的科学成就是非常杰出而且是多方面的。20世纪50年代中期，他在拓扑群和广义函数论方面发表过重要论文。20世纪50年代末和60年代初，他在解决大型水坝计算问题的基础上，独立于西方创立了求解偏微分方程和结构工程问题的有限元方法。20世纪70年代，他将椭圆型方程的经典理论推广到不同维的组合流形上，在国际上率先建立了严格的弹性组合结构的数学理论。与此同时，他对经典的椭圆型方程归化为边界积分方程的理论做了重大发展提出了自然边界元方法，成为当今国际上边界元方法的三大流派之一。20 世纪 80 年代初期，他转向研究哈密顿动力系统，于 1984 年首先提出了基于辛几何的哈密顿系统的保结构的算法，开创了富有活力和广泛应用前景的新方向，近十年来又在该方向上取得了一系列突破性成果。

“青山遮不住，毕竟东流去”，逝者已化入数学的生命，会比高位、盛名，存活得更长、更久。

科学不会忘记，世界不会忘记，著名数学家、美国科学院院士、沃尔夫奖和阿贝尔奖得主拉克斯曾如此评价：那个“瘦削的身影，散发着活力的智慧的眼睛，以及充满灵感的脸孔。整个数学界及他众多的朋友都将深深怀念他！”

冯康，原本成就于一个英雄辈出的年代，却没有被时代赋予应有的光环。直至几年甚至十几年之后，荣耀与肯定才得以回馈。

“山长水远知何处？”金子，总会发光的！

2002 年 5 月 28 日，时任国家主席江泽民在中国科学院、中国工程院两院院士大会上发表讲话时说：“在当代世界科技发展的史册上，我国科技工作者也书写了光辉的篇章。我国科技工作者在基础科学研究方面取得了一系列令人瞩目的重大成果。我国在世界上首次人工合成牛胰岛素，最近又完成了人类基因组百分之一的测序研究工作，率先公布了水稻基因框架图。反西格马负超子的发现，证实了存在反粒子的理论。在数学领域创立的多复变函数的调和分析，有限元方法和辛几何算法，示性类及示嵌类的研究和数学机械化与证明理论，关于哥德巴赫猜想的研究，以及在半导体超晶格理论方面提出的‘黄－朱模型’，在国际上都引起了强烈反响……”冯康的科学贡献：有限元方法、辛几何算法赫然在列。

2008 年 12 月 15 日，时任国家主席胡锦涛在纪念中国科学技术协会成立 50 周年大会上发表讲话时说：“我国广大科技工作者勤于思考、勇于实践，敢于超越、不懈探索，无私奉献、团结协作，在短短十几年间，创造了一个又一个科技奇迹，我们取得了有限元方法、层子模型、人工合成牛胰岛素等具有世界先进水平的科学成果，自主提出了陆相成油理论等独具特色的科学理论，建设了大庆油田等影响至今的大型工程项目，取得了‘两弹一星’的巨大成功。这些重大科技成果，极大增强了我国综合国力，提高了我国国际地位。”更是将冯康的科学贡献“有限元方法”列为重大科技成果之首位。

在先后两任国家最高领导人的讲话中，推举冯康的科学成果，置于显要位置，表明国家对于冯康和他的团队所做出的重大贡献给予了充分的肯定。

事实上，早在1997年春，菲尔兹奖得主、中国科学院外籍院士丘成桐教授在清华大学所作的题为《中国数学发展之我见》的报告中就提到：

> 中国近代数学能够超越西方或与之并驾齐驱的主要原因有三个，当然我不是说其他工作不存在，主要是讲能够在数学历史上很出名的有三个：一个是陈省身教授在示性类方面的工作，一个是华罗庚在多复变函数方面的工作，一个是冯康在有限元计算方面的工作。

对冯康作为数学家（不仅是计算数学家）的科学贡献作出了客观评价，令人耳目一新。

“晓色云开，春随人意，骤雨才过还晴。”遥想当年，冯康自国立中央大学毕业后，先后执教于复旦大学、清华大学，曾是中国科学院数学研究所最早的一批研究学者，也曾坐镇计算数学研究所和中国科学院计算中心，统帅精英骨干一展风华，“十年浩劫”，受尽屈辱，始终抱定科学信念；改革之春天，作为国家攀登计划首席科学家，指挥新生力量顽强拼搏。有限元、辛算法，这两项科学领域的创新和突破，足以使冯康的名字载入世界著名数学家的史册。

“冯康的声望是国际性的”，正如美国著名科学家、美国总统前科学顾问、美国原子能委员会计算和应用数学中心主任、沃尔夫奖（1987年）和阿贝尔奖（2005年）获得者彼得－拉克斯（Peter Lax）院士所指出的“冯康先生对于中国科学事业发展所做出的贡献是无法估量的。他通过自身的努力钻研并带领学生刻苦攻坚，将中国置身于应用数学及计算数学的世界版图上。”

诚如其言，冯康的两次重大突破，是为当代科学创新的典范——这两次突破都是在中国土地上由中国科学家实现的，而成果又具有世界意义：既是具有非凡的创新性的基础研究，又能够解决许多重大的实际问题。

在科学上取得重大突破，往往是可遇而不可求的事情。眼光、能力和机遇，三者缺一不可。

冯康开创有限元方法，其契机来自一项国家攻关任务，即刘家峡大坝设计中包含的计算问题，为了解决这项具体任务，促使冯康“在对外隔绝的环境下独立创造了有限元方法，在世界上是最早之列。今天这一贡献已为全人类所共享。”①

冯康在大量计算经验基础上，通过系统的理论分析及总结提高，把变分原理与剖分逼近有机结合，把传统上对立而各具优点的差分法与能量法辩证统一，独立于西方创造了有限元方法，及时解决了大型水坝的应力分析问题。他于1965年发表了论文《基于变分原理的差分格式》，奠定了有限元方法的数学理论基础，也为该方法的实际应用提供了可靠的理论保证。正如美国著名数学家彼得·拉克斯于1993年在*SIAM NEWS*上所写："冯康独立于西方平行地创造了有限元方法理论，在方法实现及创建理论基础两方面均有建树。"

有限元方法的创始是当代计算方法进展的一个里程碑，意义重大，影响深远，已在科学和工程计算的极其广泛的领域得到重要应用。

高度独创性的"哈密尔顿系统的辛几何算法"，则开创了高保真度的算法——冯康针对哈密尔顿体系的计算方法直至20世纪80年代初仍是空白，传统的算法除少数例外，几乎都不可避免地带有人为耗散性等歪曲体系特征的缺陷这一情况，于1984年系统提出了哈密尔顿系统的辛几何算法。这一算法在保持体系结构、稳定性与长期跟踪能力上具有独特的优越性。冯康开创性的工作带动了国际上一系列研究，并在许多领域的计算中得到了成功的应用。

国际著名数学家彼得·拉克斯于1993年在*SIAM NEWS*的悼念文章中评价这一成果时指出："冯康提出并发展了Hamilton型演化方程的辛算法，理论分析及计算实验表明，此方法对长期计算远优于标准方法。在临终前，他已把这一思想推广到其他结构。"

哈密尔顿系统的辛几何算法，以其特有创新性、系统性、广泛性、理论完整性和成果丰富多彩性受到国际知名学者的高度评价，广泛应用于天体力学的轨道计算、粒子加速器中的轨道计算和分子动力学中的计算等，目前，这一方法的应用尚在不断扩大。例如，广泛应用在大气和地学方向的问题：它能有效应用于GPS观测算子的求解，使得全球定位系统的信息得到及时处理，这一算法比传统算法节省400倍时间。它还被成功应用于油气勘探的二次创业。

有限元方法、辛几何算法，这两项世界级的科学业绩，称之为顶天立

① 1981年，语出世界著名数学家里昂斯（J.L.Lions），后任国际数学家联盟主席及法国科学院院长。

地的科研工作是非常合适的，当之无愧。冯端认为：

这两次突破之所以能实现，不仅得力于冯康的数学造诣，还和他精通经典物理学和通晓工程技术学密切相关。科学上的突破常具有跨学科的特征。另外，在突破之前存在长达数年的孕育期，需要厚积而薄发，急功近利的做法是不可取的。

一语中的，强调了素质教育的重要性，也指出了科学突破的独特性、科技成果的周期性。

著名学者余德浩指出：

冯康先生生前完成的丰硕的科研成果正在造福于人类，有限元方法、辛几何算法、自然边界归化等均“已为全人类所共享”（J.Lions 语）。冯康先生走了，留下了学术思想、治学精神还在继续启迪、指导、激励后人。他常教导我们：“同一个物理问题可以有许多不同的数学形式。这些数学形式在理论上等价，但在实践中并不等效。从不同的数学形式可能导致不同的数值计算方法。”“计算方法研究的一条基本原则是：原问题的基本特征在离散后应尽可能得到保持。”这些充满哲理的语言被他的学生们称为冯氏定理或原理。冯康先生培养了大批人才，带出了一支队伍。他直接或间接培养的学生遍及国内外科学和工程计算广泛领域。他创立的计算数学“中国学派”即“冯康学派”享誉国际。

老鹰，于空中盘旋，继而俯冲，直击目标。其情其景，定格于脑海中，为一极妙图画，颇具意境。“虽笔不周而意周也”，画以意取胜，所谓“意到笔不到”矣。

将描述一代数学宗师冯康的这一具象移用于冯端自己，也非常恰当，同样适用于冯端在物理学界的状况。

三、长歌楚天碧，洞察需求

由科研工作之“顶天立地”延伸开去，抑或是科学大师之本属，此数学大师言“顶天立地”，彼物理大师亦如是。与二哥冯康相同，冯端的科研与成就，也正是“顶天立地”之写照。

事实上，物理学研究的本质就是要“顶天立地”。所谓顶天，就是要瞄准世界科技发展的前沿，坚实掌握理论、方法及手段，即物穷理，逐本求源；所谓立地，就是要把握学术发展方向，立足于国家需要，洞察社会需求，体现应用价值。唯借此“顶天立地”之风格，及与之相联系的独树一帜的科学鉴赏力，精心谋划，精心组织，一步一个脚印，一步一个台阶，创新突破，走向成功。

留校初期，冯端的主要任务就是实验和教学，那时基本没有科研任务，实验设备都为教学服务，自己进行科研的条件一般不具备。直到新中国成立后学习苏联体制，学校建立了许多专门化教研组，才有了一点科研实验的基础，也开始有一些设备。

在冯端记忆中，由于需要带学生的毕业论文，才进行了初步的科研工作。斯时，南京大学基于高等院校的根本任务是教书育人、培养人才以及学术研究的认识，率先在全国提出“恢复教学秩序”，提倡“教学、科研、生产劳动”及“老、中、青”两个“三结合”，“坐下来，钻进去”，教学上，选拔优秀教师上第一线；科研上，号召选择国家需要的重点项目上马攻关；有效、有力的举措，为南京大学的发展和飞跃奠定了良好的基础。

“楚天千里清秋，水随天去秋无际”，尽管这一时期冯端的科学研究尚处于摸索阶段，但他已经真正坐了下去、坐定了，认真钻研文献及专著，静心细读，心无旁骛，为后来的研究工作打下理论基础。

30 年后，在被问到如何读书、查文献时，冯端以自己的科研经历为例，述说如是：

看文献、读书非常重要。读什么书，如何读书还有个方法问题。例如，一般学书法，都先从临字帖开始，临摹字帖本身不是创造，只是学习的一种形式，但临摹多了，书法家就逐步写出自己的风格和特色，这就是继承和创造的关系。研究物理也和学书法一样，读书就是继承前人的研究成果，这是很重要的一步。至于读什么书，教科书经过作者的整理和加工，读起来容易懂，但是从中不容易体会到创造性工作的甘苦。做科研工作的目的，是要寻找事物新的规律，取得新知识，光读教科书就不够了。为了掌握自己所研究领域的最新信息和动向，必须查阅最新的科学文献，特别是要学习同一领域内世界第一流科学家的一些论文。在阅读这些论文时，不能甘心满足于书上的结论，而要想方设法把握住作者进行工作的来龙去脉和他潜在的思维动向，摸清作者在工作成果背后起作用的因素。要达到这个目的，显然，只靠单纯地读书就不够了，必须边读书边搞科研工作，而且要在具体的研究工作中进行临摹揣摩。也就是说，读书要勤于思考，善于提出问题，学会科学的思维方法，并逐步形成自己的独立见解。

自1958年起，冯端担任金属物理教研组主任，领导教研组的教学与科研。对于冯端而言，这是一个机遇，为他提供了一个施展才能的场所。借此平台，冯端带领金属物理教研组这个科研集体，不断把握世界科技发展脉搏，经过多次选择和调整方向，努力使自己站立在学科的前沿地带，开拓了新的领域。

形势已然，自20世纪50年代初开始，冯端选择以金属材料的缺陷问题作为主要研究对象。考虑到国际上已经在这一课题上有所进展，遂确定以国外涉足不多的钼、钨、铌等难熔金属中的“位错”结构研究为主攻方向。经过几年的系统研究，他在国内这个领域中取得了领先的成果。

“文化大革命”后，为配合国家激光事业发展的需要，冯端毅然开辟新方向，对激光与非线性光学晶体开展广泛研究，系统研究晶体中的位错、铁电畴、铁弹畴、孪晶界、生长条纹、生长区界面、包裹体等缺陷的类型、分布及其起源，据此提出了在晶体生长和后处理中避免和控制缺陷的方案，有效地提高了晶体质量和器件性能。

20世纪80年代，冯端又将研究视野推进到用人工控制微结构来获得性能优异的新型材料上，把目光放在凝聚态物理学与材料科学的汇合处，从研究微结构朝向人工控制微结构来获得性能优异的新型材料发展，具体提出了20世纪80年代及以后研究工作的主攻方向。

从研究自然界存在的微结构（缺陷和相变）逐步过渡到探索、设计、制备和表征不同类型的人工微结构，进而获得优异物理性能的新结构和新材料，这是一个重大战略创新。在此战略思想的指导下，冯端成功研制出了多种聚片多畴晶体，在国际上首次获得接近理论值的倍频增强效应。

1986年发现高临界温度超导体后，冯端立即组织骨干力量，对其结构、缺陷和相变进行了深入的研究，使我国超导研究处于世界先进水平。

20世纪90年代，冯端又把精力放在微观世界的“纳米材料”课题上，积极倡导和推动纳米科学技术领域的研究工作，与严东生院士共同出任国家基础研究攀登计划“纳米材料科学”的首席科学家，有效推动了中国纳米材料与纳米结构的研究进展。

……

冯端始终将目光瞄准世界科技发展的前沿，密切关注国内外的最新科学动态，捕捉信息，对于国际上凝聚态物理研究的每一个新进展，总要思索它对实际技术工作可能带来的新突破，与时俱进，抓住机缘，组织、推动和支持南京大学凝聚态物理学、材料科学多个领域的科研工作，取得了众多独创性成果。

“让你对不可言说的进行探究，使你迷惘的生命终趋于成熟。”这是多年前冯端所翻译的奥地利著名诗人里尔克《黄昏》中的诗句，恰好契合了冯端多年来在人生及物理学上的追求。

1980年11月，冯端当选为中国科学院物理学数学部学部委员①，代表了中国科学界对冯端多年来所取得的成就的肯定与表彰。

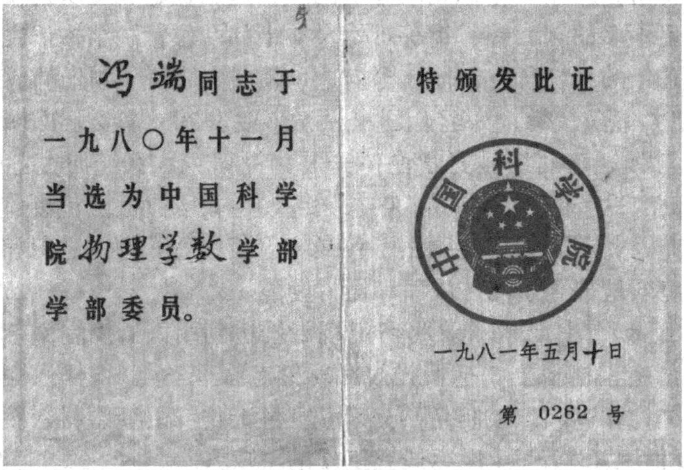

冯端的学部委员证

毋庸置疑，冯端对科学探索方向的正确选择得益于科学鉴赏力，而正是这种既“顶天”又“立地”的紧密联系和完美结合，孕育了其非凡的科学鉴赏力。

冯端认为：

敏锐的眼光和坚强的意志力，是我成功的关键。善于发现问题和找到

① 1993年10月19日，国务院第11次常务会议决定，中国科学院学部委员改称中国科学院院士。

研究问题的角度，发现某些问题之间细微的差异，这在理科研究中尤为重要。找到一个选题时，必须要考虑多方面的因素——实际的实验环境，这一领域的发展前景和当前的知识积累等。同时，还要坚持不懈，要能在艰苦的环境里奋斗，最大可能地适应现有的环境。

四、山色有无中，金花绽放

冯端以一个科学家的高度责任感和敏锐的鉴别能力，勇于创新，不断求索，不停攀登，为祖国科学事业奉献一项项成果，开拓一个个未知的世界。20 世纪 50 年代，冯端开始关注晶体位错的研究。

南京大学教授、冯端的学生及合作者李齐介绍说：

以位错为对象的晶体缺陷理论虽然在 20 世纪 30 年代即已问世，但直至 20 世纪 50 年代获得位错存在的直接证据以后，位错理论与实验研究才有长足的进展。然而 20 世纪 50 年代初期国际上对位错的存在有不同看法，国内学术界一直未敢涉猎。

作为眼光敏锐、根基扎实的科学工作者，冯端以不凡的科学鉴赏力，在晶体缺陷理论研究问题上独具慧眼，对其应用价值具有敏锐的判断力。

作为基础工作，冯端读过一些标准著作：W. T. Read 的 *Dislocations in Crystals*，A. H. Cottrell 的 *Dislocations and Plastic Flow in Crystals*，物理大全中 A.Seeger 关于晶体缺陷理论与范性形变两篇专论，J.Friedel 的 *Dislocations*，为随后进行位错研究奠定基础。他还读过 Nabarro、Hirth 与 Lothe 的两部专著，并涉猎了 Nabarro 主编的多卷本固体中的位错丛刊。

1954 年暑假，冯端参加了一个关于晶体学与 X 射线衍射的讲习班，这是他一生中唯一一次以学员身份参加的讲习班。在讲习班上，唐有祺教授讲授晶体的对称性、余瑞璜教授讲授 X 射线衍射谱及其标定……冯端当时带 X 光衍射的实验，看了一些专著，基本上已经掌握 X 射线衍射谱及其标定，因此余瑞璜教授的授课对其影响不太大。因对称性概念较抽象，含 230 个空间群、14 个点阵，建立概念，自学有点儿困难，因此，唐有祺教授讲的晶体对称性理论课程，对其非常有帮助、有启发。后来，冯端还认真读过唐有祺教授所写的有关对称性方面的书。

冯端还看过 H.Megaw 写的 *Crystal Structures - A Working Approach*，此书对晶体学做了一个优秀的描述，特别是有关氧化物结构等章节，具有洞见，令冯端获益匪浅。

在此基础上，冯端看准方向，义无反顾，率领一批年轻人，冲破重重阻力，闯入以位错为对象的晶体缺陷领域，开始了晶体缺陷的研究。

当时国内在这方面的研究尚属空白，国际上从事相关研究的人也很少，因此起步比较困难。冯端选择体心立方结构的难熔金属为突破口，首先解决在两三千摄氏度高温下长出单晶体的问题。当时国际上采用的先进技术是电子轰击，借鉴国外的先进经验，根据自己的实际情况，冯端一行人自行设计了我国第一台电子轰击仪。没有电子显微镜，他们就用古老的光学显微镜进行观察，充分发挥人的因素，因陋就简，继续攻关，取得了优异的成果，为国内开辟这一研究领域做出了重要贡献。

当时，顺应形势，南京大学发出“教学为主，科研突出”的号召，时任南京大学校长的郭影秋明确指出：“科学研究是高校的一项重要任务，应该在教学为主的前提下，积极开展科学研究。”在此氛围下，针对我国国防工业的需要，冯端科研组上马“浮区区熔法制备难熔金属单晶体”的课题，克服难熔金属熔点高、单晶体制备难的困难，迎难而上，借鉴国际上刚问世的电子轰击熔炼技术，组织设计并研制成功了我国第一台电子束浮区区熔仪，成功地制备了钼、钨、铌、钽等单晶体。

截至 1963 年时任南京大学校长的郭影秋调离之际，冯端的科研情况已大有起色，他所领导的科研集体做出了足具特色的研究工作，开始在《物理学报》《中国科学》等国内一流刊物上发表系列论文，被邀在国内一些学术会议上作特邀报告。冯端初试锋芒，已俨然大家气象，开始从一个默默无闻的青年教师转变为有一定声望的学术领导人，领导了一个十分活跃的研究集体，为其今后的学术生涯奠定了基础。

2001 年，冯端著文《怀念郭影秋校长》，回顾当年，不无感慨：

三年困难时期对我们来说是一场考验。干，还是不干？是碌碌无为，还是见难而上？郭校长的昂扬的精神状态，给我们作出了榜样。我们采取的是见难而上。利用简陋的实验设备，做出了优异的工作，建立了我们自己的研究基地。几十年来这一研究基地还在扩大发展，到 1986 年建立了科学研究的国家队——固体微结构物理国家重点实验室，在历次评估中一直名列前茅。饮水思源，不能忘怀 20 世纪 60 年代初那一段草创时期，在郭校长高昂的精神风貌感召下，我们克服重重难关，拼搏前进。

继而，冯端进行体心立方难熔金属中位错的研究，没有电子显微镜等先进的研究工具，他便因陋就简，改进传统技术，创造性地发展了能显示位错三维分布的浸蚀象方法，发展了位错观察技术，在位错类型、组态、亚晶界位错结构和位错滑移动力学等方面取得了独创性成果，收获了科研的“第一桶金”。按照冯端的说法，“这是我国高校中较早进行的系列科学研究，当时被誉为南京大学科研的‘五朵金花’之一”。

中国科学院院士、南京大学原副校长王德滋回忆说：

所谓“五朵金花”，在20世纪60年代中期，是南京大学的五项重要标志性成果。获得这五项成果的背景是，1965年，高教部在北京召开高校科研成果展览会。这是一次规模盛大的展览会，南京大学一共有20多项科研成果参加展出。展出过程中，根据社会公众的反应，以及中央领导同志朱德、邓小平的评价，南京大学有五项成果获得了比较高的评价。第一项是由地质系徐克勤领衔的“华南花岗岩及其成矿关系的研究”，第二项是由物理系冯端领衔的“金属缺陷的研究”；第三项是由化学系须沁华（她是位女同志）领衔的“分子筛合成研究”；第四项是由生物系仲崇信领衔的“大米草引种研究”（大米草是从美国引进的，引种到我国的沿海）；第五项是由肖楠森领衔的、地学各系参加的“内蒙草原考察和找水研究”。前两项是基础研究，被列为全国重大科研成果100项；第三项，也就是分子筛的研究，被认为填补了国内的空白；第四和第五项都取得了重大的经济效益。从这次展览会以后，这五项科研成果就被形象地称为“五朵金花”，是五朵盛开的奇葩。

1965年10月～1966年4月，高教部直属高校自然科学技术研究成果展览会在北京召开，南京大学携20多项科研成果参加展会，其中有五项重大成果刊登在《人民画报》上，图文并茂，洵为醒目，遂被誉为“五朵金花”。身为“五朵金花”的参与人，王德滋院士著文《花岗岩“金花”是这样盛开的》，写道：“南京大学的科研工作处于全国高校的前列，‘五朵金花’有口皆碑。”

时隔20多年，冯端在回答“在科研工作中如何选题？”这个问题时，以此为例，详细介绍了当年研究的全过程：

课题有基础理论方面的，也有侧重应用的。课题的确定是有一个过程的，开始时，只能看准一个大方向。如60年代初期，关于晶体缺陷研究，国外对面心立方结构金属的研究已比较成熟，而对体心立方结构金属的研究尚未开始，特别是难熔金属，因制取试样太难，很少有人问津，我们看准了这个方向，便选择了钼、钨、钽、铌等我国蕴藏丰富的体心立方结构金属作为研究课题。方向确定了，就要进行试探性的工作，然后才能将具体的课题定下来。当然，这也不是一帆风顺的。研究工作之初，主要有两个“拦路虎”挡道。第一，试样制作困难；第二，实验室观测、测试手段缺乏。为了扫清前进道路上的“拦路虎”，我们自己研制成功了我国第一台电子轰击仪，从而解决了试样制作的困难。接着，我们又逐步充实实验室，没有电子显微镜，就用简单的光学显微镜代替。我们坚持自力更生、因陋就简，使实验室的条件从无到有。因此，在60年代就取得了一些成果。

冯端与南京大学校长匡亚明交谈

1966年7月23～31日，冯端作为中国科学家代表团成员参加了北京科学讨论会一九六六年暑期物理讨论会。这是一次亚洲、非洲、拉丁美洲和大洋洲四大洲科学家参加的单科国际学术会议，规模盛大，33个国家和1个地区性学术组织的科学家144人参会。

斯时，“文化大革命”已经开始，虽然这是一次科学会议，却被赋予了反对帝国主义和新老殖民主义等政治内涵，政治意义大于科学意义。由是，在当时得到了极高规格的宣传报道：“这次讨论会对增进四大洲科学家之间的友好团结，对发展四大洲各国民族科学文化事业做出了重要的贡献。”

撇开政治因素，北京科学讨论会一九六六年暑期物理讨论会作为一次规模盛大的国际学术会议，对于推动中国物理学的发展、学科方向的确立，作用巨大，不容忽视。

中国物理学界对此次会议非常重视，组建由周培源任团长，赵继昌、力一、蔡祖泉任副团长，32 位科学家为团员的中国科学家代表团出席该物理讨论会，人才荟萃，可谓学界精英群至。

中国科学家代表团名单

团长：周培源

副团长：赵继昌、力一、蔡祖泉

团员：丁俊华、王东年、王承端、王荫庭、王惠棣、王政之、王迪、刘建业、朱洪元、朱熙泉、冯端、孙煜、吴式枢、吴成礼、汪容、宋行长、李清润、李炳安、杜东生、张文裕、张礼、孟宪振、胡宁、施汝为、洪朝生、钱三强、宫学惠、唐敖庆、崔化传、谢希德、蔡铭之、戴元本

据当时的会议报道，该物理讨论会共收到学术论文或报告 99 篇，17 个国家的 78 位科学家在讨论会上宣读了 83 篇学术论文或学术报告，广泛地讨论了物理学各个领域中的学术问题。其中，中国科学家撰写的论文共 24 篇（此外，还有物理教学及实验、教学方法或经验介绍 22 篇）。中国提供的基本粒子、原子核结构、固体物理等方面的论文学术性较强，在一定程度上反映了中国科学技术发展的速度与成就。

在分组会上，冯端作了有关位错研究的报告，反响极佳。他所进行的系列科学研究，在北京科学讨论会一九六六年暑期物理讨论会上获得普遍好评，表明科学界对冯端所取得的科学业绩给予了充分肯定。《中国现代科学家传记（第四集）》中对此如此记述：

这一成就极大地鼓舞了国内同行，从而为在国内开辟晶体缺陷研究领域做出了重要贡献。

会议期间，1966 年 7 月 31 日，毛泽东主席同党和国家领导人会见了中外与会代表。这在当时是一个很高的荣誉。

因为众所周知的原因，就国家而言，这些年乃为多事之秋，不属于常

态的发展时期。全国大炼钢铁，冯端却带领一批学生在实验室里炼“钛”，虽然是在难熔金属单晶体制备以及位错观测方面取得了一些成绩，但其后果不难想象：在“文化大革命”中受到严厉的批判，说是理论脱离实际，只专不红。“欲加之罪，何患无辞？”尤其是在那黑白颠倒的年代，当是必然，无须辩驳也。

五、乾坤日夜浮，沧海潮生

1966年，“文化大革命”开始。斯时，正值冯端长袖善舞，意气风发，其教学，炉火纯青；科研，渐入佳境；著述，方兴未艾（所著的《金属物理》上卷于1964年出版，下卷则刚完稿）；事业，蒸蒸日上。劫难，却不意而至，事业中断，惜哉！痛哉！最好的年华被耽误，不然的话，其前程未可限量，当又是一番辉煌景象！

当时，课，不许上了；科研，不给搞了；著作，也当然是不能写了……所有的都停顿了、中断了，而代之以“劳动改造”——“文化大革命”，剥夺了人正常工作和学习的权利，将人生的黄金时期付诸东流。

“文化大革命”之初，冯端虽在浩劫之重灾区——高等院校，但并无大事。推究其源，幸运在于：冯端为人诚挚厚道，与世无争使然，在人际关系中很得好感，并非有棱有角的人物，重要的是为人之道。由是，风暴初起，并无大祸临头，无非背负个“反动学术权威”称号，实行肉体和灵魂的彻底“改造”，即“劳动改造”而已。

劳动光荣，乃时代语言。当然，这里所说劳动专指体力劳动，而并不涉及其他概念。但作为改造的方式，是为一种惩罚办法，光荣之义早已抛向无何有之乡。君不见，让这些知识分子干繁重的体力活，在精神上受到煎熬和痛苦，度日如年。

1967年，冯端的母亲严素卿在北京去世，母亲自1953年起一直与二哥冯康住在北京。母亲的离世令人在国内的冯端、冯康、冯慧三人悲怆无极（时局所限，他们与人在美国的大哥冯焕早已失去联系）。母亲为冯家四兄姊辗转操劳了一生，最终也没能过上幸福安宁的生活。尤其是冯康，觉得愧对母亲，因为临终前母亲还是和冯康居住在中关村一个狭小的两居室的单元里。

姐姐冯慧电报通知身在南京的冯端，痛苦万分的冯端遂赶到北京为母亲送别。母亲后事毕，冯端和冯康、冯慧三人各自选存了部分父母遗物作为纪念。

母亲走后，冯康一个人独自生活。短时间，冯端尚能乘乱抽空从南京赶到北京看望二哥，排解他的寂寞和忧患，但很快就各自没了自由，自顾不暇，联系不再。

1968年夏，冯端参加了建设南京长江大桥的劳动，在盐仓桥大桥工地上，住在临时搭成的草棚里，被管制地劳动着。对此经历，冯端十分轻描淡写：

我们也就打打小工，抬抬木料、石子什么的。大桥通车前一天，我还在帮着给桥面铺沥青。

但听者觉得沉重。无限辛酸，都付不言中。

1969年下半年，冯端和一大批老师一起，被送到溧阳南京大学农场劳动，接受“斗、批、改”。南京大学溧阳农场地处溧阳和句容交界处，原是溧阳果园，1965年，无偿移交给南京大学①。当年，南京大学曾对文科三系（哲学、历史、中文）大刀阔斧进行教育教学改革，打通文科，把文科搬到农村去，在此建立分校，实行“半工半读”的大胆尝试。可惜，不数月，“文化大革命”风暴席卷全国，继北大风潮，南大“六二事件”（正发生在溧阳分校）成了全国关注的焦点，一夜间，校长倒了，他所倡导的“半工半读”当然也就不了了之了。而以后，在这片丘陵地上，则集中了南京大学的师生和其他知识界之人，在此实行“劳动改造”。

来到溧阳农场，冯端先是住在农民家里，后住在农场的蚕房里，每天下地干活，挑泥担土、锄地锄草、开渠修道、施肥耙秧……日复一日，个中甘苦唯自知。

“但屈指西风几时来，又不道流年暗中偷换。”就这样，浑浑噩噩地度日，无聊地过着，直至1970年的一天，在全系的一次批斗大会上，被宣称冯端是“特务分子”致使打倒，看管起来，审讯，交代，受尽折磨。所谓“证据确凿”，据说是其二哥冯康所供，焉能有假？

事出有因，“文化大革命”变起，历经风霜、埋头做学问的冯康备受冲击，目睹曾经的同事被抓，担惊受怕；担忧自己往昔不合时宜的私下谈话被人告密东窗事发，情绪低落；还有，自己说不清道不明身世背景：出

① 1982年，南京大学将果园无偿移交给溧阳县，定名为溧阳县茶果场。

身于一个封建幕僚的家庭，有一个人在美国的哥哥……这些都足以成为他被关押的罪状，顿感剑拔弩张，甚至感觉某些人正躲在黑暗的角落虎视眈眈地看着他。

过于敏感的冯康断定噩运正向他逼近，不安笼罩着他，连续几个晚上都彻夜难眠。心理上接近崩溃的冯康，心生出走之念——与其坐以待毙，不如逃离这是非之地。

1968 年 8 月 3 日早晨，冯康离开了居所，如同梦游一般，茫茫然无头苍蝇般，既没有目的地，也没有出走路线，且身上只带了少许的钱，心中只有一个念头：要离开北京，这里危险。最终，冯康由北京到银川，后经兰州、西安，辗转到达苏州。至此，业已心力交瘁。踏遍半个中国，舟车劳顿，体力严重透支，身上的钱也几乎用尽了，更关键的是他的精神已经崩溃。

万念俱灰的境况下，悲怆中的冯康想到了死，想在苏州结束生命——长眠“天堂”，是冯康能够作出的唯一的凄美抉择……其实，他也不知道该以怎样的方式来结束自己的生命，虽其囊中存放有刀、绳索和安眠药……

苏州，给冯康留下了美好的童年回忆，一直是他魂牵梦萦的地方，是他向往的温暖且可以栖息的地方。在苏州，他几乎走遍了大街小巷。故园的气息依旧，故乡的记忆犹存，可是父母早已西去天国，兄姐也是天各一方，家没有了，苏州还是那个可以给他安全与祥和的天堂吗？

此时的冯康，徘徊在生与死的边缘。这一天，他来到寒山寺，那是他儿时与哥哥、弟弟最爱嬉戏玩耍的地方。“姑苏城外寒山寺，夜半钟声到客船。”冯康想再次听听那空旷、悠长的钟声，那将成为他告别人世最动听的挽歌……

恰在此时，冯康在计算所的两位同事出差路过苏州，无意中看到冯康，报告了北京，随之北京方面迅速派人把冯康押解回京。

人生总是充满了各种偶然与巧合，也正是这些偶然与巧合，让人生充满了戏剧性的精彩与波折。如果没有苏州这次戏剧性的相遇，冯康的人生故事恐怕在苏州就已经结束了。福兮？祸兮？冯康自己也想不清楚。

冯康由苏州被押解回京后，被关进“牛棚”，遭到批斗，被冠以“七国特务”的罪名。1969 年的夏天，对于冯康来说是一个漫长的夏天，他被迫要求写各种交代材料、被迫要求揭发身边的人，交代了还要交代，揭发了还要再揭发。严酷的审问与批斗，各种威胁与侮辱，还有那阵阵袭来的恐惧，那种对人的精神与肉体接连不断的折磨已经让冯康看不到任何希望。心力交瘁的他感到周围漆黑一片……

冯康的人性防线开始被击垮了，开始胡乱地、疯狂地进行交代，承认自己是“七国特务”，承认一切莫须有的罪名，甚至还要为自己编造一些罪名……许多和冯康共事过的清华大学的讲师、同事也都被“揭发出来”。迫于无奈，冯康甚至开始揭发其家人，弟弟冯端、姐姐冯慧、姐夫叶笃正全部被牵连进来。于是乎，冯康的家人也遭到迫害。

祸及家人，冯端无端地被点名，触发起意，正是缘于冯康的交代揭发——按照冯康的交代，冯端也有“美国特务”的罪名，只能上台低头弯腰认罪。虽很多人并不相信冯端会是特务，但又能怎样？在那个黑白颠倒、人格扭曲的年代，岂有正常思维乎？

时已至此，牛鬼蛇神，群居终日，再熟的人，见面如不相识，有的还相互倾轧，表示用于脱胎换骨；无数灵魂爆炸、人际关系破裂，“文化大革命”效应焉。北京的冯康，南京的冯端，“文化大革命”遭遇，庶几近之。训斥乃平常之事，批斗更是家常便饭。

斯时，在政治一定要侵入日常生活的方方面面的“文化大革命”中，源于部队的“早请示，晚汇报”已成程式，是为常态，乃每天都要实行的一种政治活动、仪式。早请示，要和其他的“牛鬼蛇神”一起低头请罪；晚汇报，要对一天的活动、行为作总结。

不久后，在南京的冯端被批斗的次数减少；在北京的冯康也因认罪态度较好被从专政队放出来，继续交代之余，以扫楼道、坐“小板凳”作为惩罚。如是，虽然冯康、冯端依然受到屈辱和不公平的待遇，但至少有了点小自由，值得欣慰。

说起来，坐在计算所楼道口小板凳上的冯康，此时此刻还做了一件大事。1969年10月，为适应时势，国家组织实施天线小型化的全国性会战，即“1019”任务。在实行军管的状态下，各路精英奋起攻关，但在小天线电磁场计算中，遇到难关，涉及物理数学交叉问题，以其精英们之物理背景很难解决遇到的问题，而不解决这些难题，就无法完成“无产阶级司令部”交给的任务。万般无奈之下，想起了还坐“小板凳”的冯康，或许在冯康手里这些难题可以迎刃而解——缘于冯康有着深厚的物理背景，并对物理非常感兴趣。

经请示军代表和工宣队，让还在坐“小板凳”的冯康来协助解决一些理论问题，得到批准，但有附加条件：不能影响冯康“交代”罪行；冯康只能做理论部分；工作方式只能是单线联系。

就是在如此条件下，冯康参与了“1019”任务——冯康在“交代”罪行的同时，进行理论计算，主要研究麦克斯韦尔（Maxwell）方程及其差分格式，处理其远场边界条件；分析亥姆霍兹（Helmholtz）方程及相应积分方程的性质，核对亥姆霍兹方程的差分格式及其远场边界条件等。所谓单线联系，就是由专人每天早上八点给冯康布置“作业”，预先写好一个公式，让其进行推导，下午六点来收“作业”。如此“互动”方式的单线联系，持续了近两个月，冯康认真地完成了一个又一个“作业”——横跨数学、物理、工程三大学科，兼具三方面背景的冯康身手不凡，确实能干，难题不仅迎刃而解，且得心应手，有效保证了“1019”任务计算的顺利完成。

冯康参与“1019”任务，属绝对机密，当时执行“1019”任务的其他成员都不知道那个帮助他们解决难题的“神秘人物”正是被诬蔑为“七国特务”、天天坐“小板凳”的数学家冯康。而对冯康而言，“1019”任务给他带来了巨大的心理安慰，自己“戴罪在身”，国家仍找他做事，做大事，他隐约通过给他的问题了解到自己正在做的是一项重要的工作，这让他看到了一丝光明与前途。冯康后来称这段经历是“他在最不幸的年代里度过的最充实的时光”。

在当时这种精神地狱中，参与“1019”任务，无疑给冯康以希望，诚大有“天生我材必有用”之感，是支持他活下去的信念。“山接水茫茫渺渺，水连天隐隐迢迢”，沧桑更迭，日月循环，千回万转，永无尽期，而世界总是绝处逢生，走向光明。

若干年后，冯康冤案得以查清，祸及之家人——弟弟冯端、姐姐冯慧、姐夫叶笃正——亦还以清白。又若干年后，叶笃正、冯康、冯端，这三位在“文化大革命”中大难不死的“特务”，命大福大造化大，同时被选为中国科学院学部委员（后称为院士），传为美谈。

“文化大革命”乃是中华民族一大劫。其间，整个社会俨然一个大戏台，各种人等都在演戏——各自按照派定的角色，上演了一出大戏，表演得淋漓尽致，真应了明·徐文长所言：“随缘设法，自有大地众生；作戏逢场，原属人生本色。”人生如戏，或随波逐流，或沉沦淹没，或逆水行舟，中流击楫……共同演绎一场“文化大革命”浮世绘。

“朝三暮四，昨非今是……身，已至此；心，犹未死。”在如此炼狱里，冯端处之泰然，仍保持其读书人的本色：对人，不亢不卑，不失礼貌；劳动，积极参加，有模有样；开会，不矜不躁，默尔无言；生活，按部就班，有条有理……造化弄人，在这个不演戏、不作假就不能活的时代，人的命运并不能为自己所左右，只能如此。原本应当更精彩的年华，就如此地黯淡着。

众所周知，本分老实的冯端，性情随和，极易相与，在人际关系上很得好感，好好先生是也。现如今，在无常之横逆来临时，他早已把悲欢荣辱置之度外、听其自然，而有的是冷眼旁观世界的镇静和达观，视无常如浮云。然而，言行举止，仍能看出其性格与修养，乃是一种别样的生命姿态。

“十年浩劫”期间，前期在农场、在工地……白天，或劳动，或开会……打熬气力，耗神费力；夜晚，无事可做，独坐空地，仰望天空，喃喃自语。或问：说什么呢？答曰：任思绪驰骋，想到什么说什么，或诵中外诗文、或背古文名句……是啊！身体不自由，而心思和灵魂却是困不住的，随时可以自由地飞翔。也好在有诗文，在“劳动”的日子里也还能苦中作乐。当然，除诗文外，心中还有科研，科研不能明里做，但能想，就暗中思索，偷偷地做。读书、科研……如影随形，挥之不去！

后期随着“运动”焦点的转移，形势慢慢有了变化，对于一般知识分子的管制稍稍松懈。读书情结使然，冯端有闲得暇，第一想到的就是读书，重新捧起书本，只要是当时能够找到的书都看，有什么看什么，诚有“饥不择食，寒不择衣”的感觉。渐渐地，随着形势的变化，可看书的范围也越来越广，从所谓的闲书到专业书，都找了些来看；继而，读书则转到了以业务书为主。

1972年冯端回到学校，有机会接触到科技文献资料，视野又一次聚焦于科技前沿，心有感怀：尤其是20世纪50～60年代的一系列重大发现，使物理学，尤其是固体物理学（凝聚态物理学）的发展产生了飞跃。而中国“文化大革命”动乱造成的停顿、形成的断层，使我国物理学研究与世界物理学前沿研究的距离越来越大。

“惊起却回头，有恨无人省。”回忆往事，冯端感慨万分：1958年的“大跃进”，尤其是1966年的“文化大革命”，对我国文化、教育、科技等都是一场巨大的灾难，业务工作几乎停顿，1972年后逐步恢复招生，但条件仍然极为艰苦，教师的积极性受到极大的压制。识之，思之，“奋起直追、拉近差距”之愿，追赶、超越的冲动和激情，油然而生。

世事演变，经纬万端，时空观念，春梦无痕。戏，无论大小，总有落幕时。随着“文化大革命”的渐去渐远，“复课闹革命”的号召又使冯端回到校园，走上讲台，重返科研第一线。

第五章

渚烟空翠合，执着探索

“文化大革命”期间，冯端受到显然是不公正的批判，但也使他考虑一些更加深入的问题：“如何选择一个具体科研课题，既能发挥我们自己的物理素养，又能解决激光技术的某些关键问题，还要是我们设备简陋的实验室里可以实现的。”其科研理念进一步趋近“顶天立地”之宗旨，在认识上形成了一个质的飞跃。

一、但闻人语响，完美蜕变

显然，株守在原有的圈子里，回到原来的课题上，不利于自身的发展。《新华日报》载文，提到：

> “十年动乱”之后，冯端教授看到国际上物理学在各方面发展很快，心情十分焦急。他说：“不能只守住原来的旧摊子，要考虑一些生命力更强的新学科，这样才能缩短同先进国家的差距。”

昔年冯端就任金属物理教研组主任时，曾对研究方向作过一次选择，若继续搞金属物理，就“物理”而言，发展势必不如中国科学院物理研究所，而从“金属”角度，与沈阳金属研究所又必有一争，结果难料。故权衡利弊，选择以金属材料的缺陷问题作为主要研究对象，以国外涉足不多的钼、钨、铌等难熔金属中的“位错”结构研究为突破口，开始了晶体缺陷的系统研究，取得了领先的成果。而这次又如何选择呢？新的研究方向如何确定？新的研究领域怎么开拓？应该说这次选择更为关键，涉及面更广，影响更大，冯端在思考着、探寻着……

恰在此时，一种具有高亮度、高方向性、高质量等优异特性的新光源——激光引起冯端的关注。事实上，冯端长期以来一直高度关注激光这种新光源的进展，知悉其长足发展的全过程。当时的江苏省科技行政管理部门的同志清楚地记得冯端与他们谈激光的作用和前景，谈其利用与设想等的场景。冯端对于新事物的洞见性使他们感喟不已，至今记忆犹新。

关键在于冯端洞察激光特性对物质研究的重要性，除探索各种新的激光工作物质外，更重要的是探索许多新的非线性材料。斯时，他正在探寻新的研究方向、开拓新的研究领域，值此选择之际，捕捉到激光科学的信息，心领神会，不谋而合，顿时灵光闪现，随即定夺：以在激光技术中获得重要应用的复杂氧化物单晶体为对象，利用不同波长激光与物质相互作用的选择性，对激光与非线性光学晶体开展广泛研究。

也正是基于这样的考虑和选择，1973年，利用“复课闹革命”的时机，冯端极力倡导对于原金属物理教研组进行改建，以扩大研究领域和方向，更好地贴近国家需要、社会需求，瞄准世界科技发展的前沿。

为完善自己的想法，冯端还去杭州、上海和北京等地走访高等院校、科研院所和政府机关，进行深入调研，拓展思路，形成了切实可行的实施方案。“凡事预则立，不预则废。”方案在先，行事可说顺理成章。在达成共识的基础上，冯端进行了具体的策划设计与实施指导。

2006年，冯端在《执教六十年的回顾》中说：

1973年，在我倡导之下，将原金属物理教研组改建为晶体物理教研组，并再分划为三个小组：即晶体生长、晶体结构与缺陷和晶体的物理性能。每一小组均承担一门课程并拥有一些实验室，可以相互配合，促进工作……改建后教研室的主要研究对象由金属转为复杂氧化物的非线性光学晶体，如铌酸锂、钽酸锂、铌酸钾等。缺陷研究的重点就由位错转而为畴界。如何利用畴界来解决某些实际问题就成为注意力的焦点。

南京大学晶体物理教研室部分同事合影（1983年，右三为冯端）

诚然，教研组的改建在很大程度上得益于激光的发展。激光，是在有理论准备——激光的起源在理论上归功于1916年爱因斯坦提出的感应辐射概念——和生产实践迫切需要的背景下应运而生的。1960年6月，世界第一台激光器问世。之后，一大批各种形式和功率的激光器相继研制成功。在基础研究和关键技术方面，一系列新概念、新方法和新技术（如腔的Q突变及转镜调Q、行波放大、铼系离子的利用、自由电子振荡辐射等）纷纷产生并获得实施，激光技术迅速发展，方兴未艾。

激光是最亮的光，它的亮度为太阳光的100亿倍。在过去从事光学研究，由于光源不够强，在光与物质的相互作用上只见到它的线性效应。正因为激光的强度，它的物质相互作用远超过线性范围，非线性光学呼之欲出——当研究光与物质相互作用时碰到这样的效应，对了解物质的性质就前进了一大步，更能够了解到物质结构中场同电磁辐射作用之间的关系，也对物质结构本身有了更好的了解。

运用科学鉴赏力，解决科学探索的方向问题，是科学研究最关键的一步。冯端以一个科学家的高度责任感和敏锐的鉴别能力，又一次作出了关键的选择。

诚然，在这一关键变革中，冯端指挥若定，无论是酝酿、策划，还是行动、实施，均能运用之妙存乎一心。当此际会，神清心会，脱手而出，一气呵成，高度自信，全局在胸；机括所系，酣畅淋漓，出神入化，堪称大手笔，不失学有素养之大家风范。实践证明，教研组的这次改建对今后的发展至为关键，这一格局一直持续至今。

关注这个时间节点，便可以看出冯端的选择既充满了恰逢其时的偶然，同时又是一种发展趋势的必然。列举大端以证之：1979年，冯端率团赴美，考察美国大学物理系的发展动态、生存状况、专业序列、实验设置等，因为“文化大革命”期间长期闭塞，对外面的世界不了解，对国外的物理发展情况更是不清楚，出去看看很有必要。从美国东部到美国西部，冯端一行人看了很多，也学到很多，既加强了联系和沟通，也进行了合作与交流，不虚此行。

冯端访美期间留影（1979年）

不仅如此，美国之行尚有一收获：在美国，冯端一行惊讶地发现，美国综合性大学或理科大学的物理系没有金属物理专业，金属物理在国外皆属于工科。而物理系所设晶体物理，是为基础方向。见此情景，冯端等人甚感欣慰：早在 1973 年，冯端就由金属物理转到晶体物理，实现了“战略转移”，与国际物理学的学科发展接轨已然。虽说其时的选择，或转移，乃形势所迫，且抓住了机遇，顺势而为。尽管当时不了解外面的情况和动态，选择、安排完全取决于自身的实际条件、社会需求，不经意间碰个正着，恰到好处，别样情怀，可能另是一番滋味在心头了。

无独有偶，20 世纪 80 年代初，苏联晶体研究所所长 B.K.Vainstein 主编的四卷本《现代晶体学》俄文版与英文版相继问世，成为这一领域中的标准著作。其四卷的次序、排列与冯端当年的选择极其相似，与他改建后的研究方向如出一辙。第一卷是晶体的对称，第二卷是晶体的结构，第三卷是晶体的生长，第四卷是晶体的物理性能。但冯端之决策早了近十年。十年的时间，在科学发展一日千里的时代，岂容小觑！

例子很多，其中的故事也多，演绎不尽，若于其中寻觅、发掘相应契合点，那就是洞见——间接证明了冯端的科学远见和洞察力。

应该说，冯端抓住机遇、与时俱进的所想、所作、所为，完全符合大环境的趋势——当时，国家提出加强基础理论研究的意见，南京大学则排除干扰，极力推动科学研究，先后开展了天体物理、天体力学、数学、理论物理、中国第四纪冰川和冰期问题等基础研究。作如是观，冯端的改革则顺应形势，合理有序，水到渠成。由是，南京大学的晶体物理研究完成了一次华丽变身，另辟天地，在全国开了先河，影响巨大。

自此，改建后的队伍整装出阵，初试啼声，一鸣惊人，演出了一幕幕气势磅礴的科研大合唱。

二、经冬复历春，志在耕耘

20 世纪 70 年代，冯端的科研工作以全面深入研究复杂氧化物单晶体之缺陷为主。早在 1974 年，冯端就著文指出：

晶体缺陷是理解物质的结构敏感性质的关键。物理学的研究总是从结构不敏感的性质开始的，传统的晶体物理和固体物理往往只考虑完整晶体，而将各种结构敏感性质排除在物理学的研究范围之外。只是随了晶体缺陷研究的开展，对于晶体的范性和强度，晶体的扩散，晶体生长的动力学，半导体和离子晶体的电导，铁磁体和反铁磁体的磁化曲线，类超导体的临界电流等结构敏感性能的物理本质，才逐步地得到了理解。而且这种理解的范围还在日益扩展，将不断地为固体物理学的发展征服新的领域。

帷幕拉开，作为指挥并领唱者的冯端，带领他的研究团队，采用应力双折射貌相术、X 射线衍射貌相术、电子显微镜衍衬像及高分辨率像等观测技术，系统研究晶体中的位错、畴界、生长条纹、生长区界面、包裹体等缺陷的类型、分布，并追溯其生长和相变中的起源，探索其可能的物理效应，成效卓著。就如同演奏时使用多种乐器，听众听到的是琵琶、古筝、古琴等乐器的共鸣，音色迷人，韵味独具。由是，开创了我国晶体缺陷物理学科领域。

缺陷物理属于基础科学研究范畴，在这个领域，每走一步都非易事，获得成果则难上加难，一事无成者更是不知凡几。南京大学物理系教授、冯端的学生李齐说："可冯先生却是例外，即使不是亲自动手做实验，他也能并始终能指出正确的实验方法和研究方向。"

李齐跟随冯端 50 多年，老师在物理学上异于常人的天分让他折服：冯先生是研究组的"掌舵者"。用他的话来说，很奇怪，冯先生不大会动手做实验，可是他却知道怎么动手。在实验室里，李齐和冯先生常常为了一个问题争得面红耳赤，可最后的实验结果总能证明冯先生是对的。

李齐回忆道：在研究晶体缺陷的实验中，可以用电子显微镜、化学方法、X 射线等多种办法来进行。但当时的实验室条件比较差，没有电子显微镜，X 射线的设备也十分落后。冯先生把实验室里的设备挨个"扫描"了一遍，结果发现，只有光学显微镜可以派上用场。"这行吗？这比电子显微镜差远了。"当时还在读研究生的李齐心里一直在嘀咕着。冯先生却信心十足地说："没问题。"将信将疑中，按照冯先生的办法开始做实验，实验最终成功了，这让李齐想不服都不行了。

更让李齐钦佩的是，冯先生高度近视的一双眼睛似乎也有着洞察一切的"魔力"，他总能从实验结果中发现蛛丝马迹的关键细节。在做晶体位错的实验中，需要将抛光的材料进行腐蚀，除了一些坑外，冯先生敏锐地发现了金属表面出现的一些线条。类似的实验其实国内外专家已经做了很多，可别人却从来没有发现过。这个看似细小的发现，却让冯端等人在这项研究上跨出了一大步。

那么，冯端超凡的洞察力以及对物理学的敏感和天分，是与生俱来的吗？关于这一点，李齐的回答是：冯先生“读书非常多，国际上相关的刊物他都要阅读。所以他能始终站在科学最前沿。”据他介绍说，学生写论文或研究时要找资料，冯先生每次都脱口而出：“在某一本杂志某一期，某位科学家写的某一篇文章，有参考价值。”学生一找，果真不错，正是他们需要的。每到这时，他就会打心眼里佩服老师，每天看书那么多，还能记得清清楚楚。冯端常常对学生说，国外的东西并不一定完全是对的，但会让你的思路更开阔。李齐推测道：“或许，就是这样的见多识广积淀了老师在物理学上超凡的洞察力。”

冯端有关晶体缺陷研究方面的工作情况，归纳于《晶体生长中缺陷的形成》《晶体缺陷研究的进展》等一系列高质量论文中。

著名学者朱亚宗在对这些论文分析论证的基础上，作出判读，对《晶体生长中缺陷的形成》，他指出：

这是一篇发表于1974年的奠基性论文，这篇早期的总结性论文深刻地反映出冯端先生科学探索的基本风格与非凡的科学鉴赏力，论文也客观真实地反映出冯端先生“顶天立地”的卓越才能。论文一方面密切关注我国的生产实际：“我国关于各种单晶体的生产、试制和研究，有了飞速的进展。由于实际工作的推动，晶体缺陷的检测和研究也受到了重视；有些工厂编印了晶体缺陷的图谱，有些地区进行过有关缺陷检测技术的会战。表明我国的生产实践已经提出了要了解并控制晶体生长中缺陷的形成这个课题。”论文另一方面又通阅国际学术界的重要文献，引用文献多达84篇，其中外文引文达80篇，这在“文化大革命”尚未结束的时代又无出国留学经历的学者中鲜有其匹。冯端先生站在国际晶体缺陷研究的前沿，高屋建瓴地向国内同行及生产单位的科技人员介绍了晶体缺陷形成的普遍规律、试验方法乃至制作工艺。

晶体缺陷研究旨在通过“掌握晶体中缺陷分布组态与运动规律，理解各种结构敏感性能的物理本质，从而为改善材料的技术性能的工作提供牢固的科学依据。”而综述当年晶体缺陷研究进展的文章《晶体缺陷研究的进展》，是发表于《物理学报》上的典型学术论文，它讨论了这个领域中的发展动向，其引文更是多达88篇，其中外文85篇。

对于国际上凝聚态物理基础理论研究的每一个新进展，冯端总要思索它对实际技术工作可能带来的新突破。正是这种既“顶天”又“立地”的紧密联系和完美结合，孕育了非凡的科学鉴赏力。朱亚宗由衷地称赞道：

对于一般科研工作者而言，冯端先生"顶天立地"的风格与由此相联系的独树一帜的科学鉴赏力，虽令人高山仰止，却不能不心向往之。

中国科学院物理研究所聂玉昕指出：

冯先生20世纪70年代完成的作品，就是今天看起来仍然可读性很好，冯先生的许多评述性文章，都是深入浅出的范文。他扎实的功底加上广泛的阅读，深入的钻研和思考，对每篇要发表论文的反复修改、加工，铸成了论文的高质量。

身为中国物理学会出版工作委员会主任，聂玉昕强调说："《物理》杂志的读者都喜欢读冯先生的文章，这也是冯先生的论文被中国科协评为'优秀论文'的原因之一。"这里所说"冯先生的论文被中国科协评为'优秀论文'"是指2003年在"第一届中国科协期刊优秀学术论文"评选中，冯端的文章《漫谈物理学的过去、现在与未来》（发表于《物理》1999年9期），众望所归，顺利入选。

2012年《物理》杂志创刊四十周年之际，精选四十篇文章，编制一册《岁月留痕——〈物理〉四十年集萃》，冯端的《凝聚态物理的回顾与展望》（发表于《物理》1984年4期）一文入选。编委会的推荐理由是这样写的："冯端先生在《物理》杂志上发表过多篇有关凝聚态物理的综述性文章，这些文章不仅立论高远、全面，论述清晰，而且文字流畅优雅，深受读者欢迎，在我国物理学界很有影响，当属本刊所发表综述文章中的楷模。"

20世纪80年代中期，冯端开始研究氧化物晶体的结构相变，重点研究晶体缺陷在结构相变中的作用，首次观测到铁电相变中的微畴结构和铌酸锂晶体非公度相变中公度错的结构及其演变；并用X射线貌相术及同步辐射貌相术阐明畴界的成像规律及追踪其在铁电和铁弹相变中的行为；在钙钛矿结构的锰氧化物中首先发现了与结构相变伴生的巨磁热效应，为锰氧化物物理学开辟了新的领域；阐明了晶体缺陷在结构相变中的作用，拓展了我国晶体缺陷物理学科领域。

在相变物理方面，冯端发现了铁电相变点附近多种特征微畴结构，以及某些晶体中通过畴界成核、增殖、运动或畴界拓宽实现相变的现象。同时还发现位错等缺陷诱发铁电畴、铁弹畴并提高局域相变温度的现象。这些为了解预相变的结构变化特征和缺陷在相变中的行为提供了直观信息，对发展铁电相变的微观理论具有重要意义。

一系列科研小品争相展现，韵外有致，弦外有音，好似那音乐中的小夜曲，情致婉款，音色缠绵，绕梁三日，使人意远，因而在1989年第一届国际畴结构会议上作为特邀报告得到国际同行的高度重视。

李齐教授指出：

1986年，发现高临界温度超导体以后，冯端立即组织骨干力量，对其结构、缺陷和相变进行了全面研究，利用高分辨电镜术获得了钇钡铜氧超导体中有序空位的间接象，发现其位错沿攀移面分解的证据；观测了铋锶钙铜氧超导体的多种非公度调制结构，a—b互换造成的扭转界面；确证了铊钡铜氧超导体中存在的一种新型面缺陷。利用内耗与超声衰减等方法对超导体中的一系列类相变反常和晶格不稳定性的系统研究，得出的结果在多次国际会议上作了特邀报告。

20世纪七八十年代，冯端研究团队的科研大合唱方兴未艾，结构、缺陷和相变以及微畴迹象等形成的共鸣，回响在凝聚态物理学的恢宏殿堂内，充满着诗情画意和幻想，蕴含着纯净、质朴以及神幻般的古典美。

三、独钓寒江雪，巧夺天工

自从1961年弗兰肯(P.A.Franken)等人首次发现光学二次谐波以来，非线性光学的发展便方兴未艾。20世纪60年代，大量新的非线性光学效应迅速出现，诸如光学谐波、光学和频与差频、光学参量放大与振荡、多光子吸收、光束自聚焦以及受激光散射、非线性光谱方面的效应、各种瞬态相干效应、光致击穿等，研究主要致力于对已发现的效应进行更深入的了解以及发展各种非线性光学器件；而自20世纪70年代以来，则是非线性光学日趋成熟的时期。

中国在非线性光学晶体领域占有重要的地位，无论在非线性光学晶体的学术研究还是产业化方面，都在国际上有着重要的影响，特别是在可见、紫外波段非线性晶体的研究方面一直处于领先水平，受到世界瞩目。在该领域，我国最主要的成就之一是主导了周期、准周期极化人工微结构非线性光学晶体材料的研究和实验验证，开拓了非线性光学晶体的新领域。而在这一过程中，冯端做出了开创性的工作，奠基未来，功不可没！

由于这类准相位匹配器件可以充分发挥晶体的非线性光学性能，而且一块晶体可以同时完成倍频、和频、参量振荡等功能，所以这类技术在光通信、激光显示、空气污染检测、医药以及国防等方面都有重要的应用，QPM 材料及器件正显示其极强的生命力。

伴随着激光技术的发展，非线性光学晶体也得到长足的发展，从最初的石英倍频晶体开始，非线性光学晶体不断涌现，如铌酸锂、磷酸二氢钾、磷酸二氘钾、碘酸锂、磷酸氧钛钾、铌酸钾、硼酸铯……广泛应用于激光倍频、和频、差频、光参量放大以及电光调制、电光偏转等领域。非线性光学一方面研究光辐射在非线性介质中传播时由于和介质的非线性相互作用自身所受的影响，另一方面则研究介质本身在光场作用下所表现出的特性。

1962 年，诺贝尔奖得主、美国的布洛姆伯根（N. Bloembergen）等对弗兰肯等人所观察到的倍频现象——他们用红宝石激光作用于石英晶体获得频率为红宝石光频率 2 倍的相干辐射——进行了理论解释，指出：在描述光场与介质相互作用的麦克斯韦方程中，如果考虑由二次非线性项引起的极化强度，就可以很容易解释弗兰肯等人观察到的倍频现象。他对非线性光学频率变换进行了开创性的理论工作，提出了实现高效非线性频率变换的准相位匹配（QPM）理论设想，预期利用特殊的晶片组合能获得倍频增强效应。但是，这个理论一直没有办法得到验证。

铌酸锂等铁电晶体因其具有甚高的非线性光学系数而常用作激光倍频器，可惜的是非线性光学系数最大的方向却不能满足位相匹配条件，使其倍频效率大为降低。

1974 年，冯端照例到物理系图书室看书，在翻阅书架上新到的图书、杂志时，一本美国刊物 *Laser Focus*（此刊登载有关激光发展的新闻）引起了他的关注：其中有一篇题为《光二次谐波增强效应》的文章，简述了 C. F. Dewey 与 L. O. Hocker 利用硒化锌（ZnSe）天然的聚片孪晶，获得倍频光强随孪晶片数 N 线性增加的报导。这一结果，由于对聚片多畴的周期并没有精确控制，因而倍频效率还有改进的可能。

正是此则科学新闻触发了冯端的灵感，凭借其敏锐的洞察力，他捕捉到国际科学上的前沿问题。火花在脑海迸发，一个用生长铌酸锂聚片多畴晶体来实现准位相匹配的主意诞生了，冯端提出了“在非线性光学晶体中通过制备聚片多畴来实现准相位匹配获得激光倍频的增强效应”的设想，制定了在铌酸锂晶体中进行实验验证的方案。

回家后，冯端查阅手头的一本 F. Zernike 与 J. E. Midwinter 合著的 *Applied Nonlinear Optics*，其中论述了准相位匹配方法，扼要地介绍了布洛姆伯根的准位相匹配理论：设想一介质，其非线性系数正负交替，片厚正好等于相干长度，这样的多片结构可以实现倍频光强与N2 成正比。再进一步查阅布洛姆伯根的原始论文［J. A. Armstrong，N. Bloembergen，J. Ducuing，P. S. Pershan，Physics Review，127（1962）1918，N. Bloembergen，A. J. Sievers，Applied Physics Letter，17（1970）483］进行核实，在理论方面就心里有底了。在实验方面，察视实验室中生长的非线性光学晶体铌酸锂（$LiNbO_3$）晶体的抛光表面的显微照片，经常呈现条纹状正负交替的畴结构。可以说，实验验证的基础业已完备，重要的是付诸实施，立即行动。

1975 年，冯端在访问中国科学院物理研究所晶体组时，曾向东道主简单介绍过生长铌酸锂聚片多畴晶体来实现准位相匹配的设想。

在理论和实验两方面准备工作基本就绪的情况下，冯端带领学生们在国际上最先开展了微米量级周期的聚片多畴铌酸锂和钽酸锂单晶体的制备技术及相应的非线性光学准位相匹配的研究。

1976 年，“四人帮”被打倒以后，科学研究工作得以较正常地进行。冯端带领和指导闵乃本、洪静芬等人，经过艰苦探索，基于对铌酸锂等晶体铁电畴结构的深入研究，掌握了制备具有周期性畴结构的晶体生长技术，人为引进周期性分布的畴界，通过掺杂和偏心旋转来加强旋转生长条纹以获得周期性聚片多畴铌酸锂晶体的有效途径，于 1980 年制备了周期为微米量级、能够实现准相位匹配理论预期的聚片多畴晶体，并利用王业宁等研制的声光调 Q 钇铝石榴石激光器，由朱劲松测量其倍频效率，首次通过实验实现了满足准位相匹配的非线性光学过程，全面验证了诺贝尔奖获得者布洛姆伯根于 1962 年提出的理论设想，实现了倍频增强效应，即倍频光强与畴片数的平方成正比。

根据实验验证过程写成的论文 *Enhancement of second-harmonic generation in crystals with periodic laminar ferroelectric domains*，由冯端在上海国际激光学术会议上报告，引起了高度关注，受到国外专家的高度赞扬，获得了国际知名学者、美国加州理工大学的 A.Yariv 教授与斯坦福大学的 R.L.Byer 教授当场赞赏。

1983年1月24日《新华日报》载文，回忆往事：

国际激光界权威人士、1980年国际量子电子学会议主席亚里夫听完冯端的报告后，对他说：“60年代，我们也曾有过这一类设想，做过一些工作，因实现不了就冷下来了，想不到你们不但做出来，还取得了这么好的结果。”激光晶体的研究，填补了国内这一领域的空白，对国民经济和国防建设起了有益的作用，形成了一支具有独特风格的晶体缺陷学派。

A.Yariv教授还建议将文稿通过他投到*Applied Physics Letter*上发表，于是，冯端的研究组首次在国际刊物上发表了论文*Enhancement of second-harmonic generation in crystals with periodic laminar ferroelectric domains*，署名为：Duan Feng，Nai-ben Ming，Jing-Fen Hong，Yong-Shun Yang，Jin-Song Zhu，Zhen Yang and Ye-Ning Wang。

这篇文章在深入研究的基础上，人为引进周期性分布的畴界，制成多种聚片多畴晶体，巧妙地利用准位相匹配的物理效应，在国际上首次获得了接近理论值的倍频增强效应，不仅从实验上验证了诺贝尔奖得主布洛姆伯根关于非线性光学的准位相匹配理论，而且利用周期性铁电畴结构作为一种新型微结构功能材料，开了先河，确立了亚微米层次的功能材料微结构设计新体系，在国际上领先开拓了非线性光学晶体微结构化这一新领域。

这是一篇高引证的关键性论文，有高达上百篇的引用数量，并获美国科学信息研究所2000年颁发的1981～1998年度“经典引文奖”。

ISI® Citation Classic Award

Presented to

FENG DUAN

In recognition of influential research reflected in the publication of a highly cited paper from the period 1981-1998

25 September 2000
Beijing, China

ISI
THOMSON SCIENTIFIC

Adam Klein, Senior Director
ISI Asia-Pacific Division

1981～1998年度“经典引文奖”获奖证书

还有一篇关键性论文 *The growth striations and ferroelectric domain structures in Czochralski-grown $LiNbO_3$ single crystals* 亦有上百篇的引用数。

随后，冯端又带领和指导王文山等向钽酸锂晶体发起冲击，于 1985 年在不能位相匹配的钽酸锂晶体中实现了准位相匹配，并研究了周期畴结构的形成机制。有关情况在 *Chinese Physics Letter*（1986，3：181）上有专门介绍。

1983 年，冯端在回顾自己走过的道路时形象地说：

> 自然科学是探究客观世界的规律性，不可能一帆风顺。古人云："山重水复疑无路，柳暗花明又一村"，自然界的客观规律是客观存在的，只要方法对头，锲而不舍，这些规律总是可以被认识的。

2001 年，国际著名的铁电物理学者 Fousek 与 Cross 在其综述性论文中评述：

> 虽则早在 1964 年 Miller 就提出了设想在 $BaTiO_3$ 中周期等于相干长度的 180 畴结构可以增强倍频光的效率，直到 1980 年冯端等成功地在 $LiNbO_3$ 中制备了周期畴结构，才证实了它在非线性光学中确有成效。

2003 年，时任南京大学校长的蒋树声如是评价："这是我国物理工作者'文革'后在国内做出的首批国际领先水平的工作之一。"科研之精品，好比于绘画中的册页小品，尺幅之间，传神写意，笔韵墨趣，力透纸背。

非线性光学晶体微结构化，其科学价值随着时代的前进益显重要。作为开创者，冯端对非线性光学晶体微结构化的贡献、他个人的成就和影响力，固不待言，因为事实是客观存在。冯端的学生们沿袭了他的指导思想、研究思路、工作基础等继续发展，在冯端领导下所开辟的这一新领域，做出了很多优秀的、后继的研究工作，成绩骄人。冯端的事业通过知识、精神和人格交织的纽带得以传承、发展，可喜可贺！

新领域的创建、耕耘、发展到收获，自始至终倾注了冯端大量的心血，留下一个国际学术巨擘仰之弥高的形象——其科学形象则在苍劲中越显清真，绚烂中饱孕隽秀；其人格魅力越显峥嵘岧峣，如日方中，在科学界知赏日多，猗欤盛哉。柳宗元《江雪》所绘"寒江独钓图"："千山鸟飞绝，万径人踪灭。孤舟蓑笠翁，独钓寒江雪"不意于此印证了冯端特立独行的科研品格。

四、落花人独立，微结构化

随着凝聚态物理学的发展，发生了一系列重要的技术突破和变革，凝聚态物理学业已成为当今物理学中最大的、最重要的分支学科。

之所以最为重要，冯端认为：

一方面，显然是由于它在生产实践之中，已经发挥了重要的作用，而且还富有巨大的潜力，毫无疑问，它将是一系列新材料、新器件和新工艺的源泉；另一方面，它的内容丰富多彩、层次重叠、错综复杂，在基础理论领域之中不断地涌现出崭新的甚至于意想不到的问题，构成了对人们的智力强有力的挑战；还有，它的概念、方法与技术，还在继续朝相邻的学科领域渗透，在孕育和促进材料科学、非线性科学、化学物理、生物物理和地球物理等交叉学科的发展之中显示出强大的生命力。

正是基于这样的考虑，冯端将其下一步的研究方向放在了凝聚态物理学与材料科学的汇合处，引入微结构、超微结构，增加结构简单物质的复杂性，根据理论的线索来研制和开发新型材料。

冯端曾著文谈及凝聚态物理学在当代材料研究的前沿问题中所起的作用：

材料技术的核心问题在于新材料的研制和传统材料性能的提高……自从20世纪四五十年代以来，固体物理学，随后深化和扩大为凝聚态物理学，发展成为成熟的科学，可以从基础理论上来解释物质的物理性质，遂使材料研究的面目大为改观。当然，炒菜式的材料研究依然在进行，但是更为重要的是有可能根据理论的线索来研制和开发新型材料。

更有进者，在叙述了凝聚态物理学的理论成效后，冯端强调指出：

因为底牌都已亮了出来，牌局的兴趣也就减弱了。要发掘出新的物性，看来要走不同的道路了。美国著名的理论物理学家R.Feynman在1959年的一篇报告中明确指出：毫无疑问，如果我们得以对细微尺度的事物加以操纵的话，将会大大地扩充我们可能获得物性的范围。这段话有预见性地概括了20世纪下半叶发展新材料的主要动向之一，即通过设计和控制材料在细微尺度上的微结构，从普遍的材料中发掘并获得许多意想不到的、崭新的物理性能。

微结构（microstructure），是指必须借助于光学显微镜或电子显微镜才能观察到的晶体结构中的种种非均一结构现象，诸如各种晶格缺陷、畴结构、细微的出溶现象、结构双晶、调制结构等。对于仅在电子显微镜下才能观察到的微结构有时特称为超微结构 (ultra microstructure)，而研究技术的突破和物理机理的阐明，为制备和发展人工微结构材料奠定了基础。

冯端指出：

如果说半导体技术中块体材料向薄膜材料的过渡在20世纪50年代就已经完成了，而铁电、压电材料和非线性材料，这一过渡则尚在进行之中，集成光学和集成铁电学的发展指明了这一趋向。相应地这类材料通过微结构设计来获得优异性能也就提到议事日程上来了。

事实上早在1980年，冯端利用铌酸锂规则的畴结构来取得激光倍频增强效应，实现非线性光学晶体的准位相匹配，就是通过微结构设计获得优异性能的典型案例。目前，这一领域已成为国际上的热门领域。

自20世纪70年代末以来，冯端即以开拓超微结构的领域为目标，从研究微结构出发，朝人工控制微结构来获得性能优异的新型材料方面发展。

作为中国科学家代表团成员出席“第一届亚太地区物理学会议”时留影

（1983年6月，由丁肇中摄于新加坡董宫）

值得一提的是，冯端之所以能很早地选准物理微结构这一有巨大发展潜力的领域作为自己的科学探索方向，并不断取得累累硕果，无疑是“顶天立地”的结果：一方面，在理论上坚实掌握量子力学、凝聚态物理学的基础理论、科学方法及其历史发展；另一方面，又在实际中深刻洞察晶体材料研制的巨大社会需求。

首先，冯端从原子、分子水平上研究不同层次、不同类型固体微结构的组态、分布、相互作用以及形成与转变规律，揭示其与宏观物理性能间的内在联系，探索其中具有深刻内涵的物理过程和特殊效应，阐明微结构对各种物理性能的影响，在此基础上进行材料的分子及微结构设计，并通过各种现代化工艺手段，人工制备具有预定微结构和优异性能的新型材料，跻身国际前沿。

继而，冯端领导实验室人员，将主要科研方向从研究自然界存在的微结构（缺陷和相变），逐步过渡到探索、设计、制备和表征不同类型的人工微结构（其特征长度从微米跨越到纳米，材料类型包括电介质、半导体和金属），获得优异物理性能的新结构和新材料，丰富和拓宽了凝聚态物理学的内涵，在国际上开创对非线性光学晶体微结构化研究领域，为人工微结构介电晶体材料的研究和应用拉开了帷幕。

进一步，天地宽，随着微结构化的不断进展，科学家不仅可以制造出很多人工复合材料，还可以在微观尺度上人工构建一些有序结构。这些“人工原子”可以打破常规，让人工材料获得天然材料所不可能具备的超常物理性质。

实验和理论是物理学的两大支柱，缺一不可，两者采取不同的方法来研究自然，相互促进，互为依存。冯端带领他的研究团队，从实验和理论两个方面从事微结构化研究工作，研究金属和介电人工微结构与光、电、声等信号发生作用的物理过程，为创造具有超常性质的人工材料奠定基础。同时，他们还对多种非传统材料开展研究工作，如多种超晶格材料、离子簇、超细微粒、磁性液体、铁电液晶等领域，以及对畴结构的透射电镜和高分辨率电镜的研究、利用 X 射线形貌术和同步形貌术对畴界与畴结构的研究，辛苦耕耘，硕果累累。

由于冯端对材料科学发展的贡献，中国材料研究学会于 1996 年授予其最高荣誉的贡献奖。

五、相望始登高，闳远精微

纳米是1米的十亿分之一。自从扫描隧道显微镜发明以后，世界上便诞生了一门以0.1～100纳米这样的尺度为研究对象的前沿学科——纳米科技，其最终目标是直接以原子和分子来构造具有特定功能的产品。

在纳米结构与纳米材料这一新兴领域，冯端又一次展示了其非凡的科学鉴赏力，洞见到纳米结构与纳米材料的科学价值，体察到纳米材料因其由纳米尺寸的超细粒子构成而与传统的大块材料具有迥异的性质，冯端认为：

通过凝聚态物理学的研究明确了一系列特征长度，诸如电子的波长及平均自由程，激子的半径，交换作用随距离变号的尺度，多畴微粒的临界尺寸，铁磁性向超顺磁性转变的临界尺寸等，跨越这些特征长度将导致新的物理效应出现，这些特征长度往往处于纳米尺度之内。

在国际上此类研究工作开展之初，冯端即敏感地注意到了，并积极倡导和推动纳米科学技术领域的研究工作，率先在南京大学开展了磁性纳米结构和材料、硅基纳米结构和材料、准周期金属超晶格、团簇物理等研究，取得了众多独创性的成果。

在磁性纳米结构和材料研究方面，冯端于20世纪70年代末开展了磁性纳米微粒、颗粒膜及纳米结构材料研究，在国际上率先发现了在钙钛矿锰氧化物微粒磁热效应的磁熵变超过金属钆，《磁性材料手册》一书对此重点进行了介绍。冯端还在锌铁氧体复相纳米结构中发现了巨隧道磁电阻效应。

在硅基纳米结构和材料研究方面，冯端首次研制出硅基高亮度多孔碳化硅蓝光发射材料；所提出的激光晶化及限制性结晶相结合的制备硅纳米量子点技术，为国际公认的五种方法之一。

在周期和准周期金属超晶格研究方面，冯端于20世纪80年代初开展了周期、准周期结构和相关物理性质的研究，在国际上最早推动准周期金属多层膜的实验研究，首次提出和实现了多组元Fibonacci结构超晶格。

对于科学前沿，冯端具有科学大师特殊的敏感，往往慧眼独具，在不经意间发现蕴藏着的“璞玉浑金”。原子团簇物理研究，就是一个很好的例证。

原子团簇，是尺寸处于零点几纳米之间的由几个到几百个原子组成的相对独立的物质结构单元，其独特的物理化学性质引人关注。当年，炙手可热的“足球烯”正是原子团簇的典型代表。20世纪80年代“足球烯”被发现，科学家为其独特而完美的结构感叹不已，简单与美的和谐在这个结构上得到了最充分的体现。不仅如此，“足球烯”本身更有着无数优异的性质，其本身是半导体，掺杂后可变成临界温度很高的超导体，由之所衍生出来的碳微管比相同直径的金属强度高100万倍。现实世界中的足球魅力无限，令无数人为之倾倒；而“足球烯”则以另一种形式影响和改变着这个世界。

原子团簇独特的性质源于其结构上的特点，因其尺寸小，处于表面的原子比例极高，而表面原子的几何构型、自旋状态以及原子间的作用力都完全不同于体相内的原子。材料的性质与内部单元的表面性质息息相关，例如仅仅通过调节团簇的大小，物质特性就有极大的不同，10个铁原子的团簇在催化氨合成时要比17个铁原子的团簇效能高出1000倍。原子团簇的被发现、研究和发展，为制造新型量子器件和纳米材料开辟了新途径，成为21世纪高科技产业——纳米科学技术发展的动力之一。

冯端是最早在国内倡导和组织开展原子团簇物理的实验和理论研究的学者。

1984年，冯端在广州开会期间获悉国际上原子团簇研究的新进展，回南京后，在平时了解的基础上，他特意找来王广厚教授，向他介绍相关情况，分析利弊和得失，希望王广厚能开展这方面的研究，王广厚欣然接受。工作开始之后，冯端一直给予王广厚极大的支持和帮助。

正是基于冯端的倡导和选将，受其点拨走上原子团簇物理研究之路的王广厚教授成为国内最早开展原子团簇物理的实验和理论研究的科学家；也是在冯端一如既往的长期支持下，经过二十多年不懈的努力，王广厚教授取得了丰硕的研究成果：他在团簇领域发现了多种奇特物性和新效应；发展了制备氧化物团簇和纳米丝的新方法，设计和研制成功团簇束流实验装置；其研究成果已被国际上认为“代表了该领域发展的重要标志”。

溯源之，与冯端的始作撮合不无因果关系，时至今日，作为当事人的王广厚院士对此仍念念不忘，一直铭记在心。

冯端与王广厚院士

冯端总是这样不失时机地将国际上的最新动态、研究成果介绍给大家，并根据现有条件确定课题，组织人才，尤其是组织青年科技人员从实验和理论两方面进行攻关。而在他们频出成果之时，冯端却默默地在幕后为他们的研究创造重要的条件，营造环境，持续不断给予支持。原子团簇物理研究的这一例证又一次充分体现了冯端善于识才、辨才、惜才、爱才的大师风范。

南京大学的纳米科学研究着眼于国民经济主战场和某些尖端领域，时至今日，纳米科学技术已成为南京大学物理、化学、材料、医学以及电子工程等院系联合研究的热点，取得了一系列在国际上有一定影响力的创新性基础研究成果，某些研究达到国际领先水平，部分基础研究成果已成功投入应用，产生了良好的社会效益和经济效益。

21 世纪以来，冯端还着重关注介电多层膜透射与局域化的研究，关注核磁共振方面的研究工作，成效显著。

当有人问："在科研工作中，您所以能不断地开拓，关键是什么？"冯端的回答是："乐于和困难打交道。科研工作并不神秘，也不是高不可攀的。科学家解决的课题，一经讲解，一般人也都能接受，这说明自然科学中的问题是可以认识的。但科研是开创性工作，因此工作中会遇到困难。"冯端作了个生动的比喻：

科研成果就像墙头上开放的一朵鲜花，人站在地上摘不到，为了得到鲜花，就要找梯子，有时爬上梯子顶端还可望而不可即，这时要在梯子底部垫两块砖，人爬上梯子还要踮起脚尖才能达到目的。当然，“找梯子”“寻砖头”“踮起脚尖”是很费力的——这些就是困难。克服困难的关键是返回人的主观能动性，做到以苦为乐，自找苦吃，而不是坐等一切条件齐全了再干。我的观点是：谋事在人。因此，遇到的困难都被一一克服了。

冯端科研团队的科研大合唱，精彩纷呈。一曲曲清歌，音节悠扬，韵律醉人，高潮迭起，水殿风来，余音绕梁，此情此景，确令人向往。顾曲之际，很是享受。

2001年3月，《大众科技报》载文《凝聚态物理世界的科学家情结》文中写道：

半个多世纪以来，冯端院士以执着的求知欲，保持着对科学未知世界的热爱，以忠诚的献身精神与凝聚态物理世界结下了“科学家情结”，以坚忍不拔的毅力，成就了物我两忘的大家风范。

回到前面“三境界”之说，简言之，不外乎：起初的迷惘，继而的执着，最终的顿悟。冯端之做学问正是达到了“那人却在，灯火阑珊处”这第三种境界。

谈到数十年来参与科研工作的体会，冯端对自己所从事的科研工作的钟情与执着展现无遗，他说：

任何成果的取得都与“艰辛”两字紧密相连的。科研工作实际上就是克服困难。如果一位科研人员能有打破一切障碍的勇气，将他的全部精力用于他要解决的问题，锲而不舍地努力下去，必将会取得有意义的结果。当然还要富有团结精神，团结众多的合作者，相互支持，共同奋斗。

数十年后，回溯这波澜壮阔的科研历程，冯端想到的是20世纪科学大师卢瑟福(E.Rutherford)的一段经验之谈：

任何个人要想突然做出惊人的发现，这是不符合事物发展规律的。科学是一步一个脚印向前发展的，每个人都依赖前人的工作。当你听到一个突然的、意想不到的发展，仿佛晴天霹雳时，你永远可以确信，它总是由一个人对另一个人的影响所导致的。正是由于这种相互影响，才使科学的进展存在巨大的可能性。科学家并不依赖于某一个人的思想，而是依赖于千万人的集体智慧，千万人思考着同一个问题，每个人尽他自己的一份力量。知识的大厦就是这样建成的。

冯端将其归结为：

这段话充分说明了一个道理，即科学不是靠一个人的忽发奇想得出来的。所以，科学上既存在创新的问题，也存在继承的问题。绝不可能只考虑创新而不考虑继承，因为没有继承的创新往往是没有根据的。但是，这并不是说过去所取得的结果就一定都可靠，实验的精度提高了或者观测新的现象就会打破一些过去认为是真理的规律。所以，所谓的真理在科学上应该是对有限的目标作有限的估计，而这些估计逐步地逼近实际的情况。所以，自然科学在这一点上表现得更突出明显一点。它是长期累积，不断发展，逐步精确化的结果。

第六章

风正一帆悬，筑就平台

在长期的科学生涯中，冯端一直非常重视科研实验。冯端认为：

实验作为培养学生的一个重要部分，实验可以引人入胜，启发学生独立解决问题，培养他的创造性思维。

中国的传统教育，是偏重于知识的传授。历来是灌输太多，但创新不够；学生过于相信书本，缺乏闯劲。应该通过现代科学教育，特别是在实验室中的教学来培养，来改变这种心态。

冯端致力于创新性思维的建立和培养，更关注实验室的建设，始终强调“实验室的重要性，再强调也不过分”。鉴于认识实验室培养科学工作者的重要性，他在多种场合为之鼓与呼，建议借鉴科技先进国家的做法和经验，加强各级实验室的建设。

一、苍茫云海间，实践指南

实验室在培养创新人才、培养学生的创新性思维方面起着重要作用。冯端重点强调：

我国由于长期封建传统的影响，劳心者与劳力者的界限分得非常清楚，这对科学发展极为不利。

一个科学家既要会动脑，也要会动手，单单在教室里是培养不出科学家来的。

大学，既是教学之场所，又是科学研究之基地。冯端说道：

大学的教学实验往往带有验证性的，或示教性的，也有一些技能性的训练，诸如学习某些仪器的操作。但作为创新性的训练，还很不够，甚至是没有。所以到大学毕业时，进行一些专门题目的论文工作，可以看作为创新性训练的第一步，因而是非常重要的。

当年，冯端提出构想、做出方案，将科研群体的研究方向从研究自然界存在的微结构（缺陷和相变）逐步过渡到探索、设计、制备和表征不同类型的人工微结构，以获得优异物理性能的新结构和新材料。这是一个重大战略创新构想，获得了国家的重视和支持——1984 年，国家投资建立了南京大学固体微结构物理国家重点实验室，使之成为我国第一批国家重点实验室和第一批对国内外开放的实验室，推动了凝聚态物理学的发展。

冯端在创建并领导国家重点实验室——南京大学固体微结构物理国家重点实验室的实践经验基础上，源自对世界大学发展史和实验物理学史的谙熟，立足于世界实验室发展情况，结合中国之实际，作出了“实验室是现代化大学的心脏”之论断。

于访谈录中，冯端如是说：

从历史上看，研究型的现代大学的建立，始于 19 世纪中叶的德国，然后很快传播到世界各地，像英国、美国、法国等。……在研究型大学中一个最关键的问题是大学里要有实验室作后盾，要有能进行科学研究的实验室。实验室可以比拟为现代化大学的心脏。这是最难的一步，不是一二年而是几十年才会有成效。我们可以看一些有名大学的例子。英国剑桥大学的物理系，卡文迪许实验室有近 20 位获诺贝尔奖的科学家在那里从事工作。使得剑桥大学的物理研究工作在世界上是领先的。这种现代化研究型大学制度，在 20 世纪的美国又进一步发扬光大了。现在的哈佛、斯坦福这些大学都是以实验室作为强有力的研究基地的。人才辈出，既有它的物质根源，又有其精神的根源，也就是大学既要注重教学，也要注重科学研究。科学研究就一定要有地方、有场所、有设备、有人员。要使人员的才智能够充分发挥出来。所以实验室的建立是很重要的。

吴健雄、袁家骝与冯端在南京大学高分辨电镜实验室（1990 年）

冯端给出判断的同时，借用了一个极为简单的方法予以验证：

看一个高等院校是否水平高，首先是看它的实验室水平和工作状况。记得有一次和国际知名的科学家吴健雄教授谈话，她提到有一个很简单的办法来判断一个高等院校的水平，就是到星期六或星期天晚上看它的实验室里是否还有人工作。在一个第一流的高校中，科学研究已经成为传统，总有一批人不管是否在假期，经常在孜孜不倦地进行研究工作。

在对实验室的作用、管理以及人员地位、技术成果等方面进行具体分析和论证的基础上，冯端谈了对实验室工作的希望，情见乎辞，视界有大突破，心律隐隐，已是以“走向世界”为己任。

我觉得国内的一流大学，要向国际上的一流大学看齐。看齐，极为重要的是反映在实验室的水平、实验室里工作的教授水平、实验室的设备水平和管理水平。看起来也不是轻而易举的事情。这既有工作的量，还有工作的质。目前质量两方面都有很大的差距。……在新的世纪，应该使我们中国一流大学的实验室无愧于国际上一流大学的实验室。这方面需要参与实验室工作同志的具体努力，需要教育部门领导实验室工作的同志们的努力，也需要政府有关部门各方面给予适度的经费支持。从前景来看，应该是一片光明的，但是问题也还是不少的。

冯端的精辟之见解，源于其自身的科学实践，同时也成为其科学实践之指南。

冯端与诺贝尔物理学奖得主杨振宁在南京大学固体微结构物理国家重点实验室（20世纪90年代）

按照冯端的构想，南京大学固体微结构物理国家重点实验室立足于基础研究，同时有选择地向相关应用基础研究延伸。在冯端的顶层设计下，实验室主要从事凝聚态物质中不同尺度层次、不同类型微结构组态、分布、相互作用及形成和转变规律的研究，揭示它们与宏观物理性质间的内在联系，并采用理论研究、计算机模拟与当代先进实验手段相结合的方式，探索、设计和制备各种类型的微结构材料，研究其物理机制和新效应，为发展新型微结构材料奠定基础。

对于实验室建设，并针对我国管理体制与学界风气，冯端提出“学术领导”“学术气氛”“团队精神”三大关键问题，乃切中肯綮之论。

冯端如是诠释实验室的三大关键问题：

实验室不是一个机关，它是一个学者的集体，它有一个学术领导。一个的确有见解的学者，要能在实验室当中起作用，也就是要有比较强的学术领导。另外，要建立学术气氛，大家积极探讨学术问题，有这样的气氛，使你站在这个实验室里，就感觉到你是要做研究工作的。这就是学术领导和学术气氛。其他，还要有团结互助的团队精神。这几方面就是实验室最关键的问题。

对照国家对重点实验室建设要求之本旨，即“双基地、一中心”，冯端之论断，着眼于实验室的战略管理思想，旨在提高实验室的科研和管理水平，从理论上为促进中国大学向世界一流大学迈进贡献了宝贵的真知灼见。

冯端自 1984 年创建和领导南京大学固体微结构物理国家重点实验室以来，躬行实践实验室建设，无论是运行还是持续发展，是制定管理措施还是建设人才队伍，他都周密思考，亲力亲为，注重细节，力求完美，呕心沥血，自始至终。

冯端根据科学发展的现状和国家发展的需要，始终以高瞻远瞩的研究目光、宽松民主的学术氛围、充分的发展空间、良好的生活保障促进实验室学术梯队的建设，强化优秀人才的群体共生效应，提高实验室的凝聚力、创造力和吸引力。

冯端构筑科研平台，确定具有战略意义的研究方向，注重学科的拓宽和交叉学科的发展，营造科学民主的学术氛围、宽松的人际环境，吸引人，留住人，使科研人员有广阔的发展空间、发挥其聪明才智的舞台、大显身手的用武之地。

在国家重点实验室的科研组织和管理上，冯端合理配置人力资源，注重人员专业知识结构的“互补效应”——专业能力互补、学科之间的互补和交叉、理论研究与实验研究的交叉互补，有机结合，取长补短，相得益彰。

冯端倡导着力创新兼具脚踏实地、实事求是的科学作风，培育团结和谐、积极向上的团队精神，构建了“大师加团队”的合作模式，奠定了与之相对应的研究理念，受到教育部、科技部的充分肯定。

本着人力资源是第一资源的共识，南京大学固体微结构物理国家重点实验室以队伍建设为核心，大力实施人才战略，多渠道、多方位广纳贤才，使实验室成为培养、吸引、用好优秀人才的热土。

“学术大师＋创新人才”的组织模式现已成为南京大学高水平师资队伍建设的一大途径和特色，催生出一批高水平人才和优秀的研究群体。

二、星垂平野阔，跨越发展

作为国家重点实验室的领军人，冯端是一个运筹帷幄、指挥若定、有远见卓识的群体科研活动、大兵团作战的优秀组织者，又是一个成绩卓著的科学前沿领域、一流实验室管理的成功开拓者。渊博的专业知识、丰富的基础研究经验和深刻的洞察力，使他在实验室的发展过程中发挥了无可替代的重要作用。

冯端运用全新的管理理念，突出实验室的“开放性”，流动使实验室“活”起来。在实验室建设初期，冯端即强调实施开放不是“要我开放”，而是“我要开放”，从理念上要很好地解决这个问题。他审时度势，率先提出“边建设、边研究、边开放”的建设指导方针，不失时机地做了许多工作。

一方面，对外加强开放课题的组织，吸引国内外科学家申请课题，开展合作；另一方面，对内则明确开放的意义，为开放课题提供必要的保障条件，充分提高大型先进设备的开放和共享程度。内外结合，不仅早出快出了科研成果，提高了仪器设备的使用效率；也为加强对外合作交流、提高实验室开放度打下了良好的基础——开放的实验室，在“以人为本”这一总的价值取向下，越来越宽容，越来越多元。

值得一提的是，南京大学固体微结构物理国家重点实验室所奉行的“三边”方针，后被国家计委[①]和科技部确定为国家重点实验室的建设原则。

南京大学固体微结构物理国家重点实验室第一届学术委员会合影（1987 年）

在冯端的领导下，南京大学固体微结构物理国家重点实验室在建设上，既是科学研究基地，又是高级人才培养基地，还是学术交流的中心；在运行上，强调“开放、流动、联合、竞争”；在学术上，反映和代表国家科研、学术、装备和管理水平。实验室同仁们群策群力，取得了大量原始创新的研究成果，一批优秀的学科梯队和创新群体成长起来。

1997 年，在 *Nature* 杂志上发表的一篇评述性文章将南京大学固体微结构物理国家重点实验室和新加坡分子与细胞生物学研究所并称为两个“已接近世界级水平”的研究单位。

2003 年，时任南京大学校长的蒋树声教授指出，南京大学固体微结构物理国家重点实验室“在历届国家评估中名列前茅，获得了国内外学术界的一致赞誉。近几年，世界著名的 *Science*、*Nature*、*Recherche* 杂志已先后六次介绍南京大学固体微结构物理国家重点实验室，给予高度评价。”

作为“开放”的延续和拓展，20 世纪 90 年代初，在冯端的积极倡导

① 现已改为国家发展和改革委员会。

和推动下，南京大学固体微结构物理国家重点实验室联合国内多个研究方向相关、学术交流密切的国家重点实验室及研究机构，如复旦大学应用表面物理、山东大学晶体材料、上海技物所红外物理、中科院物理所表面物理、中科院半导体所半导体超晶格等国家重点实验室，共同发起建立了“凝聚态物理及其相关学科重点实验室联合网络系统”，搭建区域研究平台，在国内首创了一种新型的多学科、跨系统、交叉综合的科学研究组织模式。

时任国家科委[①]党组书记的朱丽兰曾于1994年3月31日作出批示，充分肯定了这一创新之举：“形成网络，加强交流，取长补短，开展合作研究，是相关学科重点实验室发展的方向，值得提倡。要不断总结经验，开拓前进，形成合力干大事。”

1994年6月，上述实验室在“网络系统”的基础上又成立了“微结构科学技术高等研究中心”，组建了大规模的合作研究平台，逐渐形成一个具有广泛学科交叉、渗透的有机学科群。崭新的科研合作模式与常规的国内外学术交流的结合，有力地支持了实验室的工作，对实验室的科研和管理水平的提高起了关键作用。

2012年，以微结构国家实验室为基础科研平台，进一步联合复旦大学、浙江大学、中国科学技术大学、上海交通大学、中国科学院合肥物质科学研究院、华为技术有限公司等单位共同参与，组建“人工微结构科学与技术国家协同创新中心”，以国际视角、一个中心、若干个基地、资源共享、各有侧重、统一规划、协同组织等来进行创新研究的实施和管理。

作为面向科学前沿的协同创新中心，针对后摩尔时代和后化石能源时代人类信息与能源材料及技术的可持续发展的迫切需求，围绕国家在未来信息和能源发展中的重大需求和国家目标，突出发展人工微结构科学与技术，围绕微结构材料的设计、制备、性质及其应用等重大科学问题与技术关键，通过若干一流研究集体的高效协同，基于物理、化学、材料、电子等学科的交叉，着重在不同层次微结构物质科学和量子调控方面开展原始创新工作，推动信息载体和信息处理手段从经典到量子系统的演变，为发展新一代全固态集成信息载体和新型能源材料提供关键的物理、材料和技术基础。

探索跨部门、跨学科的新型研究机构模式，有利于集中优势力量争取

① 现已更名为科学技术部。

重大科学突破，充分体现了冯端于科学研究上的超前意识和大局观。

三、经岁复经年，月华效应

时至今日，冯端等奠基的微结构科学已成为物理学、化学、材料科学和信息科学等学科交叉研究的国际主流方向。而他所创建的南京大学固体微结构物理国家重点实验室之基础研究也位居国际前列，且在多个应用基础研究方面形成了自己的特色和优势。

更重要的是，冯端以创新作为实验室的主旋律，积极倡导实验室文化建设，用自己的人格魅力对这个研究群体产生潜移默化的影响，提升了群体成员的认同度，形成了独具特色的实验室文化模式。事实证明，此为冯端高瞻远瞩之举，是实验室长盛不衰的根本保证，也体现了其作为科学大师的远见和睿智。

实验室文化有其自身独特的结构化特征，蕴含价值观念、行为准则，是全体成员共同认可的价值观和行为规范，也是实验室的一种群体意识、共同信仰、共同追求、共同约束和统一准则。其功能特殊，可调节实验室内部的人际关系、创造工作的环境氛围以及辅助实验室发展决策等。营造有利于科研创新、富于个性的实验室文化，不仅要有自己特点的价值体系和研究方法，还必须形成正确的经营管理理念，把握好计划、组织、实施、协调、控制五方面的管理因素，处理好物质、行为、制度、精神各层面的关系，重视全体成员对实验室活动的参与和协作，实现让全体成员认同实验室、关心实验室、与实验室的利益保持一致的目标。

在实验室文化建设中，冯端身体力行，率先垂范。榜样的力量是无穷的，冯端厚道朴实，谦逊随和，淡泊名利，待人诚恳，凝心聚力。他推动科研群体的形成和发展，组织课题攻关，启发引导，让参与者充分了解课题的重要性和可行性，激发他们的研究兴趣；他积极参加学术活动，认真听讲，提问题；对于登门求教者，热情接待，精心指点，甚至亲自带领其查阅图书资料；重视对中青年知识分子的培养，提高他们作为研究人员的科学鉴赏能力和业务素质，善于发挥每个人的长处，使其充分施展才能；尊重中青年教师和研究生的科研成果和学术见解，从不设置边框，鼓励学生博采众长，勇于超越；每当中青年研究人员出成果、有业绩时，他都分外高兴，广为宣传，适时地赋予其重担，为南京大学物理学专业的学科发展、人才培养奠定了基础。

长期以来，冯端重点关注、悉心指导、持续支持一系列的科学研究方向。诸如，闵乃本等进行的非线性光学晶体微结构化的研究；蒋树声所领导的利用X射线形貌术和同步形貌术对畴界与畴结构的研究；胡梅生、陈峻、潘晓晴、严勇、陶冶等对畴结构的透射电镜和高分辨率电镜的研究；胡安等对准周期金属超晶格的研究；王广厚等对团簇的研究；彭茹雯等对介电多层膜透射与局域化的研究；顾民等对富勒体的研究；陈坤基等从非晶硅超晶格中制备纳米硅及其发光现象的研究；鲍希茂、吴兴龙等对纳米硅与纳米碳化硅的发光研究；都有为等对锰氧化物磁致冷材料与磁电阻的研究……卓著成果已然，以南京大学固体微结构实验室为载体，以冯端为核心，一批优秀的学科梯队和创新群体迅速成长，并呈辐射状向外伸展。此情此景，与月轮周遭所呈现出的光环庶几近之，故有“月华效应”之誉。在学术界有一说法：南京大学固体微结构物理国家重点实验室，老中青兼容互补，杰出的人才群体和优秀的研究成果层出不穷，魅力无限，已成为我国乃至国际凝聚态物理学领域的重要方面军。而其之所以具有如此诱人的魅力，盖出于冯端的“月华效应”。

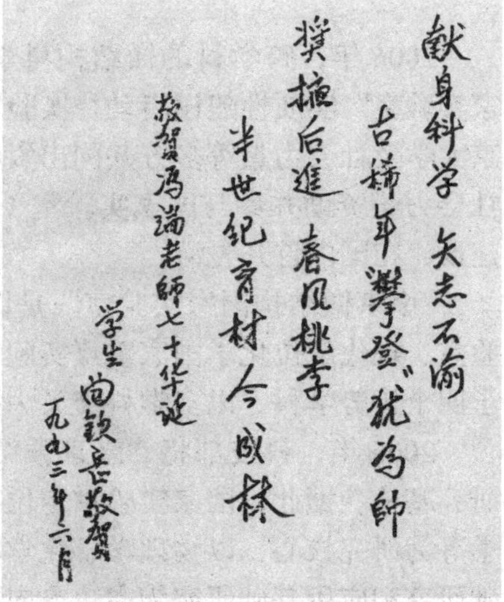

曲钦岳为冯端七十寿辰所写的寿联

1993年，时任南京大学校长的曲钦岳院士即以“敬贺冯端老师七十华诞”为题，欣然写下“献身科学，矢志不渝，古稀年‘攀登’犹为帅；奖掖后进，春风桃李，半世纪育材今成林”的寿联。

曲钦岳院士指出：

要形成一支结构合理、充满活力、具有凝聚力的学术队伍，学术领导人的人格魅力、学术眼光十分重要。要心胸开阔、不计名利；为人师表、诲人不倦；知识渊博、治学严谨；要营造宽松的学术氛围、造就和谐的人际环境。冯端院士就是我校的一个典范。我校物理学科持续快速发展的最重要原因之一，就是因为有冯端院士这样高瞻远瞩、勇于开拓、具有敏锐洞察力的学科领导人。

正如其所言，冯端重视高层次人才的培养，强调学术梯队的建立、形成和发展，在他的领导下，一大批中青年学术人才得以充分发挥才能并脱颖而出，形成了不同风格共存和互补的、团结活跃而又有凝聚力的研究团队。时任南京大学校长的蒋树声如是说：

在冯端多年精心培育下，一代接一代，现在已凝聚成一支作风好、能力强、气氛活、不断进取的科学研究群体。

四、润物细无声，薪火相传

2006年，跨学科的微结构科学与技术研究平台——“南京微结构国家实验室”实质性建设启动。实验室由科技部和教育部、江苏省政府、南京大学及社会力量等多方共同出资建设，采取“四加一”的全新模式，由社会力量资助并参与国家实验室（以从事基础研究和应用基础研究为主）建设，在国内首开先河。

“南京微结构国家实验室”是以南京大学固体微结构物理国家重点实验室、现代配位化学国家重点实验室为主体，融合物理、化学、材料、电子四个优势学科，以多学科交叉为科研优势组建而成的微结构物质科学平台。2006年，科技部将“南京微结构国家实验室”定为量子调控的国家研究基地。据此，国家实验室定位在以微结构科学和量子调控、分子工程学等为研究核心，以物理学、化学、材料科学与电子科学等交叉学科的基础研究和应用基础研究为主攻方向，以国际前沿、国家需求、自身积累和学科交叉集成为依据，凝聚、汇集社会各方的力量和资源，逐步建设成为从事高水平科学研究、拥有高层次实验研究平台、形成高素质的科学技术队伍、具有规模较大、学科交叉、人才汇聚、管理创新、流动开放的国际一流实验室。

冯端全身心投入、呕心沥血所开创的国际前沿微结构科学研究事业由此登上了一个新台阶。一个国际一流、人才汇聚、管理创新、流动开放的国家级微结构科学研究与实验基地将屹立在神州大地，前程似锦。

文化传薪火，一代科学大师严谨治学的态度和谦虚淡泊的品行潜移默化所形成的文化纽带，维系着实验室敬业奉献的传统，内塑精神、外树品牌，进一步提升着实验室的软实力和核心竞争力，为实验室的拓展再造空间，为自身的再次跨越积蓄力量，努力使之立于不败之地。不经意间，也为冯端自己留下一个国际学术巨擘仰之弥高的形象。

多少年来，他，行行止止，只在这校园。在南京大学，行走于两点一线：家一实验室（办公室）。一代大师冯端，外表恬静，待人平易，这种平易却越发令人感到高深莫测，时有对其身份有所怀疑的事件发生，兹举一例：20 世纪 90 年代初初冬的一天，时值学校加强校园保卫工作。冯端与夫人早晨去校园散步，步进西门，由于衣着普通，遭门卫阻挡，原因是不像学校的老师。因未戴校徽，又无其他证明物件，进门无据，颇为尴尬。适遇南京大学老校长曲钦岳，方为之解围，问清缘由，曲校长以“有眼不识泰山”喻之，笑言：“在南大，冯先生不像学校老师，那又有谁像呢？”而冯端却并不觉得是失了身份。

声名，不在于着装之行头，也不在于赋形生色的嘴上功夫，更不在于位之高低，已化入科学的人生，声之誉，名之盛，会存活得更长、更久。

为示钦佩，值冯端七十寿辰、八十寿辰、九十寿辰之际，南京大学均以学术交流的名义，举办研讨会或庆典，如“21 世纪凝聚态物理学研讨会”（1993 年）、“微结构科学技术论坛——第一届凝聚态与材料物理学术研讨会”（2003 年）分别就有关专题进行交流与研讨，为声名卓著的凝聚态物理学宗师祝寿，海内外物理学界、科学界、教育界专家学者，群贤毕至，少长咸集，堪称学界盛事。

冯端七十寿辰庆典校园场景

当然，南京大学此举，一是为冯端举行生日纪念会，以表崇敬之情；二是借重冯端院士在学术界的声望和影响，邀请一批国内杰出科学家来南京大学作报告和演讲，提高南京大学学术交流的水平，扩大南京大学凝聚态物理学的影响，促进学术交流和基础科学的发展。诚佳事也。

南京大学中文系教授朱寿桐作、江苏书画院原院长赵绪成书写的寿诗，写出了南大人对冯端的无限敬慕：

吴越钟灵秀，金陵紫陌长。科坛闻泰斗，诗国颂华章。大心容弥勒，令名远冯唐。何如凝聚态，端坐桃李堂。

赵绪成所书寿诗

一份份别致的礼物，一句句深情的祝愿，一封封远道而来的贺信、贺卡、贺函，无不表达了对冯端这位凝聚态物理学界泰斗的敬重之情。

冯端塑胸像

1993 年，为表达对冯端教授的热爱和尊敬，作为对冯端院士七十寿辰的贺礼，由冯端的学生等人集资捐款，请南京师范大学著名雕塑家杨建强为冯端制作玻璃钢塑胸像，留存永远纪念。

2003 年，《零篇集存——物理论丛及其他》一书由南京大学出版社出版，作为对冯端院士八十寿辰的贺礼。该书汇集了冯端数十年来的演讲、随笔、杂著等，展现其学术思想与人文素养之精华，借此可以看出其成就的高度、深度和广度，以及其“治学”之道、赤子之心、人文情怀。

2012 年，在冯端九十寿辰庆典上，《点滴凝聚铸人生：冯端传》一书举行首发仪式，向科学大师致意，献上祝福。而中国科学院紫金山天文台则向冯端献上了一份特殊的生日礼物：天上多了颗“冯端星”中国科学院紫金山天文台于 2008 年 3 月 3 日发现、国际编号为 187709 的小行星，获得国际小行星中心和国际小行星命名委员会批准，正式将其命名为“冯端星”。

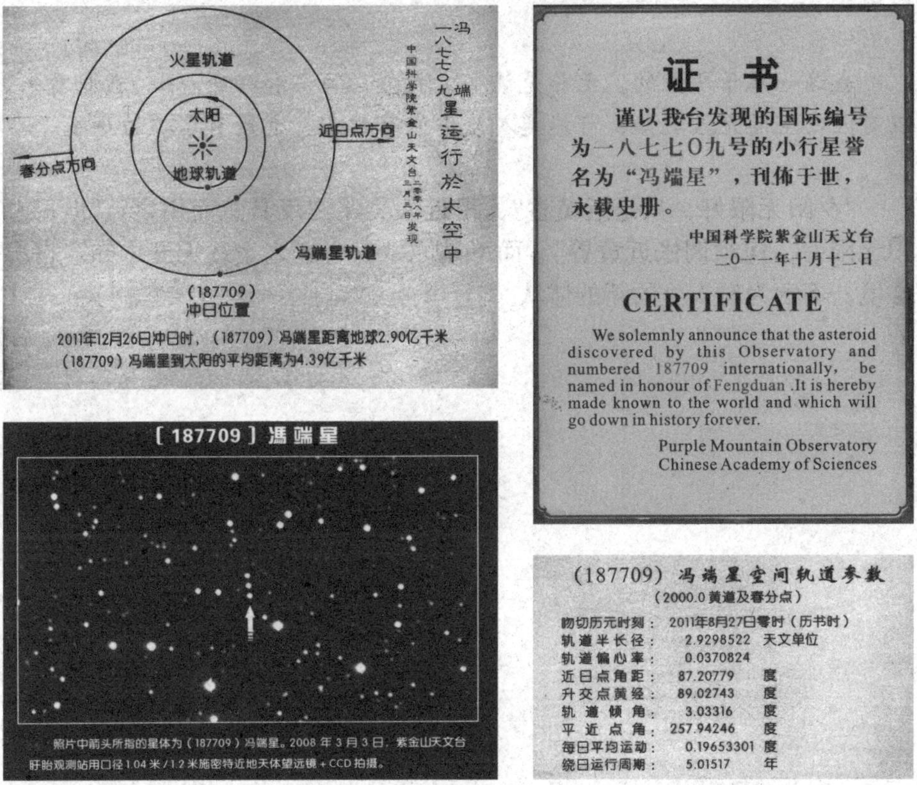

“冯端星”证书及运行图

“冯端星”在宇宙中闪耀，今夜星光灿烂。在鲜花和巨幅寿字的点缀下，寿堂内灯火辉煌，欢声笑语，呈现出一派吉祥、和谐、欢乐的气氛。

人生如诗，生命如歌。仁者寿，作为当晚的主角，冯端戴着深红色领带，饱经风霜的脸上依旧笑容可掬，慈祥平和，其身后，是敬仰而激动的目光；张张笑脸的背后，是真挚而深沉的情愫。各部门、各组织、各团体……都以不同的方式祝愿冯端这位德高望重的学者福如东海、寿比南山。来自科学界和教育界的嘉宾以自己特有的方式向这位老寿星祝寿，掌声、鲜花、寿匾、美酒、祝福……构成了寿宴之主旋律，也代表了众多中国科学院院士、众多同事、学生和朋友共同的心声。

当轻松悠扬的小夜曲再次响起，主办者推出生日蛋糕，吹蜡烛，分蛋糕，唱生日歌，执礼如仪；“祝你生日快乐”，在人们用歌声送上了最衷心祝福的陪伴下，冯端与夫人切下蛋糕与大家分享快乐。之后，冯端走上台致答谢词，让人们再次感受到了一代宗师的谦逊、平和与一生的追求。他说道：

我这一辈子所做的，无非是读书、教书、写书和科研。……在我看来，以有涯之生逐无涯之知，可能是人生中最有意义、也最有乐趣的事了。

“夕阳无限好，只是近黄昏”，得近人吴兆江反其意而用之：“但得夕阳无限好，何须惆怅近黄昏”。而冯端之“以有涯之生逐无涯之知”自况心境，不啻为对人生的新的体认。

第七章

文章千古事，文以载道

曾几何时，商海风涛，席地卷天，价值失衡，道义失重，“天下熙熙，皆为利来；天下攘攘，皆为利往”，社会上充斥着追名逐利的短期行为，熙来攘往奔竞于名利场上的人们根本无暇顾及不朽之名的诉求。而冯端则坚守道德底线，在他看来，生命之所以可贵，就在于能以有涯逐无涯、以有限孕无限。秉承先贤古哲之传统，皈依科学之思想，躬亲实践，纵横科坛学海，并足千秋。

在教学、科研之余，冯端又出其余绪，勤于笔耕，信笔纵横，将教学和科研过程中的实际感受、体会、心得、经验，梳理归纳进行系统的整理，并在理论上加以升华。于他自己来说，不失为一种经验的总结、理论的积淀和学术的积累；而对凝聚态物理学、材料科学的发展来说，这一篇篇思想凝聚起来的文章，一本本展示创新开拓的著作，这科学与人文交汇、碰撞和融合，是与深邃的思想对话，感悟哲理，昭示科学，实是一种启迪，一种有益的贡献。

一、香中别有韵，笔耕写意

在中国人本主义的传统观念中，立德、立功、立言，以求世间三不朽——《左传·襄公二十四年》：“太上有立德，其次有立功，其次有立言。虽久不废，此之谓不朽。”

“三立”——立德，立功，立言，乃是儒家最高的人生理想，体现了儒家所确立的价值等级序列，旨在追求某种“身后之名”。这种追求，正是古圣先贤超越个体生命而追求永生不朽、超越物质欲求而追求精神满足的独特形式。

中国人讲究光宗耀祖、重视身后声名，要求子孙为祖上争光，或“留取丹心照汗青”，中国传统所系。然，传统体现于感情，而非形式。

所谓立德、立功、立言，古人之界定为：“立德，谓创制垂法，博施济众；立功，谓拯厄除难，功济于时；立言，谓言得其要，理足可传。”而在后人的解读中，人生之“三不朽”，一是修养完美的道德品行，二是建立伟大的功勋业绩，三是确立独到的论说言辞。

立德、立功、立言的理念，在今天也并不过时，仍如古人所论“虽久不废”，始终是左右人们行为的一种思想规范。不过多了一些批判，也多赋予了一些新意，内涵发生了变化。人生贵在有“三立”。立德，指做人，要做一个有德的人，做一个好人，人有修养，才能高尚。立功，指做事；当这个词脱去封建桎梏，则显得生气勃勃，视野大开。若有能力，则可建功立业，做贡献、创成就，人有事业，才能不朽。投身教育，致力人的成长与发展，就是立功。立言，指做学问；把真知灼见形诸语言文字，著书立说，传之于世。

立言，在价值等级序列上次于立德、立功，但仍然是为世所重视，特别是好的立言，还有助于立德、立功，相互间还有着一定的依存关系。另外，中国传统思想及美德，也是靠立言传承下来的。诚如孔子所曰：“一言可以兴邦”。

文章千古事，“寄身于翰墨，见意于篇籍，不假良史之辞，不托飞驰之势，而声名自传于后。”曹丕论文有此一说。诚如斯言，立德，有赖于见仁见智、众口难调的外界评价；立功，则需要跻身于垄断性和风险性极强的官场；这两者显然非一介书生的能力所及，故退而求其次，文人每以“立言”为第一要务，以求不朽。

从这一意义上来说，冯端的著书立说，就有了一种奉献社会的意义，正应了“言得其要，理足可传”之古语。

在教学与科研活动中，冯端深刻认识到教材的重要性，认为教材建设始终是大学教育的一个重要环节，也是培养跨世纪人才的必要前提。教师通过教材来实施教学大纲，组织教学活动，教书育人，可以说教材的质量在很大程度上决定了教学的质量。

确乎理解教材在教学活动中举足轻重的地位，早在1997年冯端就提出“高等学校必须把教材建设作为培养跨世纪人才的一个重要突破口”，“教材建设始终是大学教育的一个重要环节也是培养跨世纪人才的必要前提。”他进一步加以诠释：

撰写好的教材，不仅可以解决许多教学上的疑难问题，提高人才培养质量，也是教师进行科学研究的一个重要课题。……高校教师唯有刻苦钻研，时刻占据学科发展的前沿，编写出高水准、高质量的具有跨世纪特征的现代化教材，才可在教学改革和课程更新上发挥作用，也才能培养出具有鲜明时代特征的跨世纪人才。

物理学，始终是一个十分开放的学科。一方面是对其他学科（化学、生物学、地球科学……）的开放，另一方面是对技术应用的开放，它始终参与新的技术发展与推进。这种开放性，是物理学具有生命力的根源。也正因为物理学是一个开放的学科，故物理学所面临的教材建设任务，尤其是新教材的编写，更为艰巨，极具挑战性。

冯端指出：

许多国际知名的大科学家都在撰写教材上倾注其心血，凝聚其智慧。大家、大师著教材，非同凡响。诸如：Berkeley 的《物理讲义》、Kittel 的《力学》、Purcell 的《电磁学》，各具特色；Abraham 与 Becker 的《电动力学》，素负盛名；Tamm 的《电学原理》，对电介质与磁介质问题，阐述得一清二楚，解决了你能想到的所有问题，甚至一些你想不到的问题。而有关电磁感应的两种不同表示（静止媒体与运动导体），则以狭义相对论的框架予以清楚阐述，真是一本难得的好书……在德国，科学大师们传承了编撰多卷本理论物理教程的传统，诸如，Planck 在柏林大学讲课的五卷本讲义；Sommerfeld 在慕尼黑大学的六卷本教材；Pauli 在苏黎世理工大学讲课的讲义……

在编著教材的大师中，最值得一提的是苏联的朗道和美国的费曼，为公认的最有个性的理论物理学家、天才骄子。

在物理学上，朗道的贡献是多方面的，借用摩西十诫之名，人们把朗道在物理学上的贡献总结为“朗道十诫”，这 10 项成果是：量子力学中的密度矩阵和统计物理学（1927 年）；自由电子抗磁性的理论（1930 年）；二级相变的研究（1936～1937 年）；铁磁性的磁畴理论和反铁磁性的理论解释（1935 年）；超导体的混合态理论（1934 年）；原子核的几率理论（1937 年）；氦Ⅱ超流性的量子理论（1940～1941 年）；基本粒子的电荷约束理论（1954 年）；费米液体的量子理论（1956 年）；弱相互作用的 CP 不变性（1957 年）。

费曼的科学工作也同样涉及多个领域。其中最重要的是量子力学路径积分理论，以及他以路径积分的形式写出的整个量子电动力学（QED），使之具有相对论协变的形式，并且通过重整化的方法避开了发散的困难，解决了电子的自能问题。利用这样的理论，就可以相当精确地计算出兰姆位移和电子的反常磁矩等用旧有的理论无法处理的问题。在此过程中，他还发展了在场论中十分重要的费曼图技术。今天，路径积分、费曼图已经成为理论物理学家通用的语言，恰似微积分对牛顿力学的重要性一样。

朗道的工作大多集中在凝聚态物理学，被认为是凝聚态物理学这一物理学最大分支的创建者；而费曼的工作则主要集中在量子场论，他的量子力学路径积分理论被认为是量子力学的第三种等价理论形式（除此之外还有海森堡的矩阵力学、薛定谔的波动力学；狄拉克的贡献是建立了表象理论，从而证明了矩阵力学和波动力学的等价性）。

朗道和费曼的贡献固不待言，但同时他们又都是优秀的教师、伟大的教育家。走进任何一所大学的图书馆，会发现朗道、费曼写的物理教材和讲义是最多且最热门的。这其中最被人津津乐道的当是朗道的《理论物理学教程》和费曼的《费曼物理学讲义》。

朗道著作等身，一生的著作多达120余部，内容涉及当时物理学的各个领域。其书都以论述精确和科学资料丰富为特征，立论明确，叙述扼要，结论清楚，深入浅出，一扫当时盛行的以科学为幌子故作高深的恶劣风气。据记载，朗道对他的这些著作不断修订、精益求精，所耗费的心血和精力相当于重新撰写一部新书。

朗道与栗弗席兹合著的十卷本理论物理教程，谨严精简，堪称这一领域的压卷之作。按朗道的设想，这套书用统一的“理论物理”风格，描述了一个理论物理工作者应当具备的基础知识。书中除了正文的系统论述外，还有大量习题。许多习题本身就曾是研究成果。据记载，从开始酝酿到栗弗席兹在朗道身后坚持完成计划，前后历时40多年，这是一部空前而且很可能“绝后”的巨著。

除此之外，朗道还在几个层次上撰写普通物理和理论物理的读物,《大众物理学》《普通物理教程》《理论物理教程》……

《大众物理学》是专门写给高中生和大学低年级学生的，以通俗易懂的内容、富有趣味的形式介绍物理学基本定理，使学生从小在物理方面打下良好的基础;《普通物理教程》是专门写给大学生的，乃任教之讲义（包括力学、热学与分子物理和静电学），内容别具匠心，开创物理学大师写基础物理学教材的先河;《理论物理教程》则专为理论物理工作者而作，影响了世界上一代又一代的物理英才。

费曼对物理学许多方面的发展做出富有创造性的重大贡献，随之而来的是他对物理学的透彻洞见和精辟理解。称著于世的三大卷《费曼物理学讲义》系根据费曼在美国加州理工学院的讲课录音整理编辑而成的，以生动的语言阐述他对物理概念的透彻理解，娓娓道来，引人入胜，获得众多物理学家的好评，成为整个物理学领域中被引证最多的专著，被誉为20世纪最经典的物理导引。

当时，美国大学物理教学改革试图解决的一个主要问题是基础物理教学应尽可能反映近代物理的巨大成就。据此，三卷本的《费曼物理学讲义》在基础物理的水平上对20世纪物理学的两大重要成就——相对论和量子力学——作了系统的介绍：从普通物理水平出发，注重物理分析，深入浅出，娓娓道来，如行云流水，潇洒生动，其中对一些问题的分析和处理方法反映了费曼自己以及其他在前沿研究领域工作的物理学家所通常采用的分析和处理方法，注重从物理上对基本概念、定理和定律作出深刻的叙述，是为引证最多的物理著作。同时，为了扩大学生的知识面，全书还列举了许多基本物理原理在各个方面（诸如天体物理、地球物理、生物物理等）的应用，以及物理学的一些最新成就。由于全书是根据课堂讲授录音整理编辑的，所以它在一定程度保留了费曼讲课生动活泼、引人入胜的独特风格。另外，费曼还是许多水平更高的出版物的作者，著有《统计力学讲义》《量子电动力学讲义》等供研究生使用的教材。

由是言之，朗道和费曼均在使用自己风格来叙述“全部”物理学，各有千秋。但值得一提的是，两人几乎从未执笔去“写”过这些书，他们更像是布道者在讲坛上或研究组内去讲自己的物理。朗道著作的执笔者主要是其学生及合作者；费曼的书则是根据讲课录音及学生笔记整理出来的（费曼上课一般就是拿张纸神侃）；个中情由，令人深思。

科学大师凝聚智慧编著教材，在各个领域树起一个个丰碑。其所作所为，深深地影响了冯端，并使其推崇备至，视他们为追寻的楷模、学习的榜样。他认为：“一般的大学基础课，就学科而言，早已成熟定性，但其教材总在不断推陈出新。原因就在于大师的参与，将教学和科研贯穿起来，使基础学科得以适应当代科技发展的新形势。”

二、路出寒云外，知行合一

冯端始终相信“文以载道”，认为知识分子不应满足于学富五车，更应知行合一，著书立说，传播科学，溥益众生，为社会服务。

冯端为科学尽瘁，一往情深，已近七十春秋，而投身教材建设事业凡六十余载。这位阅尽人间悲喜、静观世事沉浮的读书人，浸沉在知识里，一桌一椅，日日伏案；一笔一机（电脑），奋笔疾书；位错、缺陷、相变、结构、对称破缺、序参量、元激发、软物质等名词在其笔端流淌，满眼荡漾；一个个概念渐趋明晰、鲜活起来，自成体系；一本本著述融汇了一个漫长的时代，绵延不绝。

冯端认为：

对于写作教材本身，既是教学工作，又是科研工作。只有对一个学科比较全面地贯通之后，才能够对某些具体问题来推敲确定。

在谈了自己的实践和体会后，冯端列举研究生教材，指出：

研究生课程，大多属于正在发展中的学科，显然和科学研究密切相关，写教材就等于写专著，因为研究生的基础课程往往具有双重性质，兼具成熟学科和发展中学科的特征，其教材建设往往特别具有挑战性。

由易到难，由浅入深，教材之著述当从编著讲义着手、起步。编写讲义的重要性在于：上课的教学过程，乃是传递教师思路的过程。考虑到课堂教学这种形式的限制以及上课时学生状态各异，信息传递与接收会出现偏差，因而编写讲义，使教师的思路以文字形态存在，能有效避免偏差的出现。

自 1958 年接掌教研组（室）以来，在 1973 年进行改建时，冯端即提出要求：

当时，我希望每门课程的任课老师都要写一本教材或专著，对此，我进行了策划与指导。

冯端率先垂范，结合教学需求，为南京大学物理、天文和大气物理等专业编写了《电磁学讲义》，独辟蹊径，融进自己的教学感悟和科研体会，前联历史沿革，后接科学前沿，强调物理概念，突出物理图像，在传授知识的同时，着重培养学生进行创造性科研工作的能力，非常具有特色。

《电磁学讲义》无疑是一本巨著的雏形，但由于时局的变化，有更多的、更重要的事等着冯端去做，因而，冯端在这本《电磁学讲义》上未能跟进，殊为可惜。不然的话，在冯端的著作系列中或许将增加一本巨著。

由讲义而教材而专著，冯端所著的一系列金属物理、材料科学与凝聚态物理的科学著作，次第问世，体系自成。

在冯端的带领下，教研室各课程的任课老师皆在进行教学改革探索实践的基础上，努力尝试，多有收益。成绩之中饱含了各位老师的汗水，蓄积了著述者的辛勤努力，也凝结着冯端的一片心血。这其中，冯端付出巨大，功不可没。

事例不胜枚举，这里仅举一例——弱水三千，取一勺而知深浅，一例足矣。

1982年，身为冯端弟子的闵乃本撰写了《晶体生长的物理基础》，由上海科学技术出版社出版，是国际上第一部全面论述晶体生长的理论专著，获得学术界的好评。

这本书的成功并非幸致，巨大影响的背后，常人不甚明了的是冯端为此书不知付出多少辛劳。作为知人善任的导师，冯端从一开始就加以具体指导，不仅书名为冯端所定，而且书之架构的拟定、内容的取舍、概念的界定、关键点的确立、格局的编排、篇章的序次……无不凝聚冯端的心血，体现着他的智慧。即使在书成稿后，冯端亦认真审阅，一遍遍地反复修改，字斟句酌地为之润色、加以凝练，完全是把此书当成自己的书，所付出的精力比之作者几无差别，甚至可以说比自己的书还要用心。其后，他不仅向出版社推荐，还以自己的名义对书之科学性、物理概念的正确性等作出担保，承担责任，促成书的出版，真可谓用心良苦。这样的导师，你见过多少？

正如物理学前辈钱临照院士在为《晶体生长的物理基础》撰写书评时所说："此书成稿之后，得到冯端教授仔细审阅，详加核定，更增添正确性和色彩。"该书评充分肯定了冯端于此书的贡献。钱先生学识精湛，功力深厚，稔知冯端著述之风格和笔法，慧眼独具，故出此言。话虽如此，冯端本人，却始终绝口不提自己的功劳。

冯端经常默默地为人排难解纷，施与援手，却从不容心挂齿，向人示惠。面对这样雍穆宽厚、山高水长的君子之风，多少直接间接受过他嘘拂濡润的人，对此都由衷感佩，铭记在心！

冯端曾有一心愿，要编著一套普通物理学教材，力学、热力学、电磁学、光学……将数十年来教学、科研的经验总结、理论积淀、学术积累写出来，形诸于笔端。可惜，虽有志著述，但由于各种因素所限，未能如愿，不禁让人产生"千古文章未尽才"之慨——想起这未了的心愿，冯端时常感叹不已！

无涯惟智，冯端之著述无疑是其教学、科研成就之展示、科学探索

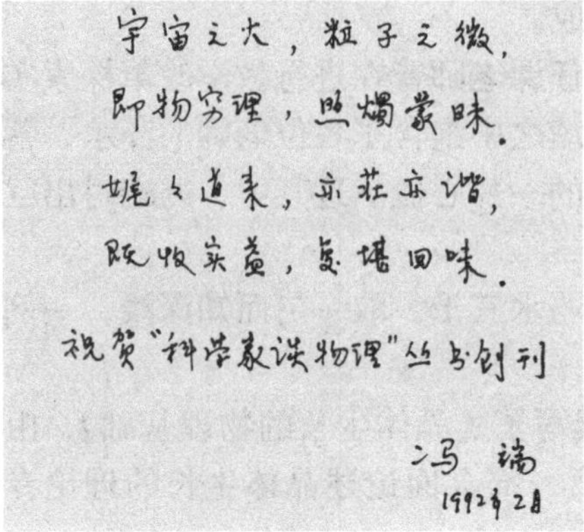
宇宙之大，粒子之微，
即物穷理，照烛蒙昧。
娓娓道来，亦庄亦谐，
既收实益，复堪回味。
祝贺"科学家谈物理"丛书创刊
冯端
1992年2月

冯端祝贺“科学家谈物理”丛书创刊的题词手稿

脉络之剖析、思想演进过程之求证，正如他1992年在祝贺“科学家谈物理”丛书创刊的题词中所写：“宇宙之大，粒子之微，即物穷理，照烛蒙昧。娓娓道来，亦庄亦谐；即收实益，复堪回味。”

在长期的教学和研究实践中，冯端撰写了多部有重大影响的科学著作，建立了新的学科体系，实现了从金属物理到材料科学、固体物理学到凝聚态物理学的两个跨越。

三、曲径通幽处，独辟蹊径

20世纪50年代末，国际上金属物理的学科体系尚未确立，其架构和内容都还没有定型，在国内更基本是个空白。按冯端当时的评估，就专著或教科书而言：

> 1949年A.H.Cottrel的 *Theoretical Structural Metallurgy* 问世，可以说是金属物理的开山之作，此书观点新颖，富独创性。问题是起点太低，迁就冶金系学生，内容也嫌简略。而G.Masing的 *Lehrbuch der Allgemeine Metallkunde* 则是脱胎于传统金属学的一本优秀的教科书，得益于K.Lucke的参与修订，使之观点现代化了，但因是德文书，故而流传不广。当时，国内最流行的是译自俄文的《金属学的物理基础》，观点陈旧，章节出自多人之手，连贯性也不足……

冯端密切关注国际学术界的情况，得出判断：金属物理，作为一门正在迅速发展的新兴学科，极富挑战性，但就目前而言“欠缺一本好的教科书”。这一状况，对于志在创新的冯端而言，很有吸引力。有感于此，身为金属物理教研室主任的冯端萌生“自己动手写一部金属物理教科书的想法”，当时教研室中有一门金属物理的教程，虽然之前冯端并未参与这门课程的教学，但其非凡的洞察力使其认识到金属物理的重要价值。

金属物理与生产实践息息相关，主要内容正如冯端在其《金属物理》绪论中所说：“在于研究金属及合金的微观组织结构和化学成分与性能的关系，从电子、原子及各种晶体缺陷的运动和相互作用来说明金属及合金中的各种宏观规律和转变过程。”

冯端定下写书决心后，便开始筹划。

因为金属物理学是一门正在迅速发展中的学科，它的体系和内容都还没有定型。在现有的一些参考书中，也找不出合适的规范可以依据——没有范本，未有先例可循，于是乎，书之体系安排、内容取舍、处理深度等颇费斟酌。

书之成败关键在于，彻底明悟五彩缤纷的金属物理世界形体构成的基本因素及其间脉络之联系。理念上，必须有所创新；体系上，则有必要企求完整。如何使书与时代同步、富有生命力？在内容结构上，如何以物理为主线，用最简洁的手段努力表现无限的丰富？

欲达到此目的，知之维艰，行之维艰。“暮云遮，雁行斜，渔人独钓寒江雪”，对冯端而言，要取得成功，也许是奢望，但总不失为一次有意义的尝试。

迎难而上，一切从头做起。当时，冯端正在为物理系学生讲授电磁学，“很自然地，电磁学这门经过众多学者锤炼过的成熟学科体系就成为构思金属物理体系的参照物。”于是，以业经千锤百炼的《电磁学》为蓝本，重点放在论述金属及合金本身的规律性上，冯端“在三年‘困难时期’，白天教电磁学这门课，夜晚则从事编写《金属物理》”。

书之内容安排上，则根据学科发展，分为合金理论、晶体的缺陷、原子的迁移、相变及力学性质五个部分，前三个部分侧重于基本规律的阐述；后两个部分则更多地接触到具体的问题。冯端力图将《金属物理》这门新兴学科加以系统化、规范化，为此，费尽心力：“在金属物理基本理论的阐述中，我们突出问题的物理模型，尽可能将各个环节交代清楚……由于学科本身的特点在于和各种具体材料的性质有密切的联系，重点也就放在晶体的缺陷和化学成分所决定的一些效应上。”详察《金属物理》（上下册）著述全过程，从中我们看到了一点，那就是冯端对科学执着的追求。

经过几年的耕耘、艰辛的探索，《金属物理》（上下册）破茧而出，由科学出版社正式出版——1964 年，《金属物理》（上册）问世（其中“扩散”这一篇为丘第荣教授所撰写），其下册也于 1966 年交稿（王业宁院士也撰写了部分篇章），但适逢“文化大革命”，狂风骤起，因而《金属物理》下册一直到1975年方始修订面世。

《金属物理》（上下册）

《金属物理》（上下册）取材新颖，架构独特，意蕴丰富，很见文字功力和学术造诣，成为国内该领域的第一部专著——专著的时代性、内容的现代性、理念的创新性、体系的完整性，使其在国内外学界好评如潮，莘莘学子视之为金属物理的“圣经”，推崇备至。

如冯端所愿，“本书可用作高等学校金属物理课程的教学参考用书外，也可以供这方面的研究工作者参考”。钱临照先生称《金属物理》一书“在物理学界脍炙人口，广为高等院校及研究人员所采用”，在培养国内专门人才方面发挥了很好的作用。日本著名学者铃木秀次于中国“文化大革命”期间访华见到此书的上册，认为内容非常现代化，能于20世纪60年代写出这套书，在世界范围内亦属难能可贵。

由是言之，冯端以选材精准、论述精辟的《金属物理》一书，给自己开辟了一条独特的成功途径，虽然这条路走得艰难，犹如“蜀道难，难于上青天”。而其所得成就，无疑更为难能可贵，也更值得珍视。

学科“圣经”之喻义，名重一时，时间愈久，愈显示其价值。“一年春好处，不在浓芳，小艳疏香最娇软。”时至今日，再看《金属物理》，仍能多少领略作者的眼底春秋、胸中丘壑，感受其时代背景，令人唏嘘不已。

四、往来成古今，与时俱进

物换星移，江山依旧；人事代谢，世代更新；科学技术日新月异，为适应新时代的要求，应出版社要求，冯端于20世纪80年代中期，主持修订了《金属物理》（上下册），在原著《金属物理》的基础上，提出新的构思和新的内容，采用了新的论述方法：“重点放在成分、缺陷和非平衡态结构所产生的效应，突出合金、缺陷、相变和结构敏感性质等方面的问题。”将其全面改写并更名为《金属物理学》（四卷本）：第一卷为《结构与缺陷》；第二卷为《相变》；第三卷为《金属力学性质》；第四卷为《超导电性和磁性》。

内容与时俱进的《金属物理学》（四卷本）

为保持连贯性与可读性，冯端对全书进行了全面筹划协调，以统一的观点和线索贯穿前后。他除负责第一、第二卷内容的主要撰写之外，还负责全书四卷的统稿、审稿，注意前后文相互呼应，以避免众多作者合作写书之庞杂失调的弊病。

标新立异，善于独创，一直是冯端最大的特点。创新是他著作的基调，写作《金属物理学》也不例外。在书前，有“金属物理学参考书目简评”，冯端用一定篇幅对当世金属物理学的十六种专著加以点评，“除介绍它们的内容外，也对其优缺点加以评述”（钱临照先生语）。

简评的着眼点侧重于作者风格、写作特色、内容要点、价值影响等方面，评说不乏精妙之论，犀利深刻，识见独到，令人信服。阅读之，能使人对国际金属物理学科有简略的了解，得以增强大局观、全局观。

此举开风气之先。正如中国物理学界的前辈钱临照院士所说：“这种体例能对读者起读书指导作用。在我国科学著作中独创此格，值得推广。”

一篇篇十分中肯的评价，一个个充溢睿智的见解，浸透着冯端的心血。著名学者聂玉昕如是说：

> 阅读过冯先生写的《金属物理学参考书目简评》，可以体会到冯先生花多少精力研读参考书目中所列的16本金属物理方面的专著和教科书，从而“吃透”了其中的每一本，并对每一本都给出十分中肯的评价。这些对于金属物理的初学者是非常有用的。

《金属物理学》（四卷本）的体系突出了物理学的主干，而将有关金属学的具体内容只是作为普遍规律的例证而纳入本书之中。

第一卷《结构与缺陷》，观点新颖，内容丰富，钱临照先生在书评中如是说：“相较于原《金属物理》版本，篇幅扩大42%，新增加的材料大都是近十几年来的新成果和新课题。”

冯端将一些大都是20世纪80年代材料科学中的前沿工作的新发现不失时机地写入书中，并在篇末启发读者对此新事物进行理论思考，诸如：在合金结构中增添准晶态合金[①]、论及非晶态合金的新发展（非晶态的研究，直到20世纪70年代开始才蓬勃发展）、各向异性的介质和非线性弹性效应[②]、表面物理的研究、超微粒[③]、复相合金微结构材料[④]……充分展示了冯端瞄准世界科技发展的前沿，科学鉴赏、把握发展方向的学术风格。

钱临照院士认为："此书虽题名为《金属物理学》，实际内容涉及固体物理学及材料科学，因此它不仅适用于金属物理专业者，而且也是固体物理学和材料科学工作者所必备之书。"此语深合冯端之意，也为他进一步实现从金属物理到材料科学的跨越埋下了伏笔。

第二卷《相变》与第一卷《结构与缺陷》不同，不再是原来版本的改写和补充，而是改弦易辙，另立体系，是为面目全新的一本新书。

之所以如此，源于"书作者体会到今日的相变不能囿于传统的金属物理中的相变范围"（钱临照书评语），诚如斯言，考虑到"在相变这一领域中，20世纪60年代以后进展迅速，某些方面已经发生了根本性的变革。"冯端认为："由于相变，为跨越各种学科的学术领域，不同专业的学者往往强调其不同的侧面……存在一条理解上的鸿沟，这显然不利于本领域的进一步发展。"

凝聚态物理学、材料科学、物理冶金学的相变所处理的对象各不相同，但亦有共同之处。第二卷《相变》致力于沟通凝聚态物理学与材料科学，填塞理解上的鸿沟，"论述中以基本物理问题为主要线索，而将各种材料的具体相变行为作为实例，穿插于各章之中，将基础理论与实际问题有机地联系起来。"

由于全书之主旨仍突出了物理问题，涉及材料的面相应地有所拓宽，除了金属与合金外，也包括某些非金属材料，特别是某些复杂氧化物，这是阐述朗道理论和软模相变的典型材料。

有鉴于此，冯端在书中专辟章节以论述金属－非金属转变，用以说明金属－非金属之间并不存在绝对不可逾越的界限。对此，钱临照院士评论说："在论述金属氧化物中涉及金属和非金属态内容时，以最新发现的高

---

① 准晶态，是1984年国外在铝锰合金中发现五重对称结构后才被确认的一种新的固态结构，我国学者郭可信等人几乎同时独立地在急冷钛钒镍合金中发现了准晶态。

② 20世纪70～80年代的新发展课题。

③ 材料科学中的新篇章。

④ 讨论当前两相合金的微结构、外延生长的薄膜、调制结构等新课题。

临界温度超导体为例，说明金属、非金属间并不存在绝对不可逾越的界限，举例恰当而生动。”

冯端谈及《相变》之写作主旨：

由于我们在写作中兼顾凝聚态物理学与材料科学这两方面的问题：既要重点论述一些已经确立的基础理论，又要适当介绍新近的发展，还要顾及在材料科学发展中所起的作用，这一任务显然是相当艰巨的，也缺乏先例可循。因此，不论在体系建立、素材取舍与处理的方式上，都是屡经斟酌、反复推敲的。要取得成功，也许是奢望，但总不失为一次有意义的尝试。

作为尝试，尽管知其成功也许是奢望，但勤于耕耘的冯端，“明知山有虎，偏向虎山行”，接受种种难以预料的磨炼与考验，不断迎难前进，闯荡出一条成功之路。

《金属物理学》(第二卷)《相变》密切沟通凝聚态物理学和材料科学，适应性超出了传统金属物理学的范围，得到国内外学术界高度赞誉，钱临照院士评价道：“迄今为止，除了 J.W.Christian 所著的相变专著之外，在国际上尚未见有论相变广度与深度像《金属物理学》(第二卷) 这样的专著。”

在赞誉面前，冯端保持有清醒的认识，他在《相变》卷的序言中说：“严格说来，本书已超出传统的金属物理学的范围，称之为‘材料物理学’的‘相变’卷似乎更为恰当。”

数十年后，冯端在回忆文章《执教六十年的回顾》中说：

回想当时已经有了将金属物理学改写为材料科学的想法。特别在第二卷也进行了一些跨越，涉及一些非金属材料的相变问题。但由于任务太紧，精力不济，不敢全面突破原来的框架，不免有些遗憾。

值得一提的是，《金属物理学》(四卷本) 相继问世的同期，又一部巨作悄然出炉——1995 年，冯端主编的《固体物理学大词典》由高等教育出版社正式出版，计 292 万字，中国固体物理学词汇体系为之确立。这其中，冯端倾注了大量心血，无愧为主要奠基人之一。

确立了中国固体物理学词汇体系的《固体物理学大词典》(中文繁体版)

1998年，经高等教育出版社授权，《固体物理学大词典》中文繁体版由建宏出版社（中国台湾）出版。

五、行到水穷处，融贯论述

有遗憾，须补偿。世纪之交，出现了一个弥补遗憾的机遇，师昌绪院士倡议编写一部《材料科学导论》，推荐冯端担任主编来具体实施。2011年，著名材料科学家师昌绪院士在《在人生道路上——师昌绪自传》中回忆道：

鉴于我国材料科学界对基础研究重视不够，在化学工业出版社的要求下，由我出面邀请了材料物理学家冯端院士主持编写了一本《材料科学导论》，深入浅出地对材料细微结构与性能做了融贯的论述，2003年该书出版，我是副主编之一。

材料科学是国民经济发展的基础和先导，也是人类技术进步的标志。作为一门新兴科学[①]，它经历了从金属、陶瓷到有机高分子和各种复合材料，从结构材料到功能材料的发展历程。材料科学包罗材料万象，材料品种繁多，涉及的分支学科又多，加之以新学科从形成到成熟还有个过程，传统的材料科学著作反映这一过程，流于分门罗列、兼容并蓄，而未能熔铸成一整体。故现有材料科学教材，大都拘泥于传统的发展史，分块叙述，比较杂乱，缺乏学科的系统性和整体感。

中国金属材料科学元老柯俊院士指出：

虽然当今材料科学界名家辈出，各分支名作丛书涌现，但由于发展阶段不同，思维方式各异，系统、全面、扼要和综合地阐述材料科学的发展理论和应用难度极大；促进学科交融、思维创新的专著和教材尚属阙如。

师昌绪院士倡议的背景正是基于“迄今为止，在全世界范围之内，尚欠缺一本能够概括材料科学的众多侧面，而又井然有序，条理清楚的著

① 直到20世纪中叶，材料才作为一门科学正式面世。

作。”（冯端语）

“英雄所见略同”，多年来，冯端相当关注材料科学的发展，并不断促进材料科学和凝聚态物理的融合，与师昌绪院士的倡议不谋而合。承其好意，冯端接受师昌绪院士的建议，付诸实施。“早占取韶光共追游，但莫管春寒，醉红自暖。”

世纪之交，学科的交叉融合正在加速进行，这就为将材料科学融贯成为一门成熟的学科提供了必要的基础。在共同商议达成共识后，冯端与师昌绪院士、刘治国教授共同主编撰写了《材料科学导论——融贯的论述》一书，这是他们为材料科学理论发展所做出的重要贡献。同时，也使冯端得以补偿当年撰写《金属物理》时未能跨越到材料科学的缺憾。

对于《材料科学导论——融贯的论述》的编撰之宗旨，冯端在书之序中如是说：

> 此书力图超越块块分割的传统处理方法，引入了连贯统一的理论框架来概括不同类型材料丰富多彩的特征。希望能够做到充分反映材料的多样性，又体现了科学在概念上的统一性。

诚如斯言，冯端抓住了机遇，迎接挑战，使这本书最终成为“既可以作为入门的教科书，亦可供研究工作者参考，还可以在一定程度上视为其对于材料科学整体化观点的一部著作。”

《材料科学导论——融贯的论述》突破传统写法，贯通材料科学——突破了将材料科学分为金属、无机非金属（陶瓷）和高分子材料三大板块的传统写法，抛开不同材料的个性，用统一的基础框架，即材料的结构、材料的物性、材料制备的科学基础和展望材料前沿四部分概括不同类型材料的共同基础知识，对材料科学进行融会贯通的论述：首先，揭示了理解材料结构的主要线索，然后分别讨论了晶态（包括了准晶）和晶态以外（包括玻璃与软物质）的结构，接着讨论材料的实际结构，其中包括了点缺陷、位错与向错、表面与界面以及多层次与非均质结构。而在介绍了理解特性的必要理论基础之后，又逐章论述了输送性质、磁性、超导电性、光学性质与力学性质。同样，在简单介绍材料制备技术之后，分章论述了相图与固相反应及相应的基本原理；进而论述了材料制备的前沿问题，诸如外延生长、生长界面的稳定性（枝晶与分形生长）和软物质的自组织。最后，分别对材料表征、材料设计、计算相图和新材料探索等方面的前沿进行了综述和展望。

由是言之，《材料科学导论——融贯的论述》一书无疑实现了原先的设想，确乎完成了预定的目标，事半功倍，成效卓著，在材料科学的发展上留下厚重一笔。柯俊院士对此如是说：“《材料科学导论——融贯的论述》一书填补了重要空白，对材料科学、材料工学与材料工程的发展与创新将起关键作用。”

实现从金属物理到材料科学跨越的《材料科学导论——融贯的论述》

冯端，不仅策划了全书的格局，还亲自撰写了许多关键章节，又一次担当了“合唱团指挥兼领唱”的角色。

冯端不善音乐，但深谙其道。一个优秀的合唱团指挥，有其特质：一要吃透作品，把握其主题，挖掘内涵，关注表现手法及艺术特色，对旋律要烂熟于心；二要组织好排练，既要唱准，又要唱美；不仅需要注意塑造隐藏于乐谱中的音乐形象，正确体现和表现作者的创作意图；同时，还要做到整体音色一致而又统一，突出共性，做到声部平衡；三要处理好高潮且要注意起拍与收束；四要设计好自己的指挥动作，力求做到省、准、美。

音乐指挥言特质，为学亦若是，著述之韵致概乎其中。韵乃自书卷中得来，趣必从个性中表现。若论冯端著述各臻其妙，在于运思也。其所为著作至今犹存极高学术地位，真实表现其艰苦结实之治学态度与方法。以抵于成，在得力于博览群书、广收资料，由博返约。在进行探讨的基础上，文有据，典有征，古今中外运我笔底，则为尚矣。故言著述之学，其识不可不广，其思不可不深。

冯端是一个好的学术带头人，能感召他的合作者倾心效力。在冯端的指挥与领唱下，有众多优秀学者（包括研究生）参与和协作的团队亮相于科学舞台，高水平地演绎出不同风格的曲目。

冯端认为，“一部 4 篇 29 章 741 页 86 万字的大书，在不到一年的时间就编写成功，异常顺当。”此书视野开阔，论述融贯，内容新颖，将纷繁复杂的材料纳入连贯统一的理论框架之中，既充分反映了材料的多样性，又体现了科学在概念上的统一性。

《材料科学导论——融贯的论述》一书正式出版后，好评如潮，深获国内行家的肯定，获2005年国家级教学二等奖。

柯俊院士著文评价：

这本富有新意的书在内容选材、章节安排上有以下的特点：①各章节尽可能从现象和应用出发，或从理论发展、现象的分析出发，深入讨论，启发创新思维。②基础理论与材料性能和应用密切结合。③内容叙述和理论推导清楚易懂，图文并茂，引导和激发读者深入探讨和创新的愿望。④注意引用我国科学家的研究成果，增强读者的自豪感、创业信心和愿望。⑤不仅对材料科学的基本知识、基础概念和理论给出清楚的原理性描述；并且对学科的研究方法进行了探讨，对未来的前景进行了展望。它不仅对材料科学与工程的理论和实践工作者会有很好的启发的作用，而且由于结合当前高等学校理工科本科和研究生教学改革对加强基础、拓宽专业的需要，使该书能给学生广阔的事业视野，启发其对材料学科的兴趣和从事该学科工作并进行创造性探索的信心和积极性。

中国无机陶瓷材料科学元老严东生院士则投书报端，于《中华读书报》上以“材料科学，一种融贯的论述——评《材料科学导论》”为题，评论道：

20世纪90年代将“材料科学与工程”的内涵概括为组织与机构、合成与制备、性质、使用效能等四个相互紧密关联的要素，很好地把不同类型材料的共性统一在一个共同的框架之内。然而若干年来，不同的材料工作者，基于自己的工作背景，往往又限于某一类材料对材料科学进行论述，如金属材料科学、无机非金属材料科学、有机高分子材料科学等三大板块，仍然存在着分割现象，而难于体现完美的整体感。本书《材料科学导论——融贯的论述》的三位主编突破了上述界限，跨越了一些障碍，从材料科学的整体出发，在一个理论框架下，概括了各种材料丰富的特征，实现了本书副标题所示“融贯的论述”，为国际材料科学界增添了一本难得的好书”……这本书是从事各方面材料科学工作者的好参考书，也是高等学校教师、研究生与高年级学生的重要参考材料。

柯俊院士认为：

审视材料科学发展的历程，可以预期：《材料科学导论——融贯的论述》一书的出版将会对我国材料科学的发展，对材料工程师素质的提高，人才的培养，新领域的开拓发挥深远的作用……我相信《材料科学导论——融贯的论述》的编写、出版和未来与时俱进的再版，将在我国甚至国际上，发挥划时代的作用，培养出几代新的材料工作者和富有创新意识的材料科学家、材料工程师和新的学科方向。

《材料科学导论——融贯的论述》一书将金属物理、陶瓷物理及高分子物理融为一体，建立了融贯论述材料科学的新体系，实现了从金属物理到材料科学的跨越。

第八章

远随流水香，建构体系

在实现从金属物理到材料科学跨越的同时，冯端亦实现了从固体物理学到凝聚态物理学的跨越。

自 20 世纪 80 年代以来，冯端耕耘于凝聚态物理学领域，积极推进其发展，撰写了一系列文章来探讨并阐述凝聚态物理学的问题。他认识到凝聚态物理学已越出固体物理学的概念框架，两者在范式上存在差异，传统的固体物理学教科书与近代文献间存在鸿沟，需要探索新的范式、建立新的学科体系。为此，他针对当代凝聚态物理学研究前沿、填补传统固体物理学领域与当代凝聚态物理学研究前沿两者之间的空白、科普三个层面著述诠释。

一、清泉石上流，概念一统

凝聚态物理是涉及面很广而又充满活力的学科，两次诺贝尔物理学奖得主巴丁 (J.Bardeen) 曾不止一次将凝聚态物理比作“一棵根深叶茂的大树，有些枝干会成熟、干枯，但会不断冒出新芽，长成新枝，开花结果。”这样的描述十分生动贴切，是其真实写照。

凝聚态物理学是研究凝聚态物质的微观结构、运动状态、物理性质及其相互关系的科学。就历史发展而言，冯端在《凝聚态物理学：教学与教材建设》中如是说：

> 凝聚态物理学，是随着研究对象的扩展、实验手段的提高和理论处理的深入，从固体物理学发展而来的。从本质上看，固体物理学是研究三维无限大周期结构中波的传播问题，而凝聚态物理学面对的是更为复杂的多层次的相互作用系统。伴随着传统固体物理学向凝聚态物理学的转变，科学工作者发现了许多新奇的物理现象，为解释这些现象又提出了许多全新的物理概念，并动用和发展了各种有效的理论工具。于是，研究成果层出不穷，日新月异。

随着凝聚态物理学的发展，从事研究的人员越来越多，队伍逐步扩大，培养凝聚态物理学高层次人才的要求日益迫切。于是，冯端将注意力转向了凝聚态物理学的教材建设。

1925年左右，量子力学建立起来，运用其研究固体，建立了能带论，成为固体物理和半导体、微电子技术的理论基础。之后，由于实验技术突飞猛进式的发展和量子场论方法的广泛应用，凝聚态的研究进入了一个全新的阶段，在高度概括实验现象的基础上形成了一系列深刻的理论概念，包括对称破缺、序参量、元激发、标度律、重正化等。按冯端的说法，这些概念构成凝聚态物理的新“范式（Paradigm）”。

所谓“范式”，是用来表征一个科学研究领域中的一些基本问题和方法，可以让后来的人按此进行发展。换句话说，范式就相当于搭起了学科的一个架子，其中的具体问题就可以让科学家来进一步研究发展。

20世纪80年代初，冯端阅读到美国学者T.S.Kuhn所著的《科学革命的结构》（*The Structure of Scientific Revolution*）一书，书中提出了范式在学科中所起的重要作用，令他颇受启发。由此，他联系到从传统的固体物理学向凝聚态物理学的过渡，当然也涉及相应的范式转移或变化，除了研究对象的扩大之外，还有一个概念体系的深化问题，不仅是内容范围的拓展，也涉及学科范式的重建。

早在1983年年初，冯端即著文《凝聚态物理的回顾与展望》，指出：

凝聚态物理尽管丰富多彩，头绪万千，但并不显得支离破碎，杂乱无章。这要归功于一些贯穿始终的基本概念，如破缺的对称性、序参量、元激发等。这些概念主要是在20世纪三四十年代由朗道提出来的。但其重要性一直到20世纪60年代以后才为人们充分认识和体会。特别是安德森又对此进行了阐述和发展。当然朗道的具体理论也不免有错误和不足之处，也得到了修正和补充。正如巴丁所指出的，这些概念的有效性并不限于凝聚态物理，也能扩充应用于各种差别很大的领域，如核物质、弱和电磁相互作用、基本粒子的夸克结构，以至于天体物理中的某些问题，反映了物质结构的概念的统一性。

1984年，国际知名的凝聚态物理学家、1977年诺贝尔物理学奖获得者安德森(P.W.Anderson)的《凝聚态物理学的基本概念》（*Basic Notions of Condensed Matter Physics*）一书问世，用200余页的篇幅，高瞻远瞩，在高层次上对凝聚态物理学进行了统一处理，清楚论述了凝聚态物理学的概念体系。

冯端亦于1987年在《物理》上撰文，以《学习凝聚态物理学的一本好书》为题，极力推荐：

这是一本具有高度独创性的划时代的著作，同时也反映了一位大科学家对凝聚态物理学中若干根本性问题的见解和思索。……安德森在凝聚态理论的广泛领域内作出了许多贡献，诸如无序体系理论、磁性杂质的电子理论、软模相变理论、约瑟夫森效应、超流He3理论、电导的标度律等，方面之广与贡献之大，都是令人惊异的。他也和理论上的先驱者（L.D.Landau）相似，不仅在许多具体问题上做出了独创性的工作，而且也致力于基本物理概念的提炼、澄清、发展和深化，从而对凝聚态物理学的一体化作出重要贡献。《凝聚态物理学的基本概念》这本书就是这方面的见证。书中对凝聚态物理学的许多基本概念，如对称破缺、元激发、广义刚度、缺陷、解析性与连续性、重正化群等，进行了精辟而富有启发性的论述，正是这些概念体现了巴丁（J.Bardeen）教授所说的"物质结构在概念上的统一性"。

冯端认为，读此书"有豁然开朗之感，使得原以为各不相干的问题之间建立了内在的联系，对于凝聚态物理学的一体性有了深刻的认识。"

冯端从中感受到，凝聚态物理学不仅是固体物理学的延伸，而且是按照新的方式进行了学科的重建。这进一步坚定了自己的理解。他的"目标在于填补传统固体物理学课程与当代凝聚态物理学研究前沿这两者之间的空白，将固体物理学开拓、延伸和深化为凝聚态物理学，且仍然保持入门教科书的特色：既保持学科的整体性，也容纳了许多新近的进展，并使得这些新进展不像是从天上掉下来似的，而是学科本身概念体系延伸发展的必然后果。"

然而，安德森的《凝聚态物理学的基本概念》十分简要，是为行家里手而写作的，虽然专家们可从这本富有创见的书中得到许多启示，但一般学者并不容易读懂。正缘于此，从1983年起，冯端即开始关注凝聚态物理学的概念体系方面的问题，将其与自己的科研任务结合，对之进行了较为深入的探讨，并将其结果整理成一系列的文章发表在主要的物理杂志上。

在文章总结概括的基础上，冯端经教学、科研实践的检验，再加以整理充实增补和撰写，完成了前沿、主体、科普三个层面的著述，演绎阐释，将诺贝尔物理学奖得主安德森（P.W.Anderson）所提出的一些基本概念，加以阐明充实，建构凝聚态物理学理论体系，独树一帜，称著于世，为推动凝聚态物理的研究和发展起到了重要作用。

二、十年磨一剑，前沿探索

如何将这些新概念体系融会贯通并体现在一本具有可读性的教材之中，是一项非常艰巨的任务。

在广泛阅读、深入研判的基础上，冯端认为：

虽则当代凝聚态物理学内容丰富，显得纷纭复杂、光怪陆离，但由于物质结构在概念上的统一性，凝聚态物理学还是可以被组织成自洽的逻辑结构，因而撰写一本系统论述其理论框架和主要内容的教科书的时机业已成熟。（至于著述）我们的工作在于澄清固体物理学与凝聚态物理学在概念体系上的共同之点和差异之处，并对它们作清晰的表述，使得这些基本概念具体化，再用实例阐述，放到合适的上下文之间。我们面对了极其艰巨的工作：根据物质结构统一性的概念线索来建立循序渐进的理论框架，再将从篇幅浩瀚的资料中提炼出来的内容充实其中，组织成为具有系统性和可读性的文本。

冯端也清楚地认识到：

由于人们对两者的学科分界缺乏明晰的认识，再加上不熟悉凝聚态物理学所引入的用以统一理论框架的新概念体系，因而，虽然已有不少优秀的固体物理学教科书，对于凝聚态物理学的教材也有一些卓有特色的尝试，但覆盖全面且条理清晰、便于理解的凝聚态物理学入门教科书尚付阙如。这一令人遗憾的情况特别清楚地表现在传统的固体物理学教科书与当代凝聚态物理学研究前沿之间出现的巨大鸿沟。

由阐述、探讨的系列文章始，而介绍，而综述，再到著述，至系列著作次第问世，时间长达三十年。这其中有诸多的偶然，偶然之中有必然，在从偶然到必然过程中起决定性作用的，是冯端作为发现者的责任感、知识储备、正确的研究方法和持之以恒的研究工作。“长期积累，偶然得之”，作研究不妨记住这句话。

漫漫著述路，缘起于一次报告、一篇文章，长达三十年的系统论述和编著凝聚态物理学的经历实发端于此。

1983 年年初，应钱临照先生之邀，冯端于中国科学技术大学讲授位错理论这门课，历时一个月左右，课程结束后，钱老又嘱冯端为更广泛的听众作一场大报告。虽然冯端事前毫无准备，但不容推辞。讲什么？怎么讲？他经过思考，定下两条主线，一是试想依循钱先生的榜样（钱先生倡导用历史观点来看一些当今的科学问题，且率先垂范，身体力行），从较长的历史观点来察看凝聚态物理学如何从固体物理中发展出来的问题；二是依据安德森于1982年在清华大学作“对称性破缺”的讲稿，（即他后来出版的《凝聚态物理学的基本概念》一书的第二章），谈启示、论思考、说理解。

据冯端回忆：

安德森之书问世于1984年，但安德森1982年访问中国，在清华大学讲学，曾经拿这本书的具体内容在清华作过报告，当时有一个打印的讲稿。我后来把他关于对称性破缺的一章打印稿与后来在1984年出版的《凝聚态物理学的基本概念》作过对比，其内容是一字不动的，即表示1982年安德森在清华大学讲学时，这本书大致上已经写好了。

巧合的是，冯端来合肥前刚好拿到了安德森在北京清华大学讲学时的“对称性破缺”之打印稿，带在身边，原想有空时看看，此刻正好应急。当晚，冯端临时抱佛脚，阅读安德森的“对称性破缺”讲稿，整理出几条基本思路，拟了一个提纲。第二天作报告时，则临场发挥，在讲台上边思索边发言，即英语中的“thinking aloud”（高声思考），由于中国科学技术大学师生的默契和配合，这次题为“凝聚态物理的回顾与展望”的报告得到意料之外的热烈响应，承钱先生赞许，认为值得发表，并嘱中国科学技术大学研究生根据录音整理出初稿，复经钱老与俞文海教授对初稿进行审阅。由于钱老的鼓励与期许，冯端遂将此稿做进一步认真修改，方始定稿发表，时为1984年。

时隔二十年，忆及此事，冯端在文章中写道：

中国科学技术大学的同学和老师都是非常优秀的，所以在这样一个场合作报告，对我来说是一个很好的机遇，把我在当时对凝聚态物理学的理解催化结晶了。

事出偶然，又是为必然。个中关系，不言而喻。重要的是，一个报告、一篇文章，《凝聚态物理的回顾与展望》，以此为起点，冯端开始了对于凝聚态物理学进行系统论述和撰著，并成为其后二十余年来的一项主要工作。

同样得之于偶然，又透出必然。1987 年 11 月，冯端在无锡召开的中国科学院数理学部会议上作报告，综述近十几年来凝聚态物理学的一些重要发展动向，新的有序相的探索与研究、低维体系与无序体系的物理学、人工微结构材料及其物理学，概括论述总的发展趋势，结合此后于中国科学院物理研究所所作的两次报告，整理而成《当代凝聚态物理学的发展》一文，刊登在《物理》杂志上，结果被誉为“一篇高水平的综述凝聚态物理学发展的文章”。

此前，冯端还在《百科知识》（1987 年第 3 期）上发表了《从固体物理学到凝聚态物理学》一文，简略地描述了固体物理学向凝聚态物理学的过渡历程。继而，连续发表《凝聚态物理学与量子力学》（《物理》2001 年第 5 期）、《凝聚态物理学：过去、现在与未来》（《南京大学学报（自然科学）》1999 年 12 月特刊）、《凝聚态物理学中的基本概念》（《物理学进展》2000 年第 1 期）等一系列评述性论文，纲领性地总结了凝聚态物理学的发展方向。

根据物质世界的层次化来说明凝聚态物理学在当今物理学中所处的地位，并阐述了复杂与简单的辩证关系，来说明为何这一学科至今仍然富有生命力；进而对这一学科的范围进行了讨论，强调了位形空间和动量空间中都存在多种类型的凝聚现象，而相应的凝聚体构成了这一学科的研究对象；还探讨了处理凝聚态理论问题的量子物理与经典物理方法有效领域的界限与分野；最终对此学科的发展历史进行回顾，并追溯和剖析了其概念体系的演变，从而揭示了分别对应于固体物理学和凝聚态物理学的两种范式，用以帮助学习、理解和研究当今的凝聚态物理学。

这些有关凝聚态物理学发展的介绍性、综述性文章，有益于将凝聚态物理学的概念体系融会贯通，并体现在一本具有可读性的教材中，为冯端的著述奠定了基础。

1989 年 11 月，冯端应邀于第五届全国凝聚态理论与统计物理学术会议（中国南京）上作题为“凝聚态物理学新进展”的报告。当时，应会议主持人的要求，冯端将其比较关心的凝聚态物理学的新发展列出八九个问题，在会上作了一个介绍性的报告，综述凝聚态物理学近几年来的重要进展，列举了一些事例予以阐述。会上响应热烈，反映很好。

场景依然是会议，又是一个偶然中的必然，正应了“凡是已然的都是应然的”。

其后，冯端又在几个不同场合作了同题的报告，相应有所调整和修改。许多听众建议将此报告公之于世，冯端遂有心将报告充实整理。

于是，他与合作者金国钧教授共同努力，查证大量原始文献资料，丰富充实具体内容，写成了长篇综述《凝聚态物理学的新进展》，在《物理学进展》期刊上分三期连发。

对于写作过程，冯端介绍说：

我们先对学科当今发展的情况作了一些一般性的了解，并批阅了美国国家科研委员会（National Research Council）邀请众多专家编写的《九十年代物理学》中的《凝聚态物理学》卷，也觉得众说纷纭、头绪繁复；于是回过头去分析学科发展的历史进程，探索学科范式（paradigm）的建立、演变和重建，梳理出一些基本线索；再来观察分析目前发展的动态，就有豁然贯通之感。

三篇长文中，第一篇涉及的主题是对固体物理学与凝聚态物理学的“范式”进行探讨，对金属氢、重电子金属及氧化物超导体等新有序相探索与研究的近况作一概述；第二篇主要关注的问题为非周期结构与低维体系的物理学，讨论无序体系中经典波的局域化、分形结构的动力学行为、准周期结构的能谱、量子霍尔效应、二维熔化、有机导体与超导体等课题；第三篇所涉及的主题则为细小体系及凝聚态中的非线性现象，讨论的问题包括：介观系统中的量子相干性和电子输运、团簇的幻数和壳层结构、离子阱中库仑团簇的类相变行为、魔梯、自组织临界性和非平衡态流体中空时图样的形成与演化。

长篇综述《凝聚态物理学的新进展》共约 31 万字。著名学者吴自勤教授认为：

整篇综述可以说是博大精深，仔细阅读之后，将能全面地了解凝聚态物理学的新进展，并且能对固体物理的建立和发展到凝聚态物理的概貌有所体会……从这篇高水平的综述可以看出：凝聚态物理从深度和广度上已远远超出传统的固体物理，新的范式和概念不断涌现，层出不穷，并且仍在蓬勃发展之中。

1990 年，冯端以此文稿为教材，在南京大学物理系为研究生开设课程“凝聚态物理学新论”，此系冯端倡导、在国内高校中首次开设。1991 年，又据此在南京凝聚态物理学秋季讲习班上作系列报告，多方面、多层次征询意见。

根据反馈意见，冯端与合作者“对文稿进行了修改、调整和补充，增加内容约 1/4，重点对导论部分充实内容，以增加可读性；另外还新写了一篇后语，综述一些最新的发展。”

1992 年 12 月，专著《凝聚态物理学新论》由上海科学技术出版社正式出版。这是冯端所构建的凝聚态物理三层面学科体系的第一层面——研究前沿层面，旨在“所试图解决的问题，即在于填塞教科书与前沿文献之间的鸿沟，以便于有一定基础的科学工作者，得以了解当前动态，追踪学科前沿，从而选择有意义的研究课题。”

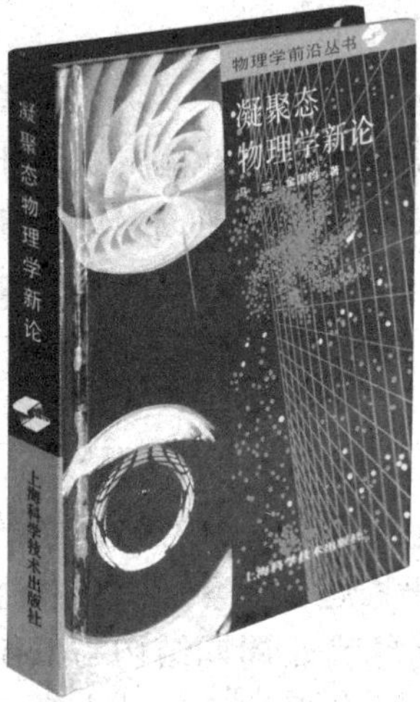

《凝聚态物理学新论》完成了前沿层面的凝聚态物理学概念体系的演绎阐释

《凝聚态物理学新论》针对当代凝聚态物理学的研究前沿，探讨作为凝聚态物理学理论框架的概念体系之形成和演化，对所谓的范式进行阐述，强调对称破缺的核心作用，用统一的理论框架分析凝聚态物理学的具体内容，并以此为线索综述其热点问题和新进展，具有高度独创性，完成了前沿层面的凝聚态物理学概念体系的演绎阐释。

武汉大学田德诚教授列举了书之特点：

> 通读全书，可以说作者在这方面的努力是相当成功的。特点之一就是从讨论固体物理学和凝聚态物理学的“范式”开始的……作者受 Landau、Anderson 等大物理学家的启发，开宗明义地提出凝聚态物理学的范式问题，使读者在更高层次上高屋建瓴地理解凝聚态物理中的一些新问题。第二个特点是对凝聚态物理学的进展特别是 20 世纪 80 年代甚至 90 年代初的新进展，作了扼要但又较全面的总结与讨论……第三个特点是文献丰富、材料新颖。作者以十分敏锐的眼光，抓住重点，就 20 世纪 80 年代以来国际上研究的热门课题，进行了比较系统的介绍，并列出了丰富的最新重要文献。有志于从事凝聚态物理前沿问题研究的人，在阅读本书后，再按列出的原始文献按图索骥，即能很快掌握国际动态，选择自己的目标。

《凝聚态物理学新论》总结了冯端几十年来在凝聚态物理方面的研究

成果和国际上在该领域内取得的最新进度，同时也提出了凝聚态物理学进一步的发展方向。全书内容渊博精深，通篇表叙严谨流畅。此书出版后，影响极其广泛，并深受好评。好书必然有好市场，本书一时供不应求，遂令“洛阳纸贵”。专业理论专著能如此受欢迎，书的价值可想而知。

《凝聚态物理学新论》相继荣获华东地区科技出版社优秀科技图书一等奖（1993 年）、国家教育委员会优秀教材一等奖（1995 年）、国家科学技术进步奖二等奖（1997 年）。

田德诚教授认为：

阅读本书后，我认为这是近年来凝聚态物理方面一本非常好的书……据我所知，类似这样较全面地总结凝聚态物理最新进展的《凝聚态物理学新论》一书，在国外还没有一本。……这是一本值得向广大读者特别是有志于在凝聚态物理学前沿进行科学探索的年轻科技工作者推荐的好书……本书对在其他领域工作特别是那些从事材料科学研究、对凝聚态物理最新发展有兴趣而又无暇涉猎前沿问题的大量文献的人也有很大启发和帮助。

三、山随平野尽，主体深化

冯端所构建的凝聚态物理三层面学科体系的第二层面，是为填补传统固体物理学领域与当代凝聚态物理学研究前沿两者之间的空白，将固体物理学开拓、延伸和深化为凝聚态物理学。

为此，冯端在介绍、综述凝聚态物理学发展系列文章的基础上，则另起炉灶，开设“凝聚态物理学导论”课程，从基本问题讲起，边讲授、边修改。

概略言之，课程开设有多期，冯端与合作者金国钧教授一起，先是于 1992 年前后在南京大学开课讲授，征询意见得到反馈后，修改完善，书之雏形浮出水面，这是一。继而，于 1996 年，冯端应清华大学顾秉林教授之邀，到清华大学讲课。得此机缘，冯端较为系统地用此书稿整个讲了一遍，进一步梳理了概念体系，也向外展示了书之城郭形象，乃是二。教学践行，冯端自我感悟之余，广泛征求意见，锤炼推敲后，又于 1998 年南京凝聚态物理学暑期讲习班上进行讲授，则是三也。著作即此在实践中得以完善，冯端于《凝聚态物理学》后记中写道：

正是我们进行写作的时期，凝聚态物理学又经历了多方面重要的进展。我们在笔耕不辍的过程中，有幸进入如此广阔而变化的大千世界，面对绚丽多彩令人目不暇接的众多事物，我们虽抑制不住内心的喜悦，但依然潜心而行，矢志于解读和梳理重要的实验和理论的发现，用以构筑凝聚态物理学的宏伟大厦。

《凝聚态物理学》当是一部具有高度原创性的科学著作，内容十分丰富，先进性和创新性固不待言，挑战性更是突出，需要查询、阅读和分析、消化大量的原始资料，其撰写工作相当繁重和艰巨，难度极大。经冯端与金国钧教授全身心的投入、超常规的努力，花费 20 年的工夫，鸿篇巨制终于完成。

《凝聚态物理学》由高等教育出版社出版，分上下两卷，共 170 万字，系统全面地讲述了凝聚态物理的发展过程和最新进展，分析了继续开拓的动向，也提出了不少没有解决的问题，有待进一步研究。孙鑫院士认为：“这是一部了解这一物理领域的‘百科全书’，使盼望已久的同行们如愿以偿。”

《凝聚态物理学》(上卷)，率先于 2003 年面世，共 76 万字，其内容分为四部分，一是凝聚物质的结构，论述晶态物质的结构对称性和构筑原理，并延伸至晶体之外，涉及合金、玻璃、液晶和聚合物，以及非均质物质；二是各种物质结构中波的行为，从论述周期结构中波的传播出发，分别加上准周期性、表面和杂质，以及无序带来的影响，特别强调了不同结构和条件下电子的动力学和输运性质；三是键、能带及其他，围绕电子结构这一重要主题，分别论述了在不同场合下键和能带途径的有效性，以及在处理强关联电子系统时的局限性，也指出了可能的改进方案，进而对纳米结构的电子性质进行了论述；四是相变和有序相，利用唯像的 Landau 理论，突出对称性破缺这一核心概念，为各种不同的相变类型建立了统一的理论框架，进而分别论述结构相变、磁有序相变和超导、超流相变，兼顾到宏观和微观的描述，考察与更广义的遍历性破缺有关的相变。

《凝聚态物理学》(上卷)
英文版

2005年，《凝聚态物理学》(上卷)的英文版在新加坡世界科学出版社（World Scientific Publishing Company）出版，名为*Introduction to Condensed Matter Physics (vol.1)*。

《凝聚态物理学》(上卷)，根据物质结构统一性的概念线索来建立循序渐进的理论框架，再将从篇幅浩瀚的资料中提炼出来的内容充实其中，保持学科的整体性，也容纳许多新进展，将凝聚态物理学组织成自洽的逻辑结构，内容更为完备、系统更为完整，达到从固体物理学到凝聚态物理学的衔接和跨越。

正如著名物理学家于渌院士撰文所述：

20世纪50年代以来，凝聚态的研究进入了一个全新的阶段。在高度概括实验现象的基础上形成了一系列深刻的理论，包括对称破缺、序参量、元激发、标度律、重正化，等等。按冯端和金国钧的说法，这些概念构成了凝聚态物理学的新范式（paradigm）。他们的这本专著《凝聚态物理学》正是以这些范式为纲，把涉及面非常广泛、内容非常丰富的凝聚态物理发展现状高瞻远瞩、深入浅出地展现在读者面前。……这本书有两个非常显著的特点，一是内容新颖，二是覆盖全面。

在列举该书之创新点、独到及精彩之处后，于渌院士作如下论定：

对于刚进入凝聚态物理研究的年轻学者，包括研究生和博士后，以及想扩充自己研究领域的有一定经验的科学工作者，最大的困惑是如何在浩如烟海的文献中找到最新的发展动向和运用最少的时间准备必要的背景知识。用巴丁（J.Bardeen）的比喻说，就是如何了解凝聚态物理这棵根深叶茂大树的各个枝干的概貌和它们之间的内在联系。从某种意义上说，对于新手，凝聚态物理是一座“迷宫”，他们最需要的是指引方向的路标。《凝聚态物理学》勾画了一幅准确、详尽的地图，对他们来说是非常珍贵的。……每个人的知识都有一定的局限性，要编写这样一本巨著需要非凡的勇气和献身精神，值得大家钦佩。冯端先生与金国钧教授的辛勤劳动已经结出了硕果，我们诚心地向广大读者大力推荐，请大家来共同分享他们的辛勤劳动成果。

中文版、英文版的《凝聚态物理学》(上卷)相继出版，得到了国内和国际学术界的关注和推重。随之而来的，当然是对该书下卷的期望。

《凝聚态物理学》(下卷）于2013年出版，共计90万字，延续了《凝聚态物理学》(上卷)的特点和独到之处，继续在把握从固体物理学到凝聚态物理学历史发展脉络的基础上，系统论述学科所涵盖的丰富内容，进一步将元激发、临界现象、织构和拓扑缺陷，以及远离平衡态的非线性现象等诸多方面的内容，融会贯通于一个恰当的理论框架内，建构、完善逻辑上合理、明晰的凝聚态物理学概念体系。

下卷同样是四部分内容，一是临界现象，从分析涨落和关联出发，论述了凝聚物质中由温度、几何参数、时间和非热物理量调控的各类临界现象，强调了标度理论和重正化群方法。二是元激发，首先给出元激发的一般特征、分类原则和场论描述，然后分别论述了与原子位移有关的振动激发，与自旋进动联系的自旋激发，与电子相互作用关联的电子激发，以及来自不同类型激发之间耦合的耦合型激发。三是织构和拓扑缺陷，从广义弹性和流体动力学出发，论述了晶体、液晶、铁磁体和超导体中缺陷的拓扑和几何性质，结构和能量学，力学和物理性质，以及有缺陷介入的相变。四是超出平衡态，一方面在传统的凝聚物质范围内，探讨了与成核、失稳分解和畴壁形成有关的相变动力学，以及从力学、几何和能量角度分析了晶体生长和形貌学；另一方面，考虑在远离平衡区，从失稳走向混沌，直至湍流问题，以及强调凝聚态物理学基本概念的开拓潜力，表现出在地震、生物等与复杂性有关的学科中的应用。

《凝聚态物理学》上下卷的出版，冯端对此不无感慨：

中国古谚有“十年磨一剑”的说法，作者为本书恰好花费了20年工夫，类似地经过铸造、锻打、淬火、回火这些过程，终于磨成两把宝剑，至于锋利与否，尚待读者们的明断。

实现从固体物理学到凝聚态物理学跨越的《凝聚态物理学》

复旦大学孙鑫院士指出：

大家希望能有一部著作，从不断涌现的新发展中理出一条思路，既能涵盖丰富多彩的新材料、新现象，又能从学科的发展过程中说出它们的来龙去脉，便于理解这些新颖工作的实质，帮助自己扩展眼界，跟上发展的潮流。各个国家的同行们（包括材料科学）都在企盼着早日读到这种著作。《凝聚态物理学》这部著作的问世实现了大家的心愿，这部时代唤求的杰作应运而生了。该书独具匠心地将凝聚态物理的几个发展阶段融会贯通，使大家看出近年的各项新成果和本学科的发展趋势是一脉相承的，加深了对新进展的理解和吸收。凝聚态物理的内容极其广泛，不同的分支学科各有专长，不管你在哪个分支从事研究，都能从此书中获得你所需要的知识。更为重要的是，你可以从全局的发展趋势中获得启迪，触发你的想象力和灵感去取得新的成就。本书的鲜明特点是“既见树木，又见森林。”

冯端开设“凝聚态物理学导论”课程，进行教学改革、课程更新的尝试，无疑是成功的。2002 年，其所开设的“凝聚态物理学导论”课程成为江苏省优秀研究生课程，时至今日，该课程在国内已有很大影响。

也正是源于教学实践的成功，冯端打造了一本巨著，在国际国内产生了巨大的影响。在国内，2003 年出版的教材《凝聚态物理学》(上卷)于 2004 年被列为教育部研究生推荐教材，得到国内有关高等学校和科研院所的好评，并被采纳运用。

中国科学院合肥物质科学研究院官网就曾发表署名文章推介该书：

由著名凝聚态物理学家冯端院士和金国钧教授共同撰写的《凝聚态物理学》以中英文两种语言出版发行，被多个高校和研究单位选为研究生课程专业教材，堪称目前国内最好的凝聚态百科全书式的教科书。它是理论物理、凝聚态物理、粒子物理与原子核物理、材料物理与化学等学科的基础课程，涉及凝聚物质的结构、特性、效应等诸多内容，是从事凝聚态物理学及相关学科研究的必修知识。

同时，中国台湾物理学界也表示了浓厚的兴趣，例如，2005 年台湾理论科学研究中心在台湾中山大学举办了近代凝聚态物理学暑期课程，就采用这本教材，按照其大纲进行教学。在国际上，据出版者——新加坡 World Scientific Publishing House 和其他途径提供的信息，《凝聚态物理学》

英文版被国际上一些著名大学，如美国的加州大学伯克利（Berkeley）分校、马里兰（Maryland）大学、加拿大的（Dalhousie）大学以及瑞典的大学等列为研究生教材，得到了广泛采用。

至此，冯端与其合作者相继完成了具有高度独创性的《凝聚态物理学新论》、填补传统固体物理学领域与当代凝聚态物理学研究前沿之间空白的《凝聚态物理学》，更为完备和系统地论述了凝聚态物理学的体系，实现了从固体物理学到凝聚态物理学的跨越。

四、初日照高林，科普写意

科普阐述则是冯端所构建的凝聚态物理三层面学科体系的第三层面。相对于科学研究，科技资源和科学成果的科普化也极为重要。所谓科普阐述，冯端指出：

和物理学教材建设有关的还有科普（或更确切地说：高级科普）著作的编写。普通科普著作完全回避公式，而高级科普就不然，并不回避公式，有时还有一些简单的推导。在国内，于渌与郝柏林合著的《相变与临界现象》就为这类科普著作树立了良好的榜样。这类书可以作为物理教材的补充读物，提高学生的兴趣，激发学生对物理学的思考。

为此，作为凝聚态物理学理论体系的第三层面，冯端撰写了科普著作《漫谈凝聚态物质》，分为两册，一是《晶态面面观》，二是《放眼晶态之外》，由湖南教育出版社于1994年先后正式出版。

《漫谈凝聚态物质》写意科普

《漫谈凝聚态物质》以严谨的科学内容、活泼的物理思想、通俗流畅的文字表述，讲述凝聚态物质的主要结构问题及其发展过程，描绘一些重要发现的来龙去脉，阐明科学之继承与发展的关系，有效地推广和普及了凝聚态物理学。

《晶态面面观》从形象思维出发，逐步引进到理性思维，纵览晶态物质的各个侧面，谈物理，同时涉及众多学科，溯源逐流，设置专章阐述对称性、周期结构、衍射物理、结构分析、直接观测技术、晶体缺陷和晶体生长等问题。通俗而简明地介绍了凝聚态物质之中有关晶态的问题，论述中适当地采用历史透视观点，也有选择地描写了一些重要发现的来龙去脉，重点放在一些基本概念的建立和发展上，同时也尽可能地介绍了这一领域的新进展。

湖南教育出版社在推介本书时如此说道：

通过该书，读者可以对凝聚态物质的核心——晶态，有一个概括性的了解，从而激发进一步探究物质世界奥秘的兴趣。

著名物理学家和材料科学家郭可信院士以"《晶态面面观》、《放眼晶态之外》——科普教育的好教材"为题，投书报端，评论说：

《晶态面面观》一语双关，从晶态的不同侧面，深入浅出地探讨其本质，既然是漫谈，作者就可以在晶态世界任意驰骋，选择几个关键问题尽情发挥。

晶态以外凝聚态物质的研究乃近年来凝聚态物理学所开拓的新领域，内容丰富多彩，极富挑战性。郭可信院士指出：

这些新物质（非晶、准晶、液晶、溶胶、凝胶、聚合物等）、新概念（交联、缠结、逾渗、分形、耗散等）千奇百怪，让人眼花缭乱，如坠云里雾中。但是仔细读来，却发现作者巧妙地用有序与无序之间的对立统一关系为主线，把这些看来互不相关的物质和概念交织在一起。"无规"显然是无序，"密堆""网络""线团""回避行走"又都显示不同程度的有序，它们结合在一起，无序中见有序，有序中见无序。这就是晶态之外的凝聚态物质的特点，不觉豁然开朗。

《放眼晶态之外》以通俗的语言、独到的见解、生动的实例，将形象思维和理性思维沟通起来，从完整的晶态出发，逐步深入合金、液体、玻璃态、准晶、液晶、聚合物，从原子、分子，以及更加宏观的三个结构层次上引入了不同类型的无序性，以有序与无序两者之间对立统一的关系为主线，来全面阐述这些物质的结构特征和内在机制，同时穿插一些动态问题，重点放在基本概念的建立和发展上，介绍了这一领域的新进展。

郭可信院士评论说：

在晶态的有序世界里漫游之后，作者又领读者在《放眼晶态之外》的无序物质领域里进行了一次探险旅行。如果说前者是欣赏故土的名胜古迹，不觉赞叹不已，那后者就是游览新大陆的奇山异水，令人眼界大开。

《漫谈凝聚态物质》出版之后，获得了学术界和广大读者的高度评价。

郭可信院士推介说：

这两本书写作的特点是：①以历史透视的观点，高瞻远瞩，描绘一些重要发现的来龙去脉，阐明科学的继承与发展的关系；②以讲故事的形式，深入浅出地讲述凝聚态物质的主要结构问题及其发展过程，情节曲折，引人入胜，名人妙语，锦上添花，可谓融科学与趣味于一体，读来兴趣盎然；③强调形象思维，看图识意，平均每一页半就有一张图，可谓图文并茂，读来赏心悦目；④突出青年科学家在重大发现中的作用……《晶态面面观》及《放眼晶态之外》这两本书不仅达到了《科学家谈物理》丛书“以严谨的科学内容、活泼的物理思想、通俗流畅的文字表达为广大青少年提供优秀科普读物”的目的，并且读来收益的人绝不限于青少年，专业范围也绝不限于物理，凡是与凝聚态物质有关的专业（如化学、生物学、矿物学、材料学、电子学等）的大学生、研究生和研究人员也都会感到开卷有益的。

《漫谈凝聚态物质》内容丰富，阐述精辟，影响深远，荣获1998年国家科技进步三等奖。

《凝聚态物理学新论》《凝聚态物理学》和《漫谈凝聚态物质》，从前沿、主体、科普多层面演绎阐释凝聚态物理学，是冯端的一个创举。笔墨如此集中，内容如此深入，思路如此明晰，淋漓尽致地演绎了一个学科的由来和成长，记录下一个科学时代的瞬间，从而建构起理论体系，冯端可谓独树一帜，为推动凝聚态物理的研究和发展起到了重要作用。

这是科学大师一个杰作、一个成功的创造。诚如中国物理学界的前辈钱临照院士所评价的：“冯端在凝聚态物理中论著丰硕，已达随心所欲之效果。”

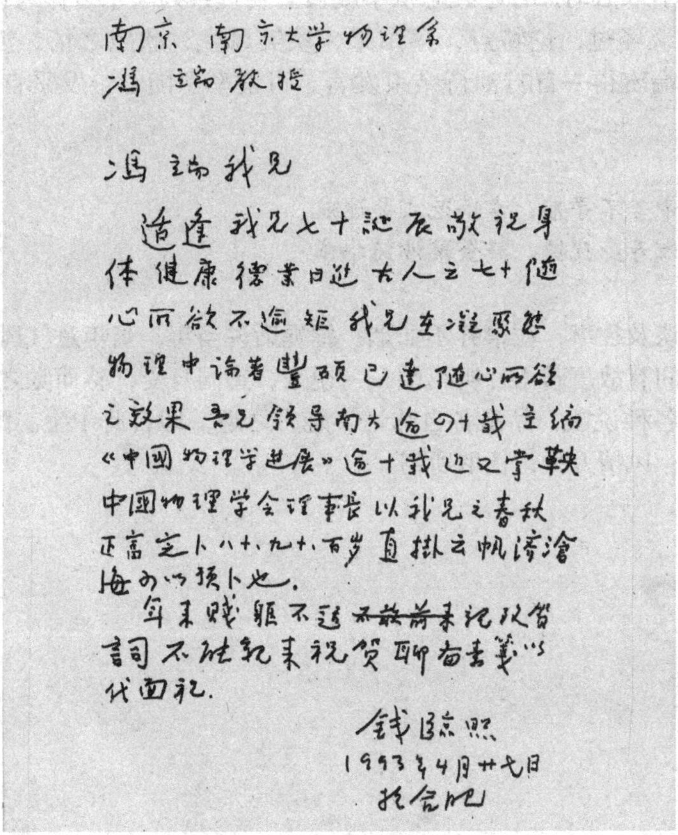

南京 南京大学物理系
冯端教授

冯端我兄

适逢我兄七十诞辰敬祝身体健康德业日进 古人云七十随心所欲不逾矩 我兄在凝聚态物理中论著丰硕已达随心所欲之效果 吾兄领导南大逾四十载 主编《中国物理学进展》逾十载 近又掌鞅中国物理学会理事长 以我兄之春秋正富 定卜八十、九十、百岁 直挂云帆济沧海亦可预卜也.

年来贱躯不适 ~~不敢前~~来祝及贺词不能躬来祝贺 聊备素笺以代面祝.

钱临照
1993年4月廿七日
于合肥

钱临照为冯端七十寿辰所作贺词

这里，钱先生所言的“随心所欲之效果”，似可理解为：凝聚态物理著作之大千世界，在冯端的精心调制、巧手安排下，也可以达至意蕴丰富、情致婉款、感慨迤逦、寄托遥深的艺术效果。“……指拨轻清，音律和平，一字字诉衷情。恰流莺花底叮咛，又孤鸿云外悲鸣。滴碎金砌雨，敲碎玉壶冰。听，尽是断肠声。”如是其写真。

科学著作的意境与园林是一致的，所谓以不同形式表现而已。小坐于园林之临水花厅、水阁、水榭等顾曲之所，水殿风来，余音绕梁，真有天上人间之感。而步入科学著作之恢宏殿堂，徜徉其间，兴来一曲清歌，音色缠绵，一样的绕梁三日，使人意远。

2010 年 2 月，冯端在南京出席“2010 年在苏中国科学院院士新春座谈会”，作为到会资深院士中的最资深者，他以“老骥伏枥，志在千里；

烈士暮年，壮心不已”为题，在会上致辞，简要回顾了自己近年来谢绝社会活动与学术活动，专心致志从事凝聚态物理系列学术著作写作的过程，说缘起，谈经过，论特点，述结果，谈笑风生，欣慰之情，溢于言表。最后，冯端凑得一首打油诗结束发言，可谓率意随心，发乎自然，湛然天真：

卅载辛苦不寻常，幸悟范式导迷航。
喜登米寿身犹健，凝金聚沙铸华章。

每每谈及往事，往事并不如烟；娓娓话说当年，当年意气风发。著述路漫漫，间有故事若干，听冯端一一说来，感同身受，感而觉之，品而论之，遂有各种说法，品出各自味道。魅力之趣，即自此中生。酸甜苦辣，各异其趣；风情万种，任取所需。

第九章

水深波浪阔，普惠社会

作为一位杰出的科学家，冯端在教学科研之余，谨记科学家的社会责任，非常关注“理解科学”之理念，时刻谨记使科学服务大众、普及大众、造福人类。

冯端视科学普及与科技创新同样重要。他认为：科学普及首先是科学知识、科学思想、科学方法、科学精神的普及，让社会公众理解科学，事关公众基本科学素质的提升，事关国家科技事业的进步，处在科学前沿的科学家和科研工作者必须自觉担当起提高全民科学素质的重任，必须彰显这样一种文化自觉，坚持这样一种责任担当。

一、明月松间照，寻幽探微

科学普及，科学家责无旁贷。科普之真谛是要善于把复杂的科学理论用最简明的语言加以说明，深入浅出；传播科学知识一定要准确无误，概念清晰；以介绍当代科学新成就为主要任务。所有这些，都需要科学家来担当，是为科学家的社会责任。

严格地说，科学家搞科研，忙教学，实际上都与科普相关。科普与教学，都有传授知识的作用，但又有自己的特点。科普的对象广泛，它所介绍的知识往往还是艰深的专门知识，而且不像教科书被规定为必读，它只有靠自身符合读者的需要，被读者所喜爱，才得以存在和流传。于是乎，科普创作必须能够把复杂艰深的科学知识用通俗易懂的语言准确无误地介绍出来，且做到趣味盎然，引人入胜，使读者思想上得到启发、艺术上得到享受。

科普与科研，都是具有创造性的工作，两者相辅相成，各有千秋——科普，在科研的基础上再创造，推广科研的新成果，使科学与社会结合。如大家所熟知的达尔文提出的进化论，是科学上的一大进展，然，赫胥黎普及进化论，功莫大焉！唯有赫胥黎的普及，达尔文的论述才逐渐为人所理解、接受，为社会所知。

当然，科普也可以跑到科研前面，探索未来，宣传科学中先进的萌芽，科学史上很多是科普给科研提出了新问题，开辟了新途径，列举大端，如月球探险、海底潜航、地热开发、环境保护……都是先有普及，产生社会影响，方推动了这些科学技术事业的发展。

君不见，20世纪科学技术的发展，使19世纪儒勒·凡尔纳在其小说中描述的很多科学幻想成为现实。凡尔纳将他科学幻想的内容写得那么详细准确，头头是道，小说中到处充满了科学，许多的科幻事物现在都成为现实，以至于法国科学家奥泰盛甚至这样说，“现代科技只不过是将凡尔纳的预言付诸实践的过程而已”。儒勒·凡尔纳最大的贡献就是在他的科幻作品中作出的伟大的科学预言，这些预言影响了自他去世之后两个世纪的科学发展。

“现代科学幻想之父”儒勒·凡尔纳是对未来事物的伟大设想者，“但凡人能想象到的事物，必定有人能将它实现”。在无线电发明之前，凡尔纳就已经想到了电视，给它起名为“有声传真”；在莱特兄弟造出飞机半个世纪之前就已经设想了直升机；他还设想了潜水艇、飞机、霓虹灯、导弹、坦克……

随着凡尔纳科幻历险小说传入中国，华夏大地为之轰动，传遍所谓“汉文化圈”，人们记住凡尔纳之代表作《格兰特船长的儿女》《海底两万里》《神秘岛》三部曲，也对基于知识、科学语言构成故事发展线索的，诸如《气球上的五星期》《地心游记》《黑印度群岛》《漂逝的半岛》《八十天环游地球》……有感于怀。在儒勒·凡尔纳的作品里，知识已不是外加的东西，而是情节的有血有肉的组成部分——世人言科普，多盛赞凡尔纳的科幻小说，给人启发、思索、幻想，正如俄国“宇航之父”齐奥尔科夫斯基所说：“他的小说启发了我的思想，使我按一定方向去幻想。”

科学需要创造，需要幻想。事实上，幻想、预言通过科学变为现实，世界有，国内亦有，《神仙传》里费长房的缩地法、《封神榜》里土行孙的地行术、嫦娥奔月、龙宫探宝……《封神演义》上的许多幻想，今天大都变成了现实。

科学家，尤其是一流科学家，参与科普创作之重要性不言而喻，具有无可替代性。科学家将其掌握的处于前沿的科学知识和最新的科学动态，系统地、深入浅出地让民众及时了解，其中包括思维方式以及验证手段，既有利于保证科学知识的准确性和前瞻性，又有利于科学思想、科学方法、科学精神的导向性，有效激发民众热爱科学、追求真理的品质。

面向公众，不仅是传播科学知识，而且也传播科学方法、科学思想、科学精神，以及关于科学技术与社会相互关系的认识。作为一位优秀的科学家，对于科普的作用和功能，以及科研与科普、教学与科普的关系，冯端有着清醒的认识，多有论述，见地独到，他认为：科普的重要功能就是要培养青少年对科学的兴趣，对科学的好奇心，对科学的探索欲望——科普是播种科学的事业，利在当代，泽被后世。冯端着重指出：

科普作品是科学家的摇篮，许多著名科学家都是青少年时期受科普著作的感染而走上献身科学的道路。人的青少年时期最富有可塑性，中国有句老话“近朱者赤，近墨者黑”。科学家参与科普创作，将是具有深远意义的科学上的希望工程！

诚哉斯言！大哉斯言！好一个“科学上的希望工程”！尤出自于德高望重的老科学家之口，清醒、睿智、温馨！语重心长，更是显得劲节清操，老而弥坚，晚而愈明。

当年，科普出版处于“低谷”之际，湖南教育出版社怀着强烈的社会责任感和使命感，毅然筹组出版高级科普丛书《科学家谈物理》，时任中国物理学会理事长的冯端接到约稿信后，立即致函：“在科学书籍不景气的今天，你们能够有勇气和魄力出版一套高级科普丛书，我们全力给予支持！”

正是基于社会责任之上的科普情怀，冯端非常重视科普创作，不仅在组织形式上，通过中国物理学会给予大力支持，还身体力行，个人积极参与，衣带渐宽，人亦憔悴，毫不在乎，在这方面作出了自己应有的努力。

科学，深奥；科普，通俗。科普写作之关键在于如何让科学面对普通读者——一部好的科普作品，重要的是“深入浅出”。然而，深入不易，浅出更难。

20世纪80年代末90年代初，冯端在繁重的科研、教学工作之余，殚精竭虑地进行科普创作，撰写《漫谈凝聚态物质》。为了使科普文章通俗易懂，对每一个篇节都精心构思，字斟句酌，反复修改，精益求精。

斯时，他曾给《漫谈凝聚态物质》一书的责任编辑写信，说道：

科普著作之所以难，在于既要有逻辑思维，又要有形象思维，如两者能相辅相成，水乳交融，方为佳构。要道出人所未道，有些新意，还要考虑文词生动风趣，亦颇为不易，个中甘苦，非身历其境是难以体会的。

事实上，“深入浅出”乃冯端写作或报告之本旨，写作如是，报告亦然。冯端的报告或讲座，均根据需求（时代的发展、会议的性质、邀请方的要求……）确定内容，由知识积累加思考而形成报告之纲要，用精练的语言和清晰的物理图像，讲透、讲活概念，令人融会贯通。对听者而言是启发、是教益、是激励、是享受。广义而论，这些报告简明扼要、深入浅出，皆属科普一类，只是层次、对象有所不同，科普前须加上“高级”二字。

科普图书以面向大众普及科学知识为主要目的，正因为此，其高品位、高质量，必然体现在思想性、科学性、知识性、通俗性及趣味性的统一，是“曲高”与“和众”的统一。诚然！信然！

科普在传授知识的同时，也传播科学思想、科学精神、科学态度和科学作风，宣传科学的世界观和方法论，以提高公众的科学素质和思想素质。诚然，科普作品思想性的体现，是内生因素，不经意间自然表现出来，不是外加的术语或标签。

科学性是所有科学作品的生命，科普作品概莫能外：科学性是第一位的，必须做到概念准确、事实确切、观点正确、表达客观。而作为科普创作目的的体现，提供有价值的科学知识是必需的，知识性是其主要特点，有知识性才会有可读性，才能引人入胜。

科普创作除了讲究内容上的科学性、思想性和知识性之外，还必须强调表达方式上的通俗性，用明白晓畅的文字介绍科学知识，使之生动易懂，专门知识通俗化，乃科普创作之实质。通俗性常常要求运用文艺形式来介绍科学知识，使之趣味盎然，引人入胜。在创作过程中，不仅使用逻辑思维来达到以理服人的效果，同时还采用形象思维，以情动人。

1999年，《光明日报》曾发表文章《让公众感知科学享受科学》，提到：

语言成了科普图书的一道坎儿。科普的语言不好“翻译”：要“和众”，必定是以浅近的语言，鲜明、生动、有趣的形式，讲清深奥的科学道理，这样，“曲高”的难题才会在这样的言语中被人接受……冯端的《晶态面面观》一书，标题极富文学性、哲理性，尤以“慕尼黑事件及其余波”这一章娓娓动听，令人陶醉。

读过冯端的著作，看过冯端的文章，听过冯端的报告，与冯端交谈过，见过冯端的人，都有这样的共识：冯端之本人及其作品（报告、文章、著作、谈话）给人的最深印象，就是书卷气——中国悠久文化积淀形成的那种文采、风韵和气息。

科普创作，以冯端之慧心高手，当然是顺理成章。就科学而论文，冯端依据独特的知识结构占得先机：掌握当代科学技术的前沿知识和最新发展，能够做到“深入”；本身文学艺术修养造诣甚深，文学功底很强，妙笔润色使然，抽象的科学会变得生动、直观和形象，能够做到“浅出”。深入，浅出，融汇一体，贴近生活，得天独厚。冯端于此当是最佳的人选，其辉煌成就的获得可以预期。

果不其然，1998年《漫谈凝聚态物质》以科普著作之身，跻身国家科技进步奖之列，开科普作品获国家奖之先河。

众所周知，将科普工作纳入国家科学技术进步奖奖励范围系于2005年新修订的《国家科学技术奖励条例实施细则》的规定，正是在2005年，科普作品方被首次正式纳入国家科技大奖评选，而冯端的获奖早了有7年之久，此平台非彼平台，远不是如今的社会公益类项目评奖平台能比，因此更为难得，也充分体现了其科普著作的价值。

《科学家谈物理》丛书，作为科学普及读物，其知识起点、知识含量、知识密度可以有所不同，但科学性始终是其生命线。《科学家谈物理》丛书，于1995年获第二届国家图书奖提名奖，1996年获第三届全国优秀科普图书奖。《科学家谈物理》中文繁体版在中国台湾出版。

二、悟悦心自足，心会神游

诚然，《漫谈凝聚态物质》并不是冯端涉足科普写作之始，早在20世纪80年代，他就曾执笔撰写《熵》，将远见卓识和智睿思想熔融于字里行间，讲述物理之魅力。

那是在1985年暑假，冯端应邀在“全国工科物理教学研讨会”（苏州）上作学术报告“谈谈熵的概念”，从熵作为热力学的态函数、熵的统计假设、可逆与不可逆、开放系统的问题，远离平衡的状态、熵与信息五个方面阐释熵的概念。这篇报告受到了与会者的一致好评，为了扩大影响，会务组整理了他的报告，并刊登在国家教委主编的《工科物理》杂志上。

正在此时，旨在普及物理学基础知识和新发展的《物理学基础知识丛书》找到冯端，邀约他为丛书写书——该丛书创建于1978年，出版有20余种书籍，于1990年6月被评为优秀科普丛书，着重介绍现代物理学的基础知识，介绍物理学的最新发展，要求注重科学性、发扬创新精神，力求做到题材新颖，风格多样，勇于发表独创性、探索性的见解，以活跃读者思路。丛书之宗旨、风格、要求皆深合冯端之意，他本着科学家的科普情怀，欣然接受邀约和建议，决定就“熵”这一主题，以报告“谈谈熵的概念”为基础，将其扩写成书。

冯端始终强调物理学具有高度的开放性，一方面是对其他自然科学的开放，另一方面是对技术应用的开放，它始终参与新的技术发展与推进。

《熵》——科普百花园的新葩

正因为物理学是一个开放的学科，新书的编撰不啻为一个很艰巨的任务，更何况冯端选定的熵题材含义深邃，是物理学最抽象、最难懂的概念，撰写难度不言而喻。但考虑到熵概念的重要性，为加强公众对物理学，尤其是对凝聚态物理学的认识，激励公众对基础科学的热情，冯端义无反顾，迎难而上，在其精心设计下，经过近两年的努力，写作和出版了《熵》。

科普著作《熵》加入优秀科普丛书《物理学基础知识丛书》之列，著名学者赵凯华教授赞誉此书“为《物理学基础知识丛书》这绚丽的百花园增添了一朵鲜艳的新葩”。

冯端在《熵》书之前言中指出：

熵是一个极其重要的物理量，但却又以其难懂而闻名于世。克劳修斯于1865年首先引入它，用来定量地阐明热力学第二定律。正如克劳修斯本人所说的：“在头脑中掌握第二定律要比第一定律困难得多。”这样，他从明确地表述第二定律到正式引入熵的概念，足足经历了15个春秋。后来，玻耳兹曼于1872年推导了玻耳兹曼方程式和H定理；于1877年隐指了玻耳兹曼关系式，赋予了熵的统计解释，大大地丰富了它的物理内涵，明确了它的应用范围。到1929年，西拉德又发现了熵与信息的关系，揭示了熵含意的新层次，进一步扩大了熵的应用面。1958年，柯耳莫古洛夫又将动力学熵的概念引入了非线性动力学之中，成为处理复杂性问题的一个工具。目前，不仅在自然科学与工程技术的许多领域，如物理学、化学、生物学、信息科学与工程、动力工程及致冷工程等，会遇到熵的踪迹，就是在社会科学甚至人文科学的书籍与文章中，也经常会碰见熵这一名词。由于熵的概念比较抽象隐晦，它既广泛地为人们所应用，也就难免不为有些人所滥用。

对于著述之目的，冯端于书之前言开宗明义：

用通俗易懂的语言来向广大读者介绍熵的概念，而在坚持科学性上却毫不含糊，力求正确无误。

在讲述上，《熵》一书则大体依循历史发展的顺序，着重论述熵的基本概念，分别从热力学、统计物理、分子动力论、信息论等不同侧面、不同层次剖析其蕴含的意义。同时，《熵》一书还在宽广的范围内讨论了熵在现代自然科学与技术中的应用，阐明了它所处的地位。

《熵》一书，异彩纷呈，时空无限，百态并陈，展现了一个多维的欣赏空间：介绍第二定律在热力学中的地位以及在热力学范围内熵的含义，以热传导与卡诺热机、棋盘游戏等简单而形象的例子来说明熵的最基本意义，论述明快，引人入胜，不仅明了易懂，而且十分生动有趣；着重讨论熵在统计物理学及分子动力论中的意义，给予熵以概率论的诠释，简单而清晰；探讨熵作为时间之矢的问题，介绍诸如贝纳尔对流、化学振荡等现象，并阐述了“耗散结构”“负熵”等概念，描述了物理学家和生物学家携手并进奏出和谐交响曲的事迹；重点讨论低温技术、低温物理和热力学第三定律，也介绍了量子统计及一些低熵相的物理本质。

赵凯华指出：

热力学第三定律讨论的是温度趋于绝对零度时熵趋近于零的问题。一步步向零逼近，这也是人类征服自然的一曲曲凯歌。在此低温、低熵的领域里，量子效应扮演着主要角色，演出了诸如超导、超流等一幕幕奇妙景象。《熵》为以上内容贡献了两章的篇幅。

书中引入麦克斯韦妖，用来阐述熵与信息的关系、熵在信息论和生物遗传中的意义，颇具“未闻曲调先有情”的韵味。冯端在书的开始开门见山，直奔主题：

在神话故事中出现许多妖魔鬼怪，那是不足为奇的，但以精确严密著称的物理学之中也出现了妖精，就有点出人意料之外了。以英国著名物理学家命名的麦克斯韦妖（Maxwell's demon）在物理科学的发展之中已经扮演了相当重要的角色，不但以鲜明的图像，澄清了热力学第二定律的一些疑团，更重要的是指出了熵与信息之间的联系，成为信息论这一门新学科的先导。而在生命科学的发展之中，麦克斯韦妖也会大有其用武之地的。……麦克斯韦提出“妖精”的本意并不在推翻第二定律，而在于指出它有局限性，并用一个假想实验来阐明，它只具有统计上的可靠性。从此，麦克斯韦妖堂而皇之地闯进物理学的殿堂，受到几代物理学家的关注，有关它的讨论持续到今天。它的内涵可能比原作者设想的更加丰富，这也生动地说明了形象思维在物理学中也有它的地位。

冯端详尽而精彩地描述了这段历史，还介绍了熵与信息、遗传与信息等时髦课题，令人读之兴趣盎然。在写作过程中，这部分章节以“熵与信息——麦克斯韦妖的启示”为题，在《现代物理知识》1991 年第 4～6 期上三期连载，让读者先睹为快，深受欢迎。

最后，《熵》一书还“讨论了一些与熵有关但至今尚未完全解决的问题，强调动力学、统计力学与热力学之间的相互关系和密切联系，以及非线性动力学的发展带来的新的洞见和挑战，用以说明对熵的某些研究直到今天还有其现实意义”，将书之论述推向又一个高潮，意蕴深长。正如赵凯华教授所说：“在《熵》一书的最后一章里，饶有兴味地由遍历理论说起，谈到非线性动力学中的非热力学行为，从其最新进展看到突破热力学的壁垒，建立第二类永动机的可能性问题，形成本书结束前最后一个高潮。”

陆埮院士认为：“《熵》讲述了许多历史故事和名家精辟见解，给人以深刻印象，读之趣味盎然。”

冯端与陆埮院士

如何提高蒸汽机的效率？“不可能性”的正面价值、平衡是否稳定？“冬季为什么要生火？”系统混乱度用何来度量？“化学钟”为何？“热寂”之谜？“能”与“熵”的地位孰高孰低？KAM的挑战？……这些妙趣横生的问题，于《熵》一书中，由长期研究深奥理论的院士一一提出，并用故事、游戏、比喻等不同形式予以解答或论证，兼收并蓄，百态并陈，以小见大、深入浅出。

科普创作之表现手法灵活多样，在思路、篇幅、知识性等方面体现了独特性，借此，冯端充分利用科普创作之时空无限，触角巨细不捐，大千世界，尽在怀抱，巧妙采用多种表现手法，关注创新元素，精心调制，提供多维的欣赏空间，有效揭示事物的本来面目，达至气象万千。

《熵》一书于1992年由科学出版社正式出版后，好评如潮。

陆埮院士以“《推荐一本好书——〈熵〉》”为题在《大学物理》上发表文章，欣然写道：

《熵》将熵这个概念从形成历史、正确定义、统计意义乃至现代发展均阐述得清清楚楚。不仅对于要了解这方面基础知识的一般读者，这是一本好书，即使对于熟悉热力学和统计物理的学者，也值得一读。

在例举书之风格、特点和特色后，陆埮院士指出：

使人印象特别深刻的是，书中精辟阐述了熵概念对现代科学技术发展所起的重要作用。熵的概念及其演化逐渐被用来成功地描述向绝对零度的逼近、非平衡过程、生物的退化乃至信息社会的特征。

北京大学赵凯华教授则以“喜读冯端先生的新作《熵》”为题在《物理》上发表长篇文章，给予肯定和赞誉：

冯先生的《熵》从不同层次、不同角度剖析了“熵”这个极其深刻概念的方方面面，内容丰富，取材新颖，通俗易懂，文笔生动，可读性极强，是近年来难得的优秀高级读物。笔者郑重地向广大读者推荐这本不可不读的好书。

冯端以一部科学性独特、文风清新的科普著作《熵》，初试锋芒，已俨然大家气象。

三、随山到水源，更上层楼

21 世纪初，契合 2005 年世界物理年，在保持《熵》原书基本框架的基础上，冯端对其进行全面改写，将新书命名为《溯源探幽：熵的世界》，增加了许多新的、前沿的内容，进一步从不同层次、不同角度剖析“熵”这个极其深刻概念的方方面面，带读者追本溯源，寻幽探微，漫游神奇的物理迷宫，领略熵之真谛，体验物理之美。

冯端引用英国作家史诺（C.P.Snow）语“人文知识分子不懂热力学第二定律，就好像科学家未读过莎士比亚一样令人遗憾。”作为《溯源探幽：熵的世界》一书的封面语，洵为醒目，先声夺人；而在《溯源探幽：熵的世界》书之前言中，则突出了史诺（C.P.Snow）之认识“这个定律是一个最深刻、最普遍的定律。它有着自身忧郁的美，像所有重要的科学定律一样，引起人们的崇敬之情。”从而有效拓展了熵概念的认知面。

《溯源探幽：熵的世界》在内容上求新意，强调以新取胜。书中篇幅大为增加，增加了“无序对有序——熵与能之间的较量”一章，除了较传统的问题之外，用从“阳刚到阴柔——走进软物质的世界”“大师的洞见——熵致有序”“弹性与高弹性——键力与‘熵力’的比照”“蛋白质分子的折叠——熵与能的交缠”等诸多章节，着重讨论软物质科学研究带来的新问题；增加了有关激光制冷的原理与技术的介绍，用“异军突起——激光致冷”“艰辛的历程——创世界纪录”等章节加以描述；增加了“关于玻色——爱因斯坦凝聚”的介绍，并对原书中超流性与超导性的介绍进行了改写，用“理想成真——量子气体的凝聚”“世纪疑谜——超导体与超流体”来记录；全面重写了最后的部分，以“尚未了结——当代视野中的熵”为题，用“从真实到虚构——相空间”“系综与吉布斯熵”“墨水比喻——粗粒化与混合性”“分等定级——从遍历系统到柏努利系统”“面包师与猫——相映成趣，共参妙理”“定量刻画——李雅波诺夫指数与动力学熵”“铺平道路——通向不可逆性”“桌球戏的启示——回归玻耳兹曼方程”“余音袅袅——物理学规律与不可逆性”等章节，更加充分地论述了动力学与统计力学的关系，阐述了可逆的动力学规律与不可逆的非平衡态统计力学之间的矛盾是如何化解的。

写科普，需要坚实的基础，第一是科学性，第二是普及性，既要科学概念准确，又要文字浅显易懂。就好似那微型小说，既要轻巧，又要厚重。是否办得到？应该能做到，只是很难。君不见，五绝诗，只有二十个字，然意蕴深远；浩如烟海的笔记小说中，不乏寥寥数笔而余味无穷的小故事……举一反三，足以参照。当然，做到了这两点，一部优秀的科普作品的问世当是确定无疑的。

冯端写《溯源探幽：熵的世界》，在写法上求通俗，强调深入浅出，以说透物理意义为主，一是在坚持科学性上毫不含糊，力求正确无误；二是考虑普及性，尽量少用数学公式，而代之以文字演绎。正如他所说的，“科学毕竟是离不开理性思维的，物理学更是如此。我们虽然回避过分艰深的内容，但对一些关键问题的说明，为了避免泛泛而谈也适当地应用少量初等数学进行了论证用来作为支撑论述的脊梁骨。”三是增加趣味性，大量应用形象思维，尽可能以故事、游戏、比喻等形式入文，注意多用图像来说明问题，连接概念，引人入胜，使之对知识和科学产生强烈的冲动，激励思考；四是增加可读性，用平实的语言叙事，在文字上下功夫，经过积累、构思、推敲、揣摩，方有笔端的行云流水。

《溯源探幽：熵的世界》“更上一层楼”

冯端欣赏并奉行“科普书散文化”，其自身具有很强的文字功底，可谓得其所哉。应该说：此法甚佳。散文一体，天机活泼，文质浑成，兼用于格物致知，真正是用到点子上了：意到笔随，不拘一格，如悠悠浮云，款款流水，陶然忘机。

翻开《溯源探幽：熵的世界》，目录中唯美的各节标题洵为醒目，情景如画，包孕深长，使人意远。书之正文兼收并蓄，鉴往察来，阐发启迪，有足够的深度、广度和力度，别具风韵；资料权威翔实，内容丰富而和谐，平实且耐看。科普书如是，兼具艺术的优雅和科学的魅力，一卷在手，随兴浏览，如清风拂面、明月当头，使人兴观止之叹。

强调形象思维，看图识意，注意多用图像来说明问题，以期收到图文相得益彰的效果，亦是冯端科普著述的一大特色。

遥想当年，书籍、报纸诞生之初，文字大行其道，独领风骚；然，仅仅依靠文字表述，完全把握文章内容，了解作者意图，也不尽然，甚至会误解。后配以图，则以文为主，借图释文，效果极好。

文图结合的体例，古已有之，时下则越来越盛，直观形象，提升了图书质量。“索象于图，索理于书”即为见证，而“图文并茂”一词更是揭示了图与文二者之间的关系。

作为重要资源，图具有形象性、直观性、趣味性和启迪性等特点，有利于更好地理解文字内容，培养观察、想象和语言表达等能力。众所周知，在报业界素有“新闻招客，副刊留客”的说法——新闻是报纸的支柱，没有新闻，报纸将不成其为报纸；副刊则是报纸新闻支柱上的雕龙画凤，没有副刊，报纸的可读性将大打折扣。而所谓“副刊留客”，可见副刊上图片合理运用的作用不可小觑。

冯端的《溯源探幽：熵的世界》《熵》《漫谈凝聚态物质》等科普著作，皆以文字或图画作为基本载体，突出形象思维，充分利用图片信息量大、可读性强的特点，图胜千言，所谓“画意达万言”矣；与文字相互印证、互为表里，发挥文字表述难以替代的功效，盖冯端深谙文图结合之道乎？

对此，郭可信院士在书评中做过统计：《漫谈凝聚态物质》一书，平均每一页半就有一张图。纵览冯端的其他科普书，亦大致如此。冯端的科普书，无论是《熵》《溯源探幽：熵的世界》，还是《漫谈凝聚态物质》，插图之篇幅都有 1/3 之多。

冯端著有的科普书中，精心设计的这些插图与文字密切配合，构成有机整体，有事半功倍之效果——有时候，仅用文字说明无论如何难以说清楚的东西，配以插图，即给人以生动而深刻的印象；尤为重要的是这些插图富有科学性，把一些高深的、抽象的理论，用形象的、具体的譬喻和例子来说明，使读者容易理解，真正做到了深入浅出。

诚然，灵动活泼的文字、清新可人的配图、图文并茂的表达方式，起到了珠联璧合的效果。准确的科学性、丰富的知识性、超常的趣味性、明显的可读性，四性俱佳，开卷有益，雅俗共赏——冯端写的科普书，与其著述的专业巨作，同样漂亮、出彩！

但凡品读过冯端之科普书的人，都有似在阅读散文的感觉，自然清新的书并不以深刻为目的，是科普书，亦是美文——文笔生动，语言精练，通俗易懂，韵味醇长。读之，思之，如沐春风，诚是享受！

诺贝尔物理学奖得主戴维·格罗斯曾说过：“21 世纪，物理学将改变世界！”物理学的发展对诸多自然学科产生了重要影响，导致了一些交叉学科的建立，推动了材料、能源、环境、信息等科学技术的进步，改变了人类的生产生活方式。

基于此，为迎接“世界物理年”，科学出版社联合多位著名物理学大师推出一套科普丛书，命名为《物理改变世界》丛书，采用名家原创、多方合作、精彩漫画、新颖装帧等创新形式，通过普及科学知识，传播科学精神，总结科学思想，归纳科学方法，生动描述物理改变世界的历程，激发青年人对物理学的热爱。

丛书由《数字文明：物理学和计算机》《边缘奇迹：相变和临界现象》《物质探微：从电子到夸克》《超越自由：神奇的超导体》《溯源探幽：熵的世界》五本书组成。丛书力求通过深入浅出的描述，辅以原创的科学漫画，结合各自科学研究过程中的有趣体验，带领读者进入奇妙的物理世界，体验物理之美，发现物理改变世界的过去和未来。

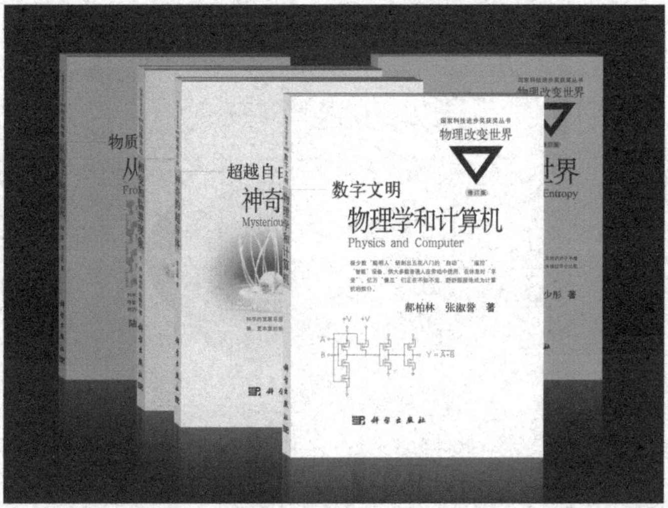

《物理改变世界》丛书

赵凯华在书评《贺高级科普读物〈物理改变世界〉丛书问世》中如是说：

《物理改变世界》这套高级科普读物与一般科普读物不同，其突出的特点为其严肃性和深刻性。本丛书并没有因为科普读物需要的通俗性和趣味性而降低内容的准确性，更没有像某些科普读物那样，为了提高读者的兴趣而夹杂了一些无科学根据的科幻式内容。本套丛书中各书的作者，在如何较通俗地介绍较深奥原理方面，都煞费了一番苦心，将这些原理所反映的物理图像加以提炼，用较直观的语言鲜明地表达出来。这些篇章在一般的专著中也是难以读到的，这正是本套丛书难能可贵之处。

应该说，《物理改变世界》丛书是对世界物理年最好的庆贺，它通过深入浅出的描述，普及科学知识，传播科学精神，总结科学思想，归纳科学方法，结合科学研究中的有趣体验，生动描述物理改变世界的历程，激发青年人对物理学的热爱，使其领略物理之美。

该丛书荣获2007年国家科学技术进步奖二等奖，是为国家科学技术进步奖科普精品——国家科学技术进步奖二等奖是目前科普项目的最高奖项。

第十章

青山独归远，科学人文

科学与人文的关系，是一个常论常新的主题。可以认定的是：二者同源、共生、互通但是互异，彼此不能互代，然而必须互补、交融。据此考察两者关系，所谓同源，乃源于实践；共生，则生于人脑；互异，是为异于功能、差于形态；互通，是起于知识，通于思维；互补、交融，当然是补于方法、交于原则、融于精神。

“观乎天文以察时变，观乎人文以化成天下”。这里的人文即教化之意，表达了“文”而化之的意思。科学求真务实，应符合客观实际及其规律；人文求善务爱，应有着对人的终极关怀。没有科学的人文是残缺的人文，人文中间有科学基础；没有人文的科学，是不完整的科学，科学中有人文的内涵与精神。科学的发展需要人文支持，科学和人文结合、交融，才能产生最佳效应，才能持续发展，才能创造和谐社会，推动社会和事物前进。一个人，若没有足够的人文底蕴，要想成就伟大事业，是绝对不行的。

一、江流石不转，史论纵横

冯端融会、凝聚其独特的知识结构、科研经验、人生阅历与思想见解，教学、科研之精湛，自不待言；于笔耕，金属物理、材料科学、凝聚态物理……著作等身；于近、现代科技史，亦积储宏富，多有卓识明见，他不仅对物理学史具有独特的兴趣与敏感，并善于将历史的经验启示和精辟史识，用于指导自身的科学研究和群体的学术管理。

2003 年，为庆贺冯端 80 寿辰，南京大学出版社出版了冯端的一本文集《零篇集存——物理论丛及其他》，约 47 万字，其中收录有冯端自 20 世纪 70 年代以来所撰写的专门论述科技史或与科技史有关的一批文章，如：《从固体物理学到凝聚态物理学》《凝聚态物理学：过去、现在与未来》《凝聚态物理学与量子力学》《当代凝聚态物理学的发展》《相变物理与材料科学》《晶体生长中缺陷的形成》《晶体生长理论——回顾与前瞻》《学科交叉视野中的矿物学》《晶体的 X 射线衍射理论——劳厄与艾瓦尔德的遗产》《漫谈物理学的过去、现在与未来》《物理学与现代科学技术的关系》《面向 21 世纪的物质科学》《物理学与现代技术：回顾与前瞻》……洋洋大观；若将“前沿问题”或“进展”类的广义科技史论述也算进来的话，那数量就更多了。

对此，国防科学技术大学教授朱亚宗有话说，其为著名学者，博闻多识，于科学与人文方面的研究之精湛，自不待言，科技史研究，为其所擅。在深入研读《零篇集存——物理论丛及其他》后，以“科学与人文交叉视野中的学术大师——从《零篇集存》看冯端何以成为物理学大师”为题，表达了自己的看法。在科技史识方面，朱亚宗认为：

集演讲、随笔、杂著于一体的文集——《零篇集存——物理论丛及其他》

自然科学工作者的业务知识结构中，除去本专业的知识之外，最重要的知识，或者说对创新能力影响最大的知识，无疑是科技史知识与科技哲学知识。爱因斯坦曾说，缺乏科技史识者犹如跛子，而缺乏科技哲学思想者像瞎子。要想成为眼光敏锐、根基扎实的科学工作者，就不能不具备科技史识与科技哲学思想。……篇幅只是反映量的方面，更重要的是冯端先生的科技史论述纵横捭阖、精辟透彻，在时间上纵跨数百年，从近代到当代；在内容上涵盖众多领域，对近代力学、近代物理、量子力学、固体物理学、凝聚态物理、金属物理、晶体物理以及现代技术的基本历史如数家珍，并有关于吴健雄、袁家骝、冯康、钱临照以及南京大学诸位物理学前辈的科学成就、风貌人格的精彩论述。冯端先生的科技史论述，其结合专业之紧密，其视角之独特，见解之精辟，在中国物理学界鲜有其匹。另一方面由于冯端先生在物理学前沿探索的丰富经验与学术上的高深造诣，该书的许多独特科技史料与精辟见解，也为科技史领域的专业学者提供了珍贵的文献资料。可以毫不夸张地说，《零篇集存》融物理学理论与物理学史于一体，冯端先生集权威物理学家与杰出科技史学者于一身。并可以预期，冯端先生的近现代物理学史研究与钱临照先生的中国古代物理学史研究将双峰对峙，成为中国物理学界异曲同工的史学佳作，《零篇集存》有望成为珍贵的科技史文献而永垂史册。

钱临照先生与冯端两人的研究领域相同，冯端“常有机会以弟子辈的身份追随其左右，亲自领受其言传身教，获益良多”。其获益，当包括科学史识。当年，冯端就是依循钱先生的榜样，从较长的历史观点来察看凝聚态物理学如何从固体物理中发展出来的问题，著书立说，踏上成功之路的。

钱先生对科学史情有独钟，渊源有自——他少承家学，在文史方面打下了坚实的基础。抗日战争期间，钱先生在昆明寄寓历史研究所，细读《墨子》，从中整理发掘出一些有关光学、力学的创见；再读梁启超著《墨经校释》一书，得知对这些科学记载尚未给予完善解释，遂作《释墨经中之光学、力学诸条》一文，校释《墨经》中的光学8条与力学5条，站在现代物理学的高度，结合文字训诂，探隐发微，深刻地揭示了这些条目的物理学意义。这是对中国科学史的一项贡献，受到英国著名科学史家李约瑟的重视。

钱先生曾撰文对前后2500年历史的西方宇宙理论发展概况作出评述，并据此回顾了中国古代的宇宙观，比较之下，体察其富有东方色彩，自成体系，与西方迥然不同。读张华《博物志》，由“地有四游”之说，发现我国在东汉时期已有地动学说；由书中“如人坐舟中，舟行而不自觉”，知其不仅表达地球在运行，而且用现代物理学术语来讲，可引申出物体在惯性系统中运动的特征。由是言之，因为张华所引的是后汉的《尚书纬·考灵曜》，所以我国的地动之说应早于哥白尼、伽利略约1500年……钱先生独步于中国古代物理学史研究，成果卓著，在推动我国科学史的研究和教学方面发挥了很大的作用。

钱先生大力倡导实验方法在科学史研究中的应用，借助复原、模拟甚至现代检测手段对古代一些重要的科技发明创造进行实验研究，以弥补文献记载的不足。钱先生所创建的中国科学技术大学科学史研究室在这一思想的指导下，在中国古代漏刻、张衡的天文仪器与地动仪、唐代浑仪、泥活字印刷、特种印刷以及宋代的性激素提炼等科学史重大问题上进行了系列性的实验研究，取得了一批令国际同行叹服的可喜成果。

事实上，中国有“治者知史”的文化传统，为政者皆从历史知识中获取精神养料，开启智慧，探求为政之道，思考长治久安之良策。唐朝刘知几揭橥作史三长：才、学、识。清朝章学诚认定三者得一不易，兼三尤难，而更增一德字。从史学意义上分析，“治者知史”，知类通达，明辨是非真伪，必须努力构建“史识”——“史识”本是中国传统史学中的一个特殊概念，乃唐刘知几于《史通》中所提出，其内涵具“通识”意义，包括“博采”“善择”“兼善”“忘私”“探择”等诸方面内容，体现了理性的修史方法和历史判断能力。习史，实现真正知史，提高历史文化素养，具有历史意识和文化自觉，即：想问题、作决策要有历史眼光，能够从以往的历史中汲取经验和智慧，实现理性的复归。

作史重“识”，写诗亦如是，袁枚以为写诗也须三长，而识为最先，“学如弓弩，才如箭镞，识以领之，方能中鹄”。说的是写诗、作史，为学又何独不然？

孔子云：“学而不思则罔，思而不学则殆。”在冯端身上正可看到学思合一的独到体现。他学识精湛，功力深厚，对科学理论与科技史识融会贯通，历历如数家珍，绝非一朝一夕浮光掠影所能获致者。

诚然，《零篇集存——物理论丛及其他》汇集了冯端数十年的演讲、著作的序言和读后感、在物理类期刊的发刊词、评述随笔、访谈录、回忆录以及其选译的多国诗人的诗，展现其学术思想与人文素养之精华，内容丰富，科学史识方面的造诣仅是其学养之一角，对于其全貌及重要性，时任南京大学校长的蒋树声教授概括如是：

作为后辈，作为学生，对先生的事业成就素有高山仰止之感，对先生的人格魅力也常常身有所受，心有体会。奉读《零篇集存》，更觉豁然开朗，其中从《凝聚态物理综论》到《科学与治学谈荟》等篇，显示严谨扎实的“治学”之道，高屋建瓴地把握科学发展方向，是先生事业辉煌的不二法门；《缅怀与追忆》让我们看到了先生内心的一腔热情和一片至诚，一个永不停顿的赤子之心，一个善待一切的高尚灵魂；《西诗偶拾》则展示了先生深厚的人文素养和博大的人文情怀，凸显出一代科学巨人向善向美的崇高心性。

二、相去复几许，仁知双修

朱亚宗教授认为：

中国历来不乏都江堰、万里长城、“两弹一星”等应用型集体攻关成果，却缺乏哥白尼、牛顿、爱因斯坦、玻尔、海森伯、维纳、普里高津一类开拓领域、开创体系的理论原创型科学大师，其中的原因固然是复杂的，但科学哲学素养的不足显然是一个重要的因素。克服这一不足，提升中华民族的精神品格和哲学素养是一个长期的历史过程。在这一过程中，我们欣喜地看到，各个领域已经开始出现这样的科学家，他们不仅在自己的专业领域取得了世界一流的创新成果。而且在哲学素养方面也已直逼国际一流大师的水平，冯端先生即是其中的杰出代表。

朱亚宗教授在叙述爱因斯坦、玻尔、海森伯等物理学家的哲学思想演绎过程后，继续挥洒其意，具体分析了在中国哲学环境中成长起来的物理学家冯端的思想：

其哲学思想反映出鲜明的中国特色——辩证唯物主义，其实这也是中西合璧的哲学，其主要概念和思想源于黑格尔、马克思和恩格斯。辩证唯物主义哲学为中国绝大多数自然科学家提供了基本的哲学思维模式，并对某些高水平的科技创新有直接的启示作用……中国自然科学家几乎都懂得辩证唯物主义的哲学思维模式，但哲学思维水平仍有天壤之别，其关键的差别不在于是否学过或记住一般的概念与规律，而是在于对专业问题理解与思考的深度，以及是否有哲学眼光透过专业问题揭示其内在的基本矛盾，并是否有能力进而解决由基本矛盾决定的专业问题。《零篇集存》一书让人看到，冯端先生以精深的学术造诣为基础，对唯物辩证法的运用已达炉火纯青之地步……

冯端运用唯物辩证法最精彩之处，当推源于自身丰富的科研实践而作出的辩证分析。朱亚宗教授评论说："人们常常叹喟，当代中国缺乏大师，君不见冯端先生以文理兼通的知识结构和世界前沿的创新能力，向人们展示出令人高山仰止的科学大师形象。"

古今中外，凡是有所成就的科学和艺术大师，无不在科学与艺术方面都有着深厚的修养。典型的例子是文艺复兴时的达·芬奇，集科学与艺术于一身；还有歌德、爱因斯坦……科学大师，或艺术大师，或其他名目的才智型大师，等等，显赫的成就和声名为世人所熟稔，魅力永恒。例如，达·芬奇不仅是一位伟大的画家，也是一位很有成就的解剖学家、建筑学家、机械学科学家；歌德是一位伟大的诗人，同时也是一位地质学家、植物学家；爱因斯坦是举世闻名的科学大师，同时，也是一位出色的小提琴手，在构思相对论时，他从自己拉的优美的小提琴旋律中获得灵感……他们的成就几乎都取决于科学、人文双重素质交融互补。《徐霞客游记》大家都读过，是文学？地理或地质？都是。徐霞客是文学家？科学家？亦都是。科学专注于揭示宇宙物质之奥秘，艺术陶醉于探索感情之奥秘。作如是观，下面的结论就顺理成章了：“最具魅力与影响力的学术大师是兼具科学素质与人文素质的复合型科学家。”

朱亚宗教授分析和描述道：

自然科学家兼具深厚人文素养者，代不乏人，其中令人惊赞的是，某些人虽然作为业余爱好涉足人文领域，但人文素养竟达于专业水准，甚而有突破创新，卓然成家。现代西方物理学家中，普朗克之钢琴、爱因斯坦之小提琴、玻尔之足球、盖莫夫之科普创作，均有专业水准；当代中国科学家中，竺可桢之科普创作、钱学森之音乐、卢嘉锡之书法、林徽因之散文、也均达专业水准……冯端先生因其深厚的家学渊源，过人的领悟能力和长期的钻研修炼，在诗歌方面有很深的造诣，可以毫不夸张地说，其诗作、诗论、诗译、三方面均已达于专业水准。

事实上，在科学学术以外，冯端兴趣广泛，涉猎多多。他聪颖过人，过目不忘，知人论世，往往谈言微中。文学、艺术同样造诣精深，对于诗词更是一生钟爱，只是常为盛大的科研、教学之名所掩。朱亚宗教授如是说：“冯端在诗歌方面，是集作、论、译于一体的学者型诗人，不仅业余爱好者，即令是专业诗人，亦大多难望其项背。”

值得一提的是，厚积的学养造就了冯端盛德清操、崇高朴厚的大家风范，其人文素养深厚，文学、艺术、诗歌方面的造诣仅是一角。

诗歌铸情，抒发性灵。冯端一生钟爱诗词，甚至在“文化大革命”期间无书可读时，他最大的慰藉就是默诵几句诗词。古人云“诗可以兴，可以观，可以群，可以怨”简明而全面地道出了诗的功用。这也是冯端在本职工作之外始终放不下诗的理由。

随着年岁增长，冯端越发体会到诗词的特殊魅力，文字简洁，形式精妙，“不着一字，尽得风流”，超脱空灵的意境使他心醉。冯端由西方现代诗再回头吟味中国古代诗作，则大大提高了自己的欣赏水平。中国文言贵在言简意深，而古典诗词的内涵蕴藏尤为丰富，不论四声、格律、对仗都是讲究有来历的。很多美妙之处是只能意会，不可言传的。

诚然，结缘于诗，多半不是权衡利害得失后的选择。冯端如是说：“由于和本职无关，就少了一些功利色彩；可放可收，既无需侍候别人眼色，更不必随风转舵，倒也潇洒自在。”

1992 年，冯端应邀偕夫人访问意大利国际理论物理中心，这里距诗人里尔克曾经住过的城堡杜伊诺小镇不太远，得暇，偕夫人专程去城堡中的诗人旧居参观。走在里尔克生前散步的小径上，冯端触景生情，一边欣赏海岸美景，一边体味诗人《杜伊诺挽歌》的诗境，那落日余晖的诗情画意，至今还留在老人记忆里。

笔者忽有私忖：如果冯端对诗能够罄力以赴、锲而不舍，也许会在诗歌方面留下更多的光辉，也许中国又多了一位著名诗人。但，显然这只是不切实际的书生之见，况且也不符合冯端所说“和本职无关，少功利色彩，可放可收，潇洒自在”的与诗结缘之原旨。

三、山花醉药阑，诗缘雅趣

尤为难得的是，冯端竟然将诗词中深刻的哲理和科学的内涵巧妙地运用于物理学著述中。2013 年 6 月，《中国科学报》发表文章，题为《中国科学院院士冯端：穷理尽性皆为诗》，文中写道：

> “科学和艺术可以彼此应和，诗歌和物理学是相通的。”正如冯端这句名言所通达的境界，这位格物致知、穷理尽性的物理学家，绘就了诗一般深邃的人生画卷，意味隽永。

“人生画卷，意味隽永”，八字慷慨，如闻其声，可见诗书同道，能够将古今中外诗篇信手拈来、不着痕迹地融于学术著作，足以显现出其作为一位物理学家对研究领域的游刃有余，让人感叹其丰厚的文学积淀以及对物理学始终不渝的探索精神。

举其大端列举之。

《凝聚态物理学》英文版(上卷)中，在每一篇之篇头，冯端都会引用与本篇内容相关的诗句或格言作为文章的开篇，如《不同结构中波的传播》之篇头，引用了莎士比亚十四行诗中的曼妙词句：“像波涛滔滔不息地滚向沙滩，光阴也分秒必争地奔赴终点。后浪和前浪不断地循环替换，前呼后拥，一个个在奋勇争先。”用莎士比亚的诗歌诠释物理现象，这是何等绝妙的意境！这是何等的创意！人文与科学相互呼应，大写意也，亦是抽象，抽象与大写意之间，默契存焉！

在《漫谈凝聚态物质·晶态面面观》一书中，冯端引用英国诗人白朗宁（R. Browning) 的两句诗："在世间，残缺的拱弧；在天上，完美的浑圆。"借以说明完美与缺陷：绝对的完美，是天国的专利，可望而不可即，世间万物与之无缘，晶体当然也不例外。

在《漫谈凝聚态物质·放眼晶态之外》一书中，为说明湍流之疑谜，冯端引用了18世纪英国文人斯威夫脱[①]（J. Swift）的一首打油诗："博物学家观察妙，大蚤身上小蚤咬，微蚤更栖小蚤上，无穷无尽蚤咬蚤。"似乎体现了标度不变性的概念，科学家理查森（L. F. Richardson）见之，仿之，作"纷纷大涡喂小涡，小涡转来喂微涡，速度逐级耗散尽，化作分子黏滞性。"用来表达他的湍流级联涡旋模型的基本概念，抓住了涡流在结构上的主要特征。译作生动勾画了涡旋大小交错、生生不息的动态涡旋图像，寓概念于情景，何等传神，又何等深刻！妙手偶得，别具一格。

《溯源探幽：熵的世界》一书中寄趣于乐，引用19世纪英国诗人雪莱（P. B. Shelley）的诗句："世界的伟大时代重新开始，黄金一样的岁月再度光临；大地脱去冬季穿戴的丧服，宛若灵蛇蜕皮而焕然一新。"恰到好处！载录20世纪美国诗人艾略特（T. S. Eliot）诗句："世界就如此告终，世界就如此告终，世界就如此告终，非嘭然巨响，乃唏嘘饮泣。"让诗人的想象在宇宙结局这个问题上驰骋，给人以思考的空间，最后收于哲学家维特根斯坦（L. Wittgenstein）的名言"凡我们不可言说的东西，我们必须保持沉默。"

值得一提的是，《凝聚态物理学》（上卷）问世之时，恰值冯端八十华诞之际，可谓"双喜临门"。冯端又一次以诗寄情："此刻的心情可以引用英国诗人 A. C. Swinburne 的诗句来表述：Even the weariest river winds some where safe to sea（即使最疲惫的河流，蜿蜒曲折，终能安然入海）。"人文再一次呼应科学、沟通科学，让人有观止之叹。

1991年，有记者为采访拍摄中国科学院学部委员，联系冯端，相约在其北京姐姐冯慧家。斯时，有其姐夫叶笃正、二哥冯康、小弟冯端三位院士在场。完成拍摄后，应记者要求，三位院士当场给记者题词，叶笃正题词："贵在积累，去伪存真，还要敢于否定自己以前的工作。"冯康题词："独立思考，旨在求实。"

① 著名的《格列佛游记》的作者。

一代数学大师冯康（1920—1993）题词：独立思考，旨在求实

冯端之题词则引用了古希腊天文学家托勒密（Ptolemy）的诗一首：

顾余本凡人，倏忽寄浮生。
深宵观天象，星斗自纵横。
恍若离尘寰，跻身造化邻。
畅饮长生酒，欢悦润素心。

这是冯端自己从古希腊文的英译本翻译过来的，用在这儿别具机杼，当得诗之三昧，含金量更高。

对于译诗，冯端“选择的标准无非是自己喜欢读的，翻译起来还不太费事”。而对西诗中译之方式，冯端“总感觉到有些外国诗，词句复杂，意境微妙，用旧体来译，难免削足适履之弊。因而又用白话体译了一些诗，始于歌德的《致夏绿蒂·泰·史坦因》，随后较多是里尔克的诗。”

冯端在其译诗过程中亦有独到见解。按朱亚宗的分析，“冯端先生的诗论亦颇有专业慧眼”。相比于胡适与徐志摩的新诗，冯端早年即有敏锐的直觉；比较西方现代诗与中国旧体诗，论述颇有见地；而对于诗的价值取向，亦很早就有自己的审美意趣与选择偏好，不喜说教爱唯美。

作为佐证，不妨看一下冯端的回忆：

……冯康在读苏高中时所用的英语课本是吕叔湘等编写的《高中英文选》，其中收有少量英诗。他曾向我介绍过两首英诗，都是美国诗人所作：一首是爱伦·坡的 *Annabel Lee*，读起来声韵悠扬，听起来有诗的味道，虽则和传统的中国诗有很大的差异；另一首就是朗费罗的《人生颂》，一上来就板着脸和诗人常说的“浮生若梦”大唱反调。话也许不错，但浓厚的说教气为我们所不喜。在爱伦·坡与朗费罗之间作抉择，我们宁取爱伦·坡的唯美，而舍弃朗费罗的说教。1938 年春我们困居于沦陷后的苏州城里，冯康又找到一本英文书，其中有爱伦·坡的《致海伦》一诗。读起来不仅声韵别致，而且意象也十分感人。当时，我们读来觉得挺有滋味的。一直到今天我还觉得这一感受是有道理的。在英美文坛，对爱伦·坡诗的评价总不甚高；而在法国，象征派诗人波德莱尔、马拉梅、瓦雷里则对他推崇备至，奉为圭臬。

冯端在为《零篇集存·西诗偶拾》所写的《诗缘》一文中，袒露心迹：其与诗结缘，无功利色彩。其文后又说：“这里刊载的十几首新诗体译诗翻译时间的跨度超过半个世纪，至于这些译诗的水平如何，能否达到发表的要求，也就在所不计了。总之，不妨将它们看作生活浪花溅起的一些泡沫，作为我个人诗缘的见证吧。”平和、超脱的心态跃然纸上。

“诗缘见证”也好，“毫无功利”也罢，冯端借此表明了一个观点：诗给人带来的快乐对人的生命存在方式有着积极的影响。诗卷在手，胸罗万有，可体会多少生命感悟、人间忧乐、世味甜酸。

结缘于诗，寄趣于乐。“诗缘都自铸情来”，从诗中所得到的高尚情趣、深厚情感以及丰富的审美感悟，使人世间的一切利益纷争变得黯然失色、惨淡无光。如果以功利色彩作诗，将诗作为盈利工具，“雅”生何处？失去了读诗、品诗过程的快乐，“趣”从何来？

祝冯端的“诗缘”永在，垂之久远！愿冯端的“雅趣”得意，永溢芳馨！

四、一番洗清秋，寄趣于乐

在冯端家里的客厅墙壁上悬挂着长达近五米的一幅“兰亭纪胜图卷”，

洵为醒目。长卷分三段，第一段，帙雪堂法书“兰亭序”，“天下第一行书”，石刻拓本也；第二段，乃著名建筑大师吴良镛院士所绘兰亭序之意境图；第三段，为吴良镛手书文徵明重修兰亭记之。据冯端介绍：“这是吴良镛院士赠给冯康的。冯康去世后，他又转赠给我了。”近前细看，在第二段的画卷上，确有吴良镛先生所题“冯康学长指正”字样，钤印有吴良镛的藏鉴之印。手书、印章，见证了“兰亭纪胜图卷”长卷之辗转经历。

“兰亭纪胜图卷”，序、书、画三绝，实属珍贵；序之字，展现了一代书圣的书法神韵，“清风出袖，明月入怀”；画之意，意在深远，序之神韵跃然纸上；而吴良镛先生转录的手书，则淳淡婉美，衬托出记文的幽雅。不仅如此，这发黄的卷面，字里画间，还沉淀着冯康、冯端兄弟的浓浓乡情；其两次流转，又体现了老辈学人之情谊，更属难得，相知之深，推许之重，心灵会通之情宛然。

“兰亭纪胜图卷”，以及墙壁上挂有的多幅照片、长联、大理石画……所表达的美妙意境，使人入其厅，览景而生情文，很有些艺术品位。虽说这显然是女主人的杰作，但也充分展示了冯端的欣赏眼光。

一般人总以为大科学家醉心科学，除了科学外，都不在心，其生活一定是严谨而枯燥的。尤其是物理学家，长时间待在实验室中工作，以实验室为家，想来是无暇享用“人间烟火”。以此推断，不知道的人尝谓冯端除了物理，别无爱好。此言不确。果若是，何来这几多风景？

冯端兴趣十分广博，与二哥冯康一样，传承了冯家好读书之传统，他具有非凡的科学和文化素养，除了在物理方面学识渊博、在诗歌方面有很深造诣外，其知识和兴趣遍及多个学科，艺术、历史、地理、地质、绘画、书法、宗教……都有深度的钻研，达到专业水准；在围棋、桥牌方面，亦有专得。

1995 年，冯端夫妇到美国芝加哥参观芝加哥艺术博物馆，由一南京大学的留学生陪同指引。先是由留学生讲解，后来，才到展室门口，冯端即指出室内哪幅画是出自哪位名家之手；待步入室内，来到近处，一看说明，果真无误。到后来则角色转换，成为冯端向留学生介绍画家的流派与特色了。

冯端与二哥冯康，自小受大哥冯焕的影响，均为影迷。对此，冯端曾著文回忆，写下当时（中小学时代）所看中外电影留下的印象：

电影这种新型的文艺形式，在 20 世纪 30 年代走入了千家万户。早年就接触到卓别林、罗克、培斯开登的笑片。大哥冯焕是个影迷，常带我们去看电影。中国影片中看了金焰、阮玲玉主演的《野草闲花》《天明》等一系列的片子，直到《新女性》，其中阮玲玉扮演了一位自杀的女记者，人生模仿艺术（王尔德的悖论），竟导致阮玲玉自杀殒命，或为当时的特大社会新闻。金焰与王人美主演的《渔光曲》，富有生活气息，而歌曲也广为传播。后来电通公司袁牧之与陈波儿主演的《桃李劫》，即介入社会问题，而一曲《毕业歌》风行一时，流行至今。后来的《风云儿女》，则令《义勇军进行曲》在全国广为传播，新中国成立后并定为国歌。30 年代好莱坞影片占据了中国市场。刘影谦导演的轻快喜剧《璇宫艳史》，其中法国影星 M.Chevallier 演得风流潇洒，而女主角 Janet MacDonald 则以高亢的歌喉见长，一曲《大军进行曲》，即刻风靡全国。30 年代好莱坞最红的女明星要推原籍瑞典的嘉宝 (Greta Garbo)，她雍容华贵，略带颓废气息，看过她的代表作《琼宫恨史》演瑞典痴情的克里史丁娜女王。还看过当年的天王巨片《大饭店》，是根据德国女作家剧作改编的，全部明星扮演 (all star cast)。嘉宝扮演旅居柏林、年华老去的俄国芭莱舞女演员，和她配戏的是 John Barrymore，扮演到她房间偷东西的贼。Wallace Berry 扮演企业大亨，而 Joan Crawford 则扮演其精干的女秘书。Leon Barrymore 则演具有哲学风味的旅客。

时至今日，与人交谈，年过九旬的冯端尚能记得当年所看过的电影，中国电影，如《野草闲花》《神女》《新女性》《渔光曲》《大路》等，国外电影如《大饭店》《孤星泪》《西线无战事》《璇宫艳史》等，讲起其中情节、主要演员以及精彩片段，论述清楚，记忆犹新。

2010 年，冯端在怀念二哥冯康的回忆文章中亦提到：

当时（1938 年）我们在上海暂住，记得与冯康一起去看《日出》《巫山云》（根据茨威格（S.Zweig）中篇小说《一个陌生女子的来信》改编的）。冯康到北京后也跟我谈起看电影的一些情况，说起北京放的电影，对影星的译名就和南方不同，如卓别林就译为贾波林。

除了看电影外，兄弟俩还喜欢看戏，据冯端回忆，其六岁时，曾经全家去上海，白天逛永安商场，晚上看戏，观赏梅兰芳主演的《宇宙锋》。这也是冯端唯一一次看梅兰芳的戏。

不仅如此，冯端、冯康兄弟俩还是球迷，对精彩的球类比赛，如足球、排球、乒乓球等都非常喜好。2010 年，为纪念冯康院士诞辰九十周年，冯端著文缅怀往事，文中提到：

记得有几次开中科院院士大会，我们兄弟俩同室居住，好几次正逢世界杯足球赛，我们往往半夜三点起来看电视，当时著名球星有德国的贝肯鲍尔、法国的普拉蒂尼、意大利的罗西，最后一次是看到阿根廷马拉多纳的出色球技和凭“上帝之手”那一有争议的进球。今年，我又看了世界杯的比赛，马拉多纳已经是胡子一把的教练了，而身边则没有冯康的陪伴，斯人已逝。看球怀人，诚有不胜沧桑之感！

第十一章

所向无空阔，长者风范

《零篇集存——物理论丛及其他》集冯端数十年演讲、随笔、杂著于一体，内容涉及物理学、科学史、科技哲学、教育学、文学艺术等多个领域，借此可以看出其成就的高度、深度和广度，以及其治学之道、赤子之心和人文情怀。虽然如此，但这还不是完整的冯端形象，文字寿于金石，有时却难于体现一个人的全部生命力。

冯端在凝聚态物理学界被誉为泰斗级的人物，这一点几乎是毫无争议的。2003年，时任南京大学校长的蒋树声就曾如此评价：

高瞻远瞩的科学视野，道器并重的治学方法，真诚热情的处世方略，文理通融的深厚学养，正是先生成其为一代宗师的基本条件，也是我们这辈人学之不尽的精神财富。

然而知其所以然的人又有几何？甚至只是知道名字，就已经很好了。正如朱亚宗教授所指出的：

作为物理学大师的冯端先生，在中外物理学界可谓遐迩闻名，令人敬仰。然而作为文理兼通、才情盈溢、品格高尚的全面发展的科学大师，作为未曾出国留学、在艰难曲折中起步而能异军突起的筚路蓝缕的开拓者，以及作为国家重点实验室卓越学术领袖与研究生优秀导师的科学帅才，却未必普遍为人知晓。

一、自有岁寒心，韵外有致

冯端的科学事业成就与其人品密切相关，取决于科学、人文双重素质的交融互补。他立足物理，超越物理，以文理兼通的知识结构和屹立世界前沿的创新能力，融合科学学术思想与人文素养之精华，读书、教书、写书，提高人生之品位，享受创造之乐趣。

一是读书，思考科学精神，提升人文底蕴。冯端的深厚学养、卓越成就都源于勤奋。他平日手不释卷，飞机上、车厢里……皆是读书好处所。他充分利用时间，博览群书，丰富知识，开阔眼界，启迪心智。

古今中外，对书，有共识，“读书足以怡情，足以博彩，足以成才”、

"读书破万卷，下笔如有神"、"读书能让人得新知，增学问，养性灵"……一言以蔽之：书可增识，读书在悟、在得，淡泊自能明志。

冯端雅好书卷，一生与书为伴，读书已是他生活中的一种追求和一种寄托，他将读书、品书当作怡情乐事，日久恋书渐深，终与之结下不解之缘。

冯端在读书

"半亩方塘一鉴开，天光云影共徘徊。问渠那得清如许，为有源头活水来。"以景喻理，形象深刻，内涵丰富，哲理隽永，以源头活水比喻读书学习，要坚持开卷，不断汲取新知，即"开卷有益"。清朝袁枚则提醒："读书不知味，不如束高阁。蠹鱼尔何如，终日食糟粕。"意指读书要知其味，切莫囫囵吞枣。

感谢古人，将一个十分精巧隽秀的"品"字赐给"阅读"。于是，就像品茶、品酒一样，有"品书"一说。事实上，"品书"比那单纯不带有任何感情色彩对客观对象解读的阅读，显然是上了一个层次，其求知情状为始于情致和迷茫，终于豁然开朗。这种人生体验的迷人之处，恰似王国维"昨夜西风凋碧树，独上高楼，望断天涯路"到"蓦然回首，那人却在灯火阑珊处"境界，移之于读书，更是妙不可言。

王国维的"三种境界"说历来被人称道，不独做学问、成事业，读书品书，亦可互参。今之读书，三种境界相辅相成，不可或缺，一是准备，二是过程，三是结果，准备要充分，过程要勤奋，结果才会圆满。

读书如同品茶，需要慢慢地品味；更如酿蜜，重在吸收利用。这里就有一个方法问题。显然，读书不能一味地只顾着读，思考必不可少，同时也要轻重分明、快慢结合。宋朝朱熹就说过："读书需要眼到，口到，心到，读书之法在循序而渐进，在熟读而精思。"将读书方法归结于一语，透彻通达，尤为精到。

冯端在长期的读书过程中，对于读书之法有很深的体悟。他认为方法多样，因人而异，或采精读，或选速读，或"逍遥"读……皆有其优点，冯端期许"博而后求精，得而后思行"的读书方法；但他也认为或许陶渊明"不求甚解"的读书方法更应推荐。试想，好读书者，必定手不释卷，博览群书，而典籍浩如烟海，也只能浏览而过，不求甚解了。诚然，所谓"不求甚解"说的是一种读书之道，也说的是一种人生态度。事实上，陶氏“好读书，不求甚解”后尚有这样的字句：“每有会意，便欣然忘食。”会意，即知道是怎么回事。读书但求得其要旨，读到会心处，竟然废寝忘食、物我两忘。“读书患不多，思人患不明。患足已不学，既学患不行”，即强调在治学过程中要多读、多思、虚心、躬行。

就冯端而言，科学与人文一身二任，而又浑然一体。作为科学家，做学问，治学严谨，不能仅止于不求甚解，还要苦求甚解，力求甚解——准确透彻理解；而作为好读书者，则取泛读之不求甚解，目的在于开阔眼界，增知益闻，触类旁通，“会意”而已。读书境界，透着轻松、飘逸，实实令人心向往之。

由冯端读书经历来看，他习惯于快读，一以贯之，数十年不变。冯端和二哥冯康兄弟俩自小学始读书就既多又快，这种“速读法”也为他们日后阅读书籍文献提高工作效率打下了基础。当然，其阅读范围也不局限于自然科学，对文史哲乃至艺术无不涉猎。

说起来，其“快读”还曾“快”出事来：当年就读于苏州中学实验小学的冯端，在高年级时发现了学校图书室这个读书的天堂，经常去借阅，因为看得太快，借、还书籍非常频繁，且周期极短，为此图书室的阿姨怀疑他是否真的把书看完了，认为他是瞎捣乱，借书、还书闹着玩，甚为不悦。其实，冯端每本书均是认真读过，而且还记得非常清楚，以至于几十年后，当他回答女儿们的提问时，亦能立刻准确无误地给出答案，乃是他小学时打下的坚实基础。事实胜于雄辩，这由“快”而生发的少年时期的“不白之冤”，数十年后得以“平反昭雪”，不失为一佳话。

冯端夫妇于苏州中学百年校庆之际在校园内的范仲淹塑像前合影（2005年）

书之为物，被誉之为“精神食粮”。以此而论，当有主食、副食之分，包括五谷杂粮、禽蛋肉蔬、生猛海鲜、土特山珍等，还有油盐酱醋类的配料，品类繁多，其味各异，读书人感而觉之，品而论之，遂有种种说法，读出各种味道，大享“口福”矣——味道属“口福”感，沿用于读书，亦是实情。

读书是一种学习过程，也是感悟的过程。书中意，书外象，因书而浑然成一境界——境界不同，则所读所思亦不同。冯端读书，有“书中有我，眼底无他”的超脱与淡然、风趣与灵动。书，让冯端变得丰富，变得有知，变得通达；在书的世界里，逸兴遄飞，神游万仞，精骛八极。

还有一个层面的读书：运用语言工具研读原文。为开阔视野，正如我们所知道的，冯端攻读英语，选修德语、法语和俄语，自修日语，未曾出国留学而掌握英、法、德、俄、日等诸种外语。在这基础之上，当然是杰出的创造、成就和贡献——严谨求实，孜孜不倦，执着追求，终有建树。

岁入晚年，冯端仍读书不辍。2007 年 2 月，在南京召开的院士春节座谈会上，冯端即席发言说：

文学一直是我的业余爱好。一年来可喜的是旅美作家木心的一系列作品，如《哥伦比亚的倒影》等，在国内陆续出版，颇有“一颗新行星浮游入视野之中”的感觉。在沈从文、汪曾祺、张中行等之外，又增添了一位值得我欣赏玩味的作家。

冯端在作学术报告（20 世纪 90 年代）

二是教书，效法古今圣贤，传道授业解惑。回溯近70年的教学生涯，冯端融学术、教育和人格魅力于一体，躬身践行，秉持两个基本点，一是服膺“为学当如金字塔，要能博大要能高”，作为教师，必须学习终生；二是坚持“独立之精神，自由之思想”，数十年如一日，教学相长，别有一番人生参悟。

作为一位有眼光、有魄力的科学家，冯端始终站在科学前沿。他辨析手与眼的问题，论述人才培养：

做任何事情要靠手，也要靠眼，画画写字乃至于做学问、成事业莫不如此。手代表基本知识和技能，例如从事科学，基本的实验技能、计算技能等；眼代表眼光、视界、鉴赏能力、判断能力。有的人眼高手低，也有人手高眼低。没有基本技能，不能成事，所以手是基础。当学会了基本技能之后，鉴赏力和判断力的重要性就突出出来了。画工和画家的区别在于前者只有手，而后者既有手又有眼，就显得高明多了。科学家何尝不是如此呢？有位诺贝尔奖得主说过“做第一流科学工作所花的力气不一定比做第二流工作要多”，差别在于眼光——即判断力与鉴赏力，英文称之为taste，所以有基本功之后，在工作当中要逐步培养自己的眼光、鉴赏能力与判断能力，和艺术家一样，需要身体力行、见多识广，要有透彻的体会，这样才能脱颖而出，更上一层楼，向大师接近。

冯端非常重视培养学生具有深邃的科学眼光，使其洞察现状、把握前沿、科学预见的眼光得以继承和发扬，为成就事业奠定基础。

冯端辨析脑与心的问题，阐释成功之道：

脑代表智力。脑筋灵活，富有智力，是事业成功的条件之一，但是这并不是一切，更重要的是要有恒心、决心和信心，就是要有心。做学问，成事业，没有不碰到困难的，有的人知难而退，再高的智力也会一事无成，只有知难而进，障碍一个个被克服，才能取得学术上或事业上的成功。法国大小说家巴尔扎克的手杖上刻有一句箴言“我将打破一切障碍”，希望大家都有这样的气概、这样的信心，打破一切障碍，取得事业上的成功。当然，心具有更加丰富的内涵，除了事业心之外，爱国心也极端重要。

辨析治学哲理，融合科学人文。立足自身丰富的科研实践，冯端娴熟运用辩证思维，诸如，继承与创新，工作能力与鉴赏能力，智力素质与精神素质，个人与集体，简单与复杂，毕与始，博与专……以及物理学有大、中、小之分，可预测与不可预测的论述，晶体结构研究的第一个循环（理想结构研究）与第二个循环（实际结构研究）的概括，晶体缺陷既有危害的一面又有可利用的一面的分析，对晶体生长理论技艺阶段与科学阶段的判断……无一不是辩证之论述，诚有信手拈来、举重若轻、羚羊挂角、不着痕迹之感。

深邃的哲学思想使冯端在自然科学哲学问题上独具慧眼。一方面，在理论上坚实掌握物理基础理论、科学方法及其历史发展；另一方面，又在实际上深刻洞察社会需求。两方面的完美结合，孕育其非凡的科学鉴赏力。冯端正确选择科学探索之方向实得益于此。

三是写书，凝聚才分睿智卓见，笔耕写意挥洒人生。著作、文章、报告、随笔，展现其学养、见识、才情、文笔和境界，立论高远，深入浅出，文笔流畅，言词简洁，匠心独具，潇洒超脱。

冯端在著述（摄于家中书房，2005 年）

“文章千古事，得失寸心知”，对于写文章、著述，冯端非常慎重，落笔前，勤构思、多筹划；落笔后，反复修改，精益求精；著作中、文章里，不时引用与其内容相关的古今中外诗句和格言，任取所需，恰到好处，运用之妙存乎一心。

一字一句之得，一己一物之乐，超越物我，精神空间更为寥廓，心灵飞扬更为自由，生命意味渐臻至境。有自由，才有创造。格物致知，其治学径程，即悟道过程。而一旦在自己的辛苦劳作中不断悟出道，则虽衣带渐宽人憔悴，也是其乐无穷，妙不可言。

科学与人文呼应，诗歌和物理相通，融贯于学术著作，让人感受冯端不凡的品位，也益增著作、文章的余味。上他的课、听他的报告、读他的书、与他交谈，有如沐春风之感。

星霜荏苒，步入老年的冯端对“老有所乐、老有所为”有新的认识和体会，年届84岁的冯端于2007年在南京召开的院士春节座谈会上即席发言，谈及其真髓，说得通达：

科学是一个广阔、敞开的领地，可以容纳众多不同年龄、不同肤色、不同性格的人们来开拓和耕耘；它能让青年人充分发挥其创造性的才能，爱因斯坦发表光量子理论和狭义相对论时只有26岁，海森堡提出量子力学时只有24岁。如何使当代中国青年科学家脱颖而出的问题尚有待于得力的措施加以解决。另一方面，我国素有尊老的传统，使我们这些老龄科学家得以老有所乐、老有所为。就我亲身经历而言，出生于军阀混战时期，成长于抗日烽火的年代，可以说是饱尝磨难。当今有幸安居于太平盛世，真正体现了老有所乐、老有所为。科学工作是多种多样的，老年人自应有其一席之地，可以发挥他们本身的优势：见多识广、阅历丰富、博览群书，并能融会贯通，撰写科学著作得心应手；再加教书多年，注重人才培养。因而近年来我工作的重点就放在撰写科学著作上。

冯端及时转换工作重心，顺应时势，不失为明智之举。近十多年来，冯端老而弥坚，晚而愈明，总是不能忘情于科学、忘情于凝聚态物理的世界，他以书生的执着，对人生的热忱、豁达与大度，不辞辛劳，给自己重新定位，重心转移，信笔纵横，志在将诺贝尔物理学奖得主P.W.Anderson所提出的一些基本概念加以演绎阐释，建构凝聚态物理学理论体系，完成系列巨著，豪气如虹。为此，冯端躬身耕耘于他的这片田地中，长达三十余年。笔底波澜，纸上云烟，时空无限，悠然意远。壮哉！伟哉！

读书、教书、写书，是冯端终生的承诺——生有涯，书无涯，以有涯之生求无涯之书，终生不悔。老有所乐，老有所为矣！

2006年9月，适逢冯端从教60周年，南京大学特地举办“创新人才培养理念与实践研讨会”，作为献给这位物理学界的泰斗和长期耕耘在教育战线的一代宗师的贺礼。

为此，《光明日报》发表专文论述：

冯端院士在60年的执教生涯中以其卓越的科研成就、博爱宽厚的人文精神，手把手地带出了好几代物理人，奠定了“大师加团队”的合作模式与研究理念。在南大师生眼里，冯端院士既是一位治学严谨、融会贯通的学者，又是一位诲人不倦、高风亮节的师长，至今依然笔耕不辍，以撰写科学著作、治学随笔、开设讲座等形式引导年轻人。对于年轻的科技工作者而言，冯端院士的言传身教给了他们深深的触动，也使他们对于“师德与学风”有了更加深刻的认识。

研讨会上，冯端以“执教六十年的回顾”为题，简要回顾了自己60年来在中央大学、南京大学物理系执教的经历，漫谈了教书、读书和写书的一些体会，介绍了个人在科学研究、人才培养和教材建设方面的若干成果。借美国物理学家R.Feynman所说的“进行教学，与学生接触，会使生活丰富”之意，冯端谈到自己的感受：“深深感到执教的一生就是充实的一生，幸福的一生。”他“非常感谢众多的合作者与历代的学生们富有创造性的协作和对话”，同时“也衷心感谢南京大学及南大物理系历届党政领导对我工作的关怀和支持，创造了能使我发挥作用的优良环境”。自重、重人，一代学人风范，跃然纸上，让人感叹不已。

寿匾“长者风范后学楷模”

时任南京大学校长陈骏在讲话中指出：冯端院士博大精深的理论素养、融贯中外的知识框架、丰厚翔实的学术著作、博爱宽厚的待人之道，给广大师生留下了非常深刻的印象。他希望通过梳理、思考、借鉴冯端院士丰富的执教经验来研讨创新性高素质人才培养的理念和实践；通过汲取冯端院士的精神力量，把南京大学的人才培养和科学研究推向前进，把南京大学的学科建设和校园文化建设推向前进。

二、长江一帆远，德厚流光

真正忠于科学、忠于人生的大师，学品、人品必然互相表里、浑然圆融。冯端谦谦君子，为人处世，以诚相与，与人为善，宽容厚道；冯端蔼蔼仁者，至仁至义，率真无伪，超然物外，胸怀坦荡。

当下，浮躁之风在学术界尘嚣甚上。斯时，能够守住一方清静，潜心于学问，不计名利的人，已经少之又少，而冯端却能几十年如一日，实在是难能可贵，尤其是当此读书风气日益荒芜的年代，其意义自不容忽视。

冯端始终坚持学品与人品相统一。为人，诚之信念，以信为本，表里如一；处世，真之本色，坦荡清淳，劲节清操；求知，不离不弃、永不懈怠，博采众长，循序渐进；治学，严谨认真，朴实无华，主张厚积薄发，注重基础，脚踏实地；探索，知难而进，寻根究底，精益求精，坚持“独立之精神，自由之思想”，坚持独立思考，不迷信权威，不随波逐流。

冯端凡事顺其自然，从不计较个人得失，包容性极强。他以学校为家，学校的事始终是第一位的，“学校、学科、系科的利益，高于个人利益”一直是冯端的信念。他为南京大学的学科建设和发展，全身心地投入，做了很多事情，无论是学科设置、专业布局、资源配置，还是提升业务能力、提高整体水平、吸引人才，他都可谓呕心沥血；创建国家重点实验室乃至国家实验室、人才梯队建设、创新体系建设……更是体现了他的智慧，他的思维极为敏捷，总是能够把握稍纵即逝的机缘，抢抓机遇，恰到好处；选准目标，确定方向，争取项目，义不容辞；而对于重大项目的组织协调，则充分发挥自己的影响力，亲历亲为，正面引导，耐心说服，促进达成一致共识。

由此，对于冯端而言，还生发“大家”“小家”之辨析：众所周知，与冯端同时代的老一辈科学家大都曾出国留学，而冯端于大学毕业后，因家庭原因导致其没有出国继续深造，他的解释是：

因当时，我的大哥冯焕和姐姐冯慧都在美国留学，二哥冯康到苏联留学，老母亲在家要有人赡养，所以我就没有出去，必须留下来，这是为了“小家”。而所谓“大家”，则是：改革开放后，我有很多机会出国进修和工作。但实验室尚在初创阶段，我要出谋划策，争取经费与设备，工作十分繁重，我不能离开实验室，实验室也不能没有我，于是我就分期、分批地将出国名额推荐给了系里的年轻老师，自己则坚守岗位，筹划实验室的建设与发展。所以这是为了实验室这个“大家”。

时隔数十年，当再被问起这事，耄耋之年的冯端“深远如哲学之天地”，回答依然是那么的睿智：

我虽然没有出国留学，但是我创建了国家重点实验室，领导了许多重大科研工作，培养了一批批非常优秀的科研人才，还写了许多专著和科普读物。所以，我感到很欣慰，无愧无憾。

由这“大家”说开去，冯端即使出国，心里想的还是“大家”，佳话迭出。小举两例：

一是，1995 年 3 月为进一步落实中国物理学会与美国物理学会 1994 年达成的协议，冯端率团赴美，出席美国物理学会三月年会（March Meeting），会后组织并参与中、美物理学会双边会议，商谈中美物理学界的科技交流与合作事宜。会后，借此机会访问了多所美国大学，如马里兰大学、约翰·霍普金斯大学、芝加哥大学、西北大学、密歇根大学、纽约州立大学阿尔班尼分校、布法罗分校和斯坦福大学等，所到之处除应邀作学术报告、介绍科研集体的学术成就、扩大影响外，重点在于为学校、为学科寻求交流途径，寻找合作方向，为学生和年轻教师探求出国深造的机会。

二是，2004 年冯端以探亲名义赴美，住在女儿家，却用了两个月的时间自费访问了布朗大学、康奈尔大学、罗切斯特大学、加州大学伯克利分校、加利福尼亚大学洛杉矶分校等学校，参观实验室，与科研人员交谈，发现他们从事研究的新课题、新成就，回校后又向系里的老师传达、转告，为之牵线搭桥。私人的探亲成为公务的考察，“小家”也转成了为“大家”。

冯端乐于助人，在南京大学，在物理学界，在科技界，人们对他的印象都非常好，遇事都喜欢找他商量，有问题也都爱找他谈，他总能给大家一些建议。不管是单位还是个人有求于他，或是希望得到他的帮助，他从不推辞，问有答，求有应，请也到，都是尽心尽力去做，尽可能帮助别人，大家都很爱戴他，尊称他为“冯先生”，充分表达了大家对冯端渊博知识的敬佩，对冯端睿智幽默的敬慕，对冯端人格魅力的折服！

冯端善于团结人，长于协调与综合。之所以如此，具有很强的大局观是重要因素，而更重要的原因则是毫无私利，公平公正，他总是从全局的高度，设身处地地为别人着想。在同事和学生眼中，冯端从无门户之见，开明大度；为人为学，宽厚包容，让不同年代的中青年学者都凝聚在其周围，形成团队和人才梯队。

正如著名物理学家谢希德院士所说：“冯端教授数十年来为祖国的教育和科学事业做出了卓越的贡献。乐育英才，桃李遍天下；献身科学，使晶体物理跻于世界前沿。”

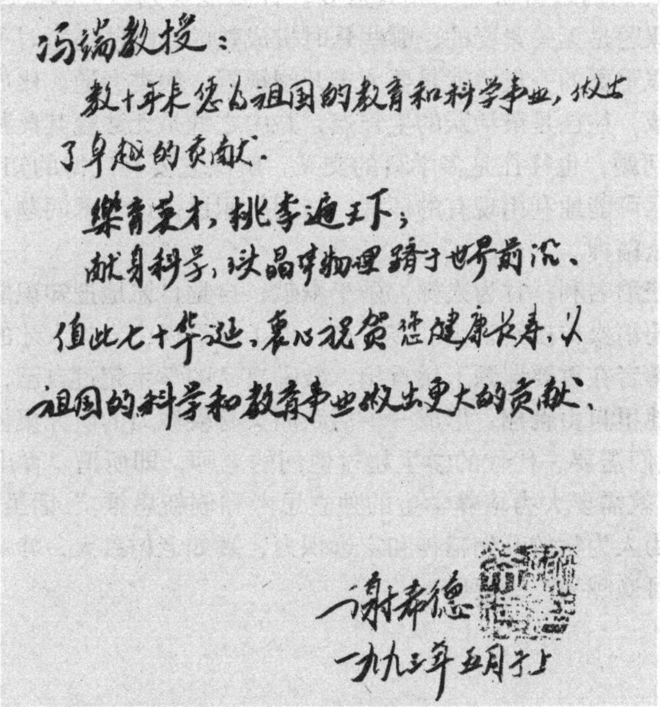

冯端教授：

数十年来您为祖国的教育和科学事业，做出了卓越的贡献。

樂育英才，桃李遍天下；

献身科学，使晶体物理跻于世界前沿。

值此七十华诞，衷心祝贺您健康长寿，为祖国的科学和教育事业做出更大的贡献。

谢希德

一九九三年五月于上

谢希德为冯端七十寿辰所作贺词

冯端一生耕耘，可谓桃李满天下。其弟子们谈起自己的导师，均充满了敬意。弟子们聆听冯先生的教诲，感悟他的睿智，领会他博大精深的学术思想，钦佩他为物理学发展殚精竭虑、无私奉献的襟怀。不仅在学问上受惠于冯先生，人品、学风上也受益颇多——冯端的人格魅力吸引、润化着与其合作的每一个人。

冯端严于律己，以科学严谨的态度对待他参加的每一次活动，准时守约。与会时，自始至终认真听取别人的报告，时而笔记要点；发言时，总是用平和的语气和简洁朴实的词汇，阐述自己的观点；研讨时，平等待人，充分发扬学术民主，身体力行，主张学术上的平等，集中大家的智慧……他以自己的高尚情操、超凡人格对学生和后进产生着潜移默化的影响。

指导年轻人开展科研工作时，冯端总是反复强调：科研工作的第一步，往往是从搜集资料开始的。善于搜集、整理资料，这是做学问的一项基本功。有了基本功之后，在工作中就要逐步培养自己的眼光、鉴赏能力与判断能力。这需要身体力行，见多识广，要有透彻的体会。也就是要善于发现问题和找到研究问题的角度，要能发现某些问题之间的细微差异，这一点在我们的理科研究中尤其重要。你要能够判断，哪些课题是重要的，哪些课题是无关紧要的，哪些是时机成熟的，哪些还暂时不具备条件的。另外很重要的一点，就是要力求开阔视野，触类旁通。比如学科之间的交叉领域，往往是最活跃的生长点，井中之蛙是无法窥其奥秘的，而每一个实际问题，也往往是多学科的交叉，解决它要有广博的知识和技能。当然还要尽可能地利用现有的环境，与同行积极探讨学术问题，要有团结互助的团队精神。

冯端淡泊名利，甘为人梯，乐于奉献，自觉自愿地把知识能力、科学方法和道德情操传授给学生。多年来，他十分重视中青年人才的培养，引导中青年学者在重要课题上挑重担，鼓励自己的学生超过自己，让他们在学术的天地里自由翱翔，形成一个活跃而又有凝聚力的研究集体。冯端如是说："我们需要一代代的学生超过他们的老师，即所谓'青出于蓝而胜于蓝'。这就需要大力培养学生的独立思考和创新思维。"话虽如此，然，一代大师为人为学的开创精神和宏远识力，真如老树参天，峥嵘挺拔，仰之弥高。可逾越乎？愿望也！

三、惟有归来是，尊师重道

古往今来，"尊师重道"之古风已成传统，代代相传。诚然，如果理解此"道"为治国之道、安邦之道和民族兴旺之道，那么，师就应当受到尊重，因为老师担负着"传道、受业、解惑"的责任，是伦理道德、知识、价值观念的传授者，教人为人处世的行为规范，是道德的表率。

但记忆中"尊师重道"的传统也曾一度式微，这乃拜"知识无用论"

之赐。那是一个价值观迷失的时代，数十年间，师之不尊，道之不行，其所由来者久矣。知识既已无用，何必读书？又何必求师？师者在这种氛围下自然就成了“臭老九”。

原来风水流转，知识，师者，道焉，兴衰际遇，另有千秋。昔年，道不行，师不尊，知识相形之下亦寂寞凄凉。而今时来运转，科学技术日新月异，知识经济突如其来。于是，尊师之议重被提起，社会影响也日见增强，政府与社会，皆强调“尊师重道”的行谊，风气正浓，这是国兴之象征。《荀子·大略》有言：“国将兴，必贵师而重傅……国将衰，必贱师而轻傅。”这阐明了国家兴衰与重视知识、尊敬老师的关系，将“尊师重道”提到有关国家之兴衰的层面。

对于这一点，冯端始终有清醒的认识：尊师重道，是人类文明的共通德性，无论中外都是一样，只有礼仪形式上的不同，并无精神上的差别。他认为：一个国家，如果没有“尊师重道”的风气，就必然没有温文儒雅的国民，也就更谈不上未来可资跻身世界之林的文明与强盛。他进一步强调：尊师重道，是中华民族传统美德的重要规范，其本质是尊重知识、尊重教育、尊重人才。适时进行尊师重道教育，这是人类生存、发展和社会文明进步的需要。

冯端是这样说，也是这样做的：秉承传统古风，恪守中华民族传统美德，躬身践行尊师重道，几十年如一日。

对于传道授业的老师，冯端执弟子礼甚恭。他非常感谢当年求学期间小学、中学、大学的授课老师，如苏州中学实验小学的汪永沂，苏州中学初中部的沈同文、任祖铤、练寿康、杭海槎，福州高中的管雄、王志恒、顾老师、翁礼平、游寿、魏锡勋等，中央大学的吴有训、赵忠尧、施士元、张宗燧等。冯端不仅对其名字、身体特征、讲课特点记忆犹新，在平时的不同场合亦经常提起；还写下回忆文章，认为没有这些老师的指导与帮助，不可能有他日后的成就，他对此永怀感激之情：“中小学是人生的奠基阶段，接受的教育对一生影响很大。我非常感谢在草桥度过的三年初中岁月，那是一段充满美好回忆的幸福时光。”

重回苏州母校，但见昔日的口字院已经变成了一座漂亮的现代化校园，但紫藤依旧，仍蓊蓊郁郁。母校的一草一木勾起了冯端的亲切回忆，他衷心感谢给予谆谆教诲的苏州中学老师，感谢给予浓郁学习氛围的草桥校园。

2007年，苏州一中百年校庆，邀请冯端出任形象大使，他颇感意外：“当形象大使？我长得不够漂亮啊！”在他看来，形象大使唯有帅哥靓妹堪当此任。而苏州一中老师认为，冯老在科学上的建树更能体现苏州一中源远流长的治学风格，冯老的风采有帅哥靓妹难比的人格魅力。苏州一中老师的陈述打动了冯端，他说，对于母校的情怀历久弥新，真要感谢当年那段求学经历，使自己在国文、英文、数学等方面打下了扎实的基础，培养了科学研究的兴趣。在苏州一中老师的一再恳请下，冯端欣然接受请求，接过用校园内百年紫藤照片制作而成的特殊聘书。

冯端于福州高中求学时，教其高一国文的是管雄先生，管师后执教于中央大学和南京大学，冯端记念师恩，逢年过节皆过府登门拜望，亲聆教益，数十年一以贯之。后管师仙逝，冯端在其回忆文章中，深情怀念：

管老师一口温州腔的普通语，古文修养甚高，讲课时也流露狂狷之气。例如有一次援引司马温公三上（案上、枕上、厕上）之说，将现代某大家贬为厕上阅读之列。在课堂上教过曹丕的《典论论文》、曹植的《与杨德祖书》《水经注》《世说新语》《洛阳伽蓝记》等选段。这些文章雍容典雅而富有情致，至今我还爱读。庾信的《哀江南赋》则引用典故太多，使初学者难以卒读。还教过李清照的《金石录后序》则文词清丽，感情真挚，留下深刻的印象。……在福高时就听说他在为《洛阳伽蓝记》作注释，后听他言及其文稿毁于十年动乱时期，极为可惜。我手头尚有他的一本遗著《魏晋南北朝文学史论》，现摘录其中一段：阳衒之运用语言的技巧是相当高明的，他的语言，骈散同行……他的精美纯净的语言，表达了散文艺术的高度技巧，近代人李详说《洛阳伽蓝记》的文章是“自然高妙”，那是不错的。录此作为对管老师的怀念。

逝者如斯，冯端对其师缅怀追忆，一片至诚，情真意切。

冯端深情回顾南京大学物理学系的七十个春秋，“七十年来的社会上的风风雨雨并没有将南京大学物理系这支物理学科火炬吹熄，而是愈烧愈旺。”忆历史，论现状，议文化，说成就，谈贡献，历数先辈的丰功伟绩，以及物理系校友为国家、为人类科学事业所做出的贡献。

回顾70年来有许多教职员工为物理系的发展付出了辛勤劳动，做出了贡献，这里特别要表彰三位老教授，第一位施士元教授……曾经两次担任物理系主任（1933～1934年、1945～1952年），执教长达57年，整个科学生涯奉献给我们系，桃李满天下，他孜孜不倦于物理学科的事业，一直到今天82岁高龄还未休止，他虽然不能行动，仍然在书房里进行物理学的工作。……第二位是已故的吴汝麟教授，1930～1952年一直担任金陵大学物理系教授和主任……吴老精于实验工作，为我校物理学事业贡献了毕生精力，在八十高龄后还天天埋头在实验室工作，一直在领导非晶态半导体的实验室建设和研究工作。今天吴老已过世，我们不会忘记他在物理系的功绩。现在我校非晶态半导体的研究工作很受国内外的重视，这就有吴汝麟先生的功绩，是他做了开拓性的工作，奠定了良好基础。第三位是魏荣爵教授，院系调整时起到1984年分系一直担任系主任，是我系任期最长的系主任，又是我国声学事业创建人之一……我系是目前国内外公认的我国最强的四个物理系之一，它们是北京大学、南京大学、复旦大学、中国科技大学的物理系（各个学校的物理系各有所长，要排定次序是困难的）。……七十年来，我系通过许多代师生员工的努力作出了许多成绩。中国有句古诗“人生七十古来稀”，对个人来说年过七十渐近老境，这是自然规律，但对一个集体来说是在不断地补充，所以说我们南京大学物理系的七十岁应该不是一个老年的物理系，而是一个年轻力壮的物理系、蓬勃发展的物理系。

冯端由个人学术生涯的经历，感悟环境氛围、精神风貌对于科研的重要影响，自觉怀念和感激老校长郭影秋，可谓知恩图报，“这一切都是在郭影秋校长领导下的南京大学中实现的。这使我想起郭校长，总是充满怀念和感激。”

钱临照先生乃中国物理学前辈，冯端未曾忝列门墙，但因为研究领域相同、对于位错理论有共同的兴趣，所以两人交往比较多，走得近，冯端“常有机会以弟子辈的身份追随其左右，亲自领受其言传身教，获益良多”，谊属师生而情同志合。

据冯端介绍，第一次见到钱先生，就聆听教诲，领受其言传身教，大有收益。他回忆道：

1946年秋，钱先生在南京参与中央研究院的工作，曾在中央大学物理系兼教授光学课，当时的我虽在校任助教，却乏一面之缘。一直到1948年秋，中国物理学会南京分会在九华山中央研究院物理研究所开会，使我有幸认识钱先生。当时他还兴致勃勃地带我们去参观所内仅有的两台主要实验设备，感应电炉和X射线衍射仪。这使人感悟到要进行固体物理的研究，样品的制备和其表征都是至关紧要的。这也可以说钱先生为我上了很有启发性的一堂课。

钱临照、冯端二人于太湖边合影（1986 年）

零距离接触，使得冯端对于钱临照先生热心提携后辈的高尚风范有切身体会，难以忘怀。钱先生“对于能做出些许工作的后辈，总是推诚相助，鼓励备至，褒奖有加”。

20 世纪 60 年代，冯端的“体心立方难熔金属中位错的研究”经常得到钱先生的指教和鼓励，其论文稿件都经过钱先生细心审阅后才发表。20 世纪 80 年代，冯端耕耘于凝聚态物理学领域，其源头亦是践行钱先生指令所作的报告，报告修改成文之后，也是承钱先生赞许、推荐发表，冯端如是说：“从此开始了我对于凝聚态物理学所作的一系列论著，成为我在近二十年来的一项主要工作。回想起来，这也要感谢钱先生对我本人的启发和信任，鼓励和鞭策。”

2003 年，《钱临照文集》问世，冯端在《物理》上著文《追念钱临照先生——〈钱临照文集〉读后感》，寄托哀思，字里行间充溢着深深的怀念之情。冯端在文中叙述了钱临照院士的科学生涯，展示了他对物理学所做的主要贡献，以及对现代中国科学和教育事业发展所起的重要作用。其中包含了冯端的一些个人回忆，读来十分感人。

我们不仅在冯端与钱临照先生之间看到了冯端对师长的尊敬和情谊，也见到冯端对周培源、陆学善、彭桓武、王淦昌等先辈长者总是礼敬有加，非常尊重，有机会见面，他必当谦恭请益，领受教诲。从冯端的行为举止间，可以看到中国传统的“尊师重道”的美德，其事师致敬之风范，让人感动。

2003 年，适逢冯端八十大寿，德高望重的彭桓武先生欣然命笔，以

“贺八十大寿”为题，写下诗句：

江河老，岁月驰。人生八十未为奇。已圆科教兴国梦，还分夕照作晨曦，光明整日随。

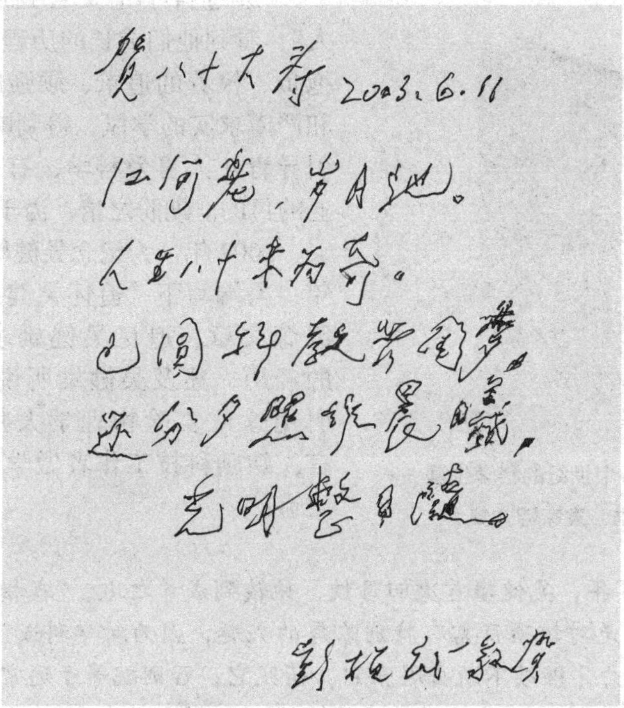
贺八十大寿 2003.6.11
江河老，岁月驰。
人生八十未为奇。
已圆科教兴国梦
还分夕照作晨曦，
光明整日随。
彭桓武敬贺

彭桓武贺诗“贺八十大寿”

为追忆吴健雄、袁家骝两位科学大师，1992 年值此伉俪双双同登 80 大寿之际，冯端与陆埮院士共同主编了《半个世纪的科学生涯——吴健雄、袁家骝文集》，记录这两位实验物理学家在科学园地辛勤耕耘半个世纪的主要收获，展示有关他们科学生涯的第一手资料，以表达崇敬之情。

吴健雄、袁家骝两位大师之道德文章，堪为当代青年人效法的楷模，为此，冯端写下长篇前言，希望通过这本文集“能认识到第一流实验物理学家所具备的难能可贵的素质：对于物理学有深刻的理解和高度的洞察力，从而设计出精巧的实验使大自然俯首帖耳，泄露它的天机；又能巧于动手、敏于实践，将头脑中的蓝图变为实验室中的设备装置；又能与合作者融洽相处，最大限度地调动他们为共同事业奋斗的积极性；更有锲而不舍的精神，克服前进道路上的重重障碍和困难，决不半途而废；再加上以严谨的治学态度来对待每一项实验结果，使之颠扑不破，经得起多方面的考验。我们也希望读者能够通过这本书体会科学家的甘苦——成果来之不易，同时体会到有所发现的喜悦和欣慰。”

纪念文集《半个世纪的科学生涯——吴健雄、袁家骝文集》

“透过科学论文看到后面站着的人”，看到他们成长的历程、科学上的抱负、执着的追求、顽强的拼搏精神和严谨求实的学风，得到响应和共鸣，引导青年人喜爱科学、有志于科学事业的目的。期盼之情，溢于言表。

2007 年，为纪念吴健雄诞辰 95 周年，冯端写下《追怀吴健雄教授》的纪念文章，追忆吴健雄求学和科研的经历，述及吴健雄所说成才之道，引用这位实验物理学大师的见解之言，勉励科技工作者做学问，走成才之道：

在 1973 年，吴健雄首次回母校，她谈到成才之道，“我相信做学问最需要的条件是对该项目需有特别浓厚的兴趣，因为对学科或问题有兴趣，便会集中精力，继续不断去思索它，研究它，否则就等于通常一般人对付日常职业和生活，不过肤浅地尽责而已。但是单靠兴趣和灵感还是不够的，一定要有广泛的见识和深透的了解，然后才知道这个问题是不是值得集中精力与时间去研究，在目下简陋的设备下，及有限的时间内，它的成功率究竟够不够大？应该选择从哪方面着手最好？回答这些问题，就应该先从参考书及杂志上收集资料，再与同事们作详细讨论……”

冯端非常看重朋友情谊，“与朋友交，言而有信”，显现坦诚与敦厚之古风，人际交谊，向善向美，出之心诚。他与黄昆、师昌绪、严东生、谢希德、郭可信等物理学大师多有交往，相去虽远，相期至深。同样，因为诚心，与戈悦宽、王业宁、翟宏如等，时相过从，清交素友，互披心迹，共商科学，切磋学术，意趣相投，建立了诚挚的情谊。

冯端夫妇与王业宁夫妇参观上海世界博览会时合影（2010 年）

冯端深知人生中的诚信至关重要，对人对事处以诚心，常怀感恩之心，这是一种品质、一种修养、一种责任和一种动力，“精诚所至，金石为开”。他感谢那些关心过自己的人，也“非常感谢众多的合作者与历代的学生们富有创造性的协作和对话”，时时记住别人对自己的好、对自己的支持和关心。

对学生和后辈，冯端谦和真诚，谆谆教导青年学子，既言认真读书与尊师重道，又倡独立思考与突破传统，言传身教，对青年人一向鼓励提挈，毕生奖掖后学，有人请教都欣然为之，悉心相授，毫无保留。鼓励年轻人去尝试，告诉他们应该如何去做。只要看到年轻后进有一可取之处，他都会大加鼓励。正是在这种鼓励和尝试中，冯端培养后学逐步养成自己发现问题、分析问题和解决问题的能力，而这种能力正是一个从事研究的人不可或缺的。

2003 年，八十高龄的冯端出席南京大学“心灵对话”活动，走近学生，与大学生聊学术、谈生活、说创新，时有精微独到之见。大师平淡的人生际遇让学生们感到吃惊，他们问道：“这么普通的生活，您不感到迷茫吗？”冯端回答道：“年轻时经历过无数的动荡日子，也常常迷茫，但是人要有眼光，要在别人的随波逐流中坚定地做自己要做、喜欢做的事。”对于怎么做才能很快取得有突破性的创新，他的意见是：“学习基础性知识对大学生来说是最重要的，创新是个阶梯状的过程，是一点点、一步步实现的。”有学生认为：今天的社会发展如此之快，成功也该讲“效率”。他告诫同学：“讲效率更要讲动力。今天的大学生面临的各种压力、诱惑比过去多，只有做自己喜欢做的事，才能保持长久的信心和动力。过于热衷眼前的成功和风光，往往忽视的是长远利益，而自己生活得也不会愉快。”情见乎辞，发人深省。

南京大学组织的校园“心灵对话”海报（2003年）

2009年5月，冯端到扬州大学作讲座，当听到部分同学抱怨当前基础学科毕业生就业难时，他提醒大家应学会坚持“如决定投身基础学科，就该学会一种坚持，抛弃急功近利的心态，踏踏实实做人、做学问，将来定会有成效”。他给大学生们打气：基础科学须有一种坚持。

作为一名物理学家，冯端挚爱物理学，但在讲座的互动环节中，不少大学生对该门学科的抱怨却让这位年届87高龄的老人倍感忧虑：

如今物理学专业的毕业生因为学的都是理论知识，实践应用的少，在就业方面和应用学科相比有较大劣势，很多青年人虽然很热爱物理这门学科，但因为就业难，他们潜心研究这门学科的信心动摇了，有的甚至在进大学不久就转了专业，这令人痛心。……其实，基础学科的毕业生就业难也许只是暂时现象。因为从物理学的发展演变来看，它是很多边缘学科的基础，并且目前正与生物学、信息科学技术、医学以及能源等多领域发生着越来越密切的关系，终有一天，这门基础学科的核心价值会逐渐体现。

无论是传道授业的课堂，还是言传身教的实验室，抑或是闲暇的偶遇……无论何种场合，冯端都以和蔼可亲、循循善诱著称。他黾勉治学、传道授业，其谆谆教诲，都那么温和而充满力量。在他那里，晚辈后学都可以得到学业上的点拨和生活上的关怀，在他身上重叠了两个角色，一是严师，一是慈父，两者合一，散发出一种延绵恒久的穿透力。

冯端平易近人、和蔼可亲的言谈举止，也给见过他的人留下难以磨灭的深刻印象。很多初见他的人，事后都由衷感叹：原以为这样的大师一定很严厉，令人敬畏，然而，见面才发现他是一位可亲可敬的长者。

随和使然，冯端的学生和后辈在冯端面前也如对家人一般，并无一言感激而情在言外。这种格局生动地反衬出冯端的品德。尔后，一大批学者和学生声名颇著，其中接受过冯端提携、奖掖、扶持的，不知凡几！

冯端，一位善待后学的智者，进取有乐，声名利禄，超然物外，不以物喜，不以己悲，有容乃大，笑对人生，或奖掖后学，或洞微知著……这些无不彰显了其一代学术巨擘之风范，也使得其精神延展，文脉长存，薪火相传。

四、挥手自兹去，寄慨情深

作为科学家，冯端深知自己对民族和国家的责任感，他始终从宏观、战略的高度研究、关注科技与经济的关系，关注两者的紧密结合，关注科学技术对经济建设的推动作用。

冯端在做学问、搞科研的同时，依然关心国事与民生，当选为第六～第八届全国人民代表大会代表。斯时，每年的阳春三月，他与其他代表一起相约在北京，相会在人民大会堂，共商国是。

部分江苏省全国人民代表大会代表在人民大会堂前合影

当下，中国各级政府奉发展为圭臬，“发展是硬道理”，而发展的目的在于增进人民的福祉。社会的进步，最大的意义是保障民生，最根本的意义是用制度惠及民生；社会的进步，最关键的事物在于推动社会的公平正义，在于推动社会的科学发展。民生问题，实乃民心所系、国运所系。《辞海》中对“民生”是这样解释的：“人民的生计”，语境中显然渗透着一种大众情怀。关注民生、重视民生、保障民生、改善民生，已成为政府的基本职责，这要求政府必须直面回应民众最关心、最直接、最现实的利益问题，民生问题存在于教育、医疗、就业、住房、社会保障、食品安全、司法公正、安全生产、环境保护等方方面面，民众家事成国事是一个亲民政府施政的题中应有之意，“两会”由此成为民意表达与凝聚的平台，监督政府与问责的平台。

作为全国人民代表大会代表，肩负着学校广大教职员工的重托，冯端珍惜这种信任，很好地履行了人大代表的职责：围绕社会关注的热点、难点问题，参加视察活动和专题调研；汇聚各种民智，集合所有民意，参政议政，具名提案，积极建言献策；以是否符合人民群众的根本利益作为基本依据而行表决之权利。

1985年3月，《光明日报》在“人大代表话改革”栏目下，辑录了冯端代表的建议：

祖国四化建设亟需各种专门人才，派学生出国留学是完全必要的，但是在当前更要重视国内研究生的培养，因为大量人才的培养主要还是在国内。所以，我们必须创造条件，做好国内研究生的培养工作，努力培养出各类专门研究人才，当然，国内研究生的培养也应当吸取世界各国先进技术和经验，沟通渠道，进行广泛的学术交流。注重国内研究生的培养同派出去学习并不矛盾，不要只抓出国留学生的培养而忽视了国内研究生的培养工作。

1988年3月29日，《人民日报》刊发了中华人民共和国第七届全国人民代表大会在通过专门委员会委员组成名单时的投票场景照片，冯端等人大代表正在行使权利。

全国人民代表大会代表投票场景

冯端长期从事教育工作，数十载的耕耘，使他对教育改革十分关注，早在1983年他就呼吁改进升学考试办法：

升学考试的具体办法要改革，要扭转背书本、轻实践、单纯考算题、单纯强调考分的偏向。……目前教育战线，特别是中小学有个不良风气：片面追求升学率，又没有一个较好的考试办法，就搞强行灌输，轮番出题，诱导学生死记硬背；而不是从打牢基础、培养学生们分析问题、解决问题的能力出发。结果就出现一种奇怪的“高分低能”现象。其实并不奇怪，考分本来就很难全面评定一个人的才能。英国导师招研究生考得就很活，注重考察学生的智力和智能，让你用简陋仪器做出精确的实验结果。比如，给你二片平面平行玻璃板，让你作一个干涉仪。这样考出来的学生，才是真有本事的。……考试制度对抵制开后门大有好处，当然要坚持。问题在于要考得灵活，尽量准确全面地考核出学生得智力来。这是牵涉到培养人才这一百年大计得一个根本问题。这也是个难题，希望教育学家认真研究，加以改进。

尽瘁科学，奉献自我。作为重视促进科技在经济发展中作用的科学家，冯端关心“长三角”可持续发展，积极参与了“长江三角洲地区经济与社会可持续发展若干重大问题咨询调研”活动。这是由原国家计委下达任务，委托中国科学院学部组织，严东生、任美锷为正副组长，有30多位院士专家参加。从1996年7月开始，历时一年多，行程数万里，深入基层，实地调查研究，形成了一系列高质量的咨询报告，对长江三角洲地区的战略地位、发展方向以及影响当前与长远发展的主要制约因素和可选择的对策提出了许多真知灼见，多项成果或阶段成果已为各地及有关部门采纳，并以多种形式付诸实施，凸显了成果的咨询决策作用。

冯端胸怀大局，具有战略眼光。1992 年，他接受江苏省政府聘请出任江苏省自然科学基金委员会第一届主任，积极支持江苏的基础研究，宗旨明确，旗帜鲜明，坚持自由探索，发挥导向作用，发现和培养科学技术人才，促进科学技术进步和经济社会协调发展。他以科学精神履行职责，以科学家的眼光分析当代科学的发展趋势，确定研究方向，推进了江苏“科教兴省”战略的实施，在工作中体现了一代科学大师的智慧，发挥了重要作用。

为提高我国科技水平，促进物理学科的发展，开拓国际交往空间，1981 年，冯端创办了《物理学进展》，并长期担任主编。冯端指出：

> 物理学的进展日新月异，物理学的影响日益扩大，无论在理论上或技术上新的发现、发明都如百花齐放，竞相争艳。物理学的分科愈来愈细，而各分科之间的渗透日益加深，物理学对其他学科以及应用技术的贡献逐渐增加。……为了适应这种实际需要，刊登综述性的评论，为读者阅读当前的期刊文献，了解物理学的进展提供方便。这样，既能使刚参加物理学研究工作的人有门径可循，又可使广大的物理学工作者通过它来加深对于本分支学科的新发展的理解和掌握，并及时了解其他领域中的新成果，扩大视界，相互启发。《物理学进展》还要注意沟通物理学与其他学科之间的联系，促进边缘学科的成长。

办好高水准、有影响的科技期刊，将其作为科技成果的记录和科技成就的宣传、交流窗口，一直是冯端的愿望，他认为这是反映一个国家科学技术水平的重要标志，也是培养创新型人才的有效途径。

为办好《物理学进展》，顺应形势，适应需求，冯端进行了顶层设计：《物理学进展》以刊载综述性评论为主，内容包括物理学的各分支学科，着重反映物理学前沿阵地的重大突破和新兴领域中的活跃状态，也反映那些历史较为悠久的分支学科中出现的引人注目的新动向。对于和物理学有关的边缘科学，则采用物理学工作者所熟悉的语言来描述这些领域中的新发展。同时，充分注意和及时介绍近代物理学的新应用，以及其他学科和技术对于物理学所提出的新课题。

在文章的要求上，《物理学进展》贯彻“百花齐放，百家争鸣”的方针，允许不同观点的争论，写法亦多种多样，不拘一格。在杂志的品质上，《物理学进展》突出创新，内容创新，形式创新，有全面、客观而严谨的专题论述，有新概念的反复推敲，有突出反映个人对某一方面的学术见解，有对某一领域给予高瞻远瞩的展望，有国内外较出色工作的总结和报告，有新近重要发现的科学评介……在具体做法上，《物理学进展》力邀高水平的撰稿人，严把质量关。

《物理学进展》为物理学工作者阅读当前的期刊文献、了解物理学的进展加以引导、提供方便，成效显著。1998 年，在国家科委信息中心组织全国科技期刊评比中，按 1997 年国内科技期刊影响因子排序，《物理学进展》荣获物理、力学类期刊第二名。

此外，冯端还担任《凝聚态物理学丛书》副主编等职，均发挥了重要作用，颇具影响。

作为一名科学工作者，社会责任所致，冯端曾任江苏省科学技术协会主席，虽是兼职，但身在其位得谋其职。秉承读书人的诚意，在任期内，他和江苏省科学技术协会同仁一道，和衷共济，凝心聚力，为团结带领科技工作者投身科教兴省战略、支撑江苏快速发展，担负起科学普及的社会责任，充分发挥和展示全省科技工作者的聪明才智，为他们更好地参与建设新江苏搭建平台，作出了积极的努力。他的理念清楚明确：科学技术协会只有适应改革、开放的需要，根据自身的性质、特点、任务，不断更新观念，开拓进取，自我调整，才有广阔的用武之地，才能在两个文明建设中发挥更大的作用。正是改革，使科学技术协会增强了自我发展的活力。

时隔二十多年，江苏省科学技术协会的同志至今还记得这位德高望重的长者，敬重和爱戴他，唯愿冯主席健康长寿。

在学校里，他是南京大学研究生院首任院长（1984～1988 年），在学科建设、素质教育、人才培养、研究生管理等多个方面都有建树。如关于队伍建设，他认为：

在一所大学里，教师是最重要的，其余都是第二位的。要加大对人的投入，更为重要的是，要站在全校的角度重视现有师资资源的重组和整合。人才是学校最重要的财富，这主要体现在三个方面。一是引进人才问题，尤其是从国外回来的优秀人才，注意安排其夫人的工作问题；二是稳定现有人才队伍，如何处理好引进人才与现有人才之间的待遇矛盾问题？很值得研究；三是老年教师不能“一刀切”，比如有些年龄稍大的教师，但身体还行，能做事，就应该想办法让他们充分发挥作用。

冯端曾任国家自然科学基金委员会委员、国务院学位委员会物理学科评议组召集人、中国科学院学部主席团成员（1996～2000年）、中国科学院数理学部常委兼副主任、中国物理学会理事长，无论在何岗位、做何工作，他都尽职尽责，基于创新做了许多开拓性的工作，为我国科学事业的发展做出了重要贡献。

冯端长期出任中央大学校友会会长，多年来，积极组织和参与各种学术活动，致力于大陆、香港特别行政区、澳门特别行政区以及台湾省的合作交流；他曾多次率团访问中国台湾，为促进海峡两岸的科学合作做出了重要贡献。

出席“二十一世纪科技发展与人才培育研讨会”，冯端（中）与李国鼎（左）、刘兆汉（右）在主席台就座

第十二章

盈盈一水间，情韵悠然

冯端与诗结缘，寄趣于乐，乐而有得：其美满婚姻亦是诗歌所定，诗歌牵的“红线”，正可谓“诗为媒”。中国历史上，因诗结缘的故事不少，不胜枚举，但无论怎样，无不闪烁着文学的唯美与诗意的灵秀，是其共同之处，概莫能外。

一、芳草连空阔，诗以持志

冯端与夫人陈廉方两人均为中央大学校友（陈廉方1945年入中央大学外文系），在校期间，因不在同一校区，故无缘相见。后经陈廉方的高中同学介绍相识，斯时，两人一人在南京大学教书，一人在南京市第三女子中学任教。相识之初，冯端即将两本诗集赠予陈廉方，一本是普希金的《青铜骑士》（查良铮译），一本是何其芳的诗集《夜歌和白天的歌》。正是这两本诗集让陈廉方心动，他们两人的交谈也从诗歌谈起，共同的爱好使然，两人间的距离一下子就拉近了许多。

或问：为什么要送这两本诗集？冯端说道：“在1954年我看到查良铮译的普希金的《青铜骑士》，为其译作的优秀而惊讶。”将自己认为好的诗作送给心爱的人，亦在情理之中。60年后，网上、报纸上刊登文章，再次记述此情此景时，标题用得即是：遇到送《青铜骑士》的人，嫁了吧！

冯端对查良铮的译作及其对新诗坛的贡献推崇备至，晚年时，冯端回忆道：

一直到20世纪80年代我方始知道查良铮乃是诗人穆旦的本名，而他所译的拜伦的《堂璜》，皇皇两巨册，构成了中国译诗的丰碑。这样，20世纪40年代活跃的现代诗人穆旦，在20世纪50年代基本上以译诗家的身份露面，到1958年又受到政治上不公正的待遇。生活的坎坷，译诗的磨炼，却使他成为更加成熟的诗人，虽则写作甚少。早年炫人眼目的技巧不见了，取而代之的是炉火纯青的诗艺。他写于1976年的绝笔之作《冬》就是一个很好的例证。可惜不久他就去世了，使他对新诗坛的贡献，就戛然而止。

顺理成章，因诗结缘的佳话最终迎来了美满姻缘。在冯端家中的客厅墙上，挂着一张60年前两人的合影：陈廉方梳着两条黑亮的大辫子，美丽清秀，而冯端也是相貌英俊，戴着眼镜，书卷气十足。两人非常般配，可谓天作之合矣。

冯端、陈廉方的结婚照（1955年）

时至今日，谈到自己的先生，陈廉方话语中的倾慕之情，呼之欲出：

我后来改教语文，有不懂的唐诗宋词就请教冯先生，冯先生的答案就是标准答案，丝毫不差，就连《红楼梦》里的诗词他也背得下来，历史知识也很丰富，简直就是个历史朝代大事表。

婚后，两人互敬互爱，相知相伴，闲暇兴来品墨香，一起吟诗赋词。他们经历了一系列运动的重重考验，达到了心灵上的默契。

如今这份因诗结缘的美好姻缘已伴随冯端与陈廉方共同走过了60年，执子之手，与子偕老，与自己相爱的人一起慢慢变老，是人生最浪漫的事。冯端题于家中影集上的诗句，正是这漫长经历的写照：

凝视这生活斑驳的痕印，我们重温种种亲切的回忆，那一同眺望过的田野与湖泊，仿佛和我们的生命交融在一起。

思到笔随，意同于西窗剪烛，夜半私语，极富情致，诗情画意，让人感动。60年来，他们用一首首诗歌诠释着生命的可贵和爱情的美丽，以心为家，守望着诗歌，也守望着爱情。

共同生活中，冯端常常写几首小诗给夫人，写景写情，情景交融，如：秋游栖霞，写下“栖霞红叶艳，清溪翠鸟鸣”等句，绚丽色彩，跃然纸上；冬游玄武湖，则有“休云后湖三尺雪，深情能融百丈冰”，炽热之情，喷薄而出。每逢两人的结婚纪念日，更是写诗以志庆贺，或言情、或言志。

1978年，夫人不幸查出患有癌症，需要动大手术，冯端万分焦急，日不能息，夜不能寝，医院、学校两头跑。幸得手术顺利，夫人霍然而愈，冯端欣喜之余诗兴大发，竟吟诗十首以贺。

无论是在外地开会，还是出国参加学术活动，冯端都会以诗代简，表达离情别绪，如被《零篇集存——物理论丛及其他》收录的《旅美杂咏》两首，就是赴美期间写给当时身在国内的妻子陈廉方女士的情诗：

其一

纽约秋意浓，夹道霜叶红。
试问阳台上，菊花开几丛？

其二

异域风雨夜，客枕相思湧。
遂令闺中妇，潜入游子梦。

朱亚宗教授曾撰文对此作出评价：

诗风自然简约，清丽流畅；诗意取爱的永恒主题，却写出新意，寓意境于叙事，寄浓烈于平淡；诗法合乎韵律而毫无矫揉造作，“阳台”一词，既写景物，又属用典，看似直白之言，实则慧思独运，一语双关。阅读诗作，冯端先生与陈廉方女士平日恩爱深、天涯若共枕的依依之情跃然纸上，使人不禁想起唐代李商隐典雅精美、情韵深长的爱情诗，却又无感伤朦胧之调，是为当代旧诗体之佳作。比较起来，华罗庚发表的旧体诗词达数十首，数量虽多，立意亦新，然直白有余，韵味不足，其旧体诗功力显然不逮冯端先生。

回眸往事，冯端与夫人都深深地感觉到这一份情缘的珍贵，如同一壶好酒，缠绵香醇久藏愈浓。

此情尚有余韵。2008年夏天，甫届老年的冯端、陈廉方伉俪，赴浙江西天目山避暑，触景生情，计划合译一本短小的诗集——将捷克诗人的作品翻译成中文。对此，两人写下“译者的话”加以说明：

手头这本Max Svabinsky的画册《蝶影翩翩》，经捷克诗人Frantisek Hrubin配诗，再经Daphne Rusbridge英译，1954年由捷克斯洛伐克Artia出版社出版发行。当年我们便从南京外文书店购得此书，时值我们缔缘之际。后虽经“文革”浩劫，此书未遭损毁，但长期搁置书架之上未曾翻阅。五十五年后，2008年、2009年夏季，我们两度赴西天目山避暑，便将此书随身携带。浙江西天目山气候凉爽，空气清新，风景优美，实为避暑休闲之佳处。在此幽静的环境中，冯端奋笔疾书，继续撰写未完稿的《凝聚态物理学》。而停笔休息时，我们便阅读欣赏《蝶影翩翩》书中的画与诗。在西天目山区，日间，常会闪过翩翩蝶影，流光溢彩；黄昏，红蜻蜓低空盘旋；入夜，飞蛾扑灯，金龟子、花姑娘、天牛和一些不知名的大小昆虫穿门入户。萤火虫拎着盏盏小灯笼在夜空中飘荡，时明时灭；金铃子在草丛中兀自弹奏“叮铃曲”叮铃铃、叮铃铃……我们仿佛置身于Max Svabinsky的画中，岂非天意使然乎？我们便萌生译书之念。但甫一动笔，便遇到困难与疑惑：困难是我们无法找到配诗者的原文（捷克文），即使找到，我们也不懂，故无法与英诗比照；疑惑的是诗句中忽而为蝶，忽而为我，甚为迷茫，恍惚不解。一日，廉方悟及庄周之梦为蝴蝶；冯端亦想起戴望舒“我思想，故我是蝴蝶……”这些富有哲理与幻想之诗句，使人茅塞顿开，从而译来便得心应手。

翩翩起舞的蝴蝶之亮相，颇有“文化”气息，亦具哲学意味。两位老人查阅资料，并向生物系的教授请教诗中蝴蝶的中文名称，仔细推敲句子和韵律。

《蝶影翩翩》诗集译出后，两位老人无意使之正式出版，只是用电脑扫描，打印，装订成册，图文并茂，小范围内分发给一些亲朋好友，希望老年之乐，同大家分享也。他们说：“美国诗人Robert Frost曾说过‘诗乃翻译中失去的东西。’这本画册上的诗，经过两次翻译，如果尚能保留原诗些许韵味，能供亲友阅读消遣，我们也就心满意足了。”

《蝶影翩翩》诗画册译本

《蝶影翩翩》译诗之语言魅力，在“蝴蝶”身上，另有一番光彩。于中，引数言，以广见闻：

你在何处，翩翩蝶影？我曾为双翼丰满而欣喜。而今我已幡然彻悟，将上下求索生命的真谛。

我飘飘然乘风起舞，独自横穿万里长空。你在何处，翩翩蝶影？我遍觅了岩壁与花丛。

我原是只取悦人们的彩蝶，但人们却惊破了我的安宁。飞向未来，以高亢的歌声，迎接自由时代的来临。

调皮的彩蝶呀！曾记否？整个大地都在谈婚论嫁。当爱情复苏的春天里，内心热情迸发，其速无以复加！

我感到世界在向前扩展，鲜花开遍天堂，彩虹闪亮。你以妙曼舞姿而自豪，仿佛远胜雄鹰平静的翱翔。

彩蝶在绿野上飞舞，盘旋、腾空又俯冲。它们不是孤单的一对，比翼双飞于春日晴空。

折翅不足惜，钢铁意志将赋你生命之翼，飞往远方——人与人和谐相处，光明未来从而开创。

……

蝶乎？人乎？俨然成一境界，“可意会难言传”，是一切好诗好画好戏好文章至情妙境。

《蝶影翩翩》译诗写活了蝴蝶，拟人化的“蝴蝶”之风神不俗，呼之欲出。不仅如此，也有那么多的社会、历史、文化、世态、人情……包容其中，蕴意深远，让人感叹！徜徉其间之乐、之趣、之味，颇有点“不可言传”的神秘主义。

古老的汉字，其形、其音、其义几乎都积淀了丰富的历史文化信息，语义、联想，往往衍生出“意在言外”的效果，情趣不尽——这正是汉语的特殊魅力，诚然！信然！

二、看云外山河，相濡以沫

冯端与夫人陈廉方结缡逾六十载，相濡以沫，意笃情深。如今在南京大学校园里，时见他们老两口相互搀扶、依偎前行的画面，是为校园一道亮丽的风景线。曾誓执子之手，如约与子偕老，涓涓真情，欢笑无数。

对冯端而言，家庭就是一个稳固的后方，家庭的爱和亲情对其事业起着重要的保障作用，使他工作无论多么紧张，压力有多大，回到家里都能得到舒缓和欣慰。

冯端夫妇在家中，背后为其合影照片（1995 年）

是啊，冯端一心向学，全身心投入在事业上，同时由于教学、科研需要，经常东奔西走，忙里忙外，忙得都是“大家”，而“小家”则无暇多顾，家里的事基本不管。夫人则是用温情和毅力，默默支持、理解着丈夫，把大量的时间贡献给了家庭，支持丈夫的事业。

60年来，冯端整天忙碌，没有时间顾及家中琐事，于是乎，夫人主管家务，诸如吃什么菜、添什么衣服、缺什么日用品，这些都是由夫人定夺。冯端不管家务事，自然也不管钱，顺理成章，女主人掌管着家庭的财权，全权负责花钱的事。说起来，冯端不爱操这份心，也乐得做“甩手掌柜”。在夫人看来，丈夫满脑袋里装的都是科研、教学上的大事，其他的事就不必管了。在夫人眼里，丈夫大智若愚，抓大放小，认准了目标总是锲而不舍，坚持不懈，为了他的理想和事业而活着，不在乎金钱和名利地位。在夫人心中，对夫君常怀钦佩之心，愿意为夫君做任何事。夫人努力创造一个温馨舒适的家庭环境，让丈夫全身心地投入科学事业。

应该说，冯端的成就离不开这位知己、贤内助的支持。而对此情深义重的贤内助，冯端十分感激。看到夫人，冯端表情愈加柔和，眼中充满了笑意。夫人如是说：“别看他不爱管家务事，可他很知道心疼我。”

当冯端取得卓越的成就时，他念念不忘妻子的功劳。在南京大学为冯端举行的七十、八十、九十三次生日庆典上，冯端在致辞时都由衷地感谢“贤内助”，甚至潸然泪下，可见情感真挚。他深情地说：“必须提及我的夫人在我生活和工作中所起的作用，几十年来，我们相濡以沫，过着朴素而充实的生活。我所取得的一切成就都离不开夫人的支持和帮助。”赞美之情溢于言表。

2015年4月1日下午，冯端偕夫人陈廉方出现在南京先锋书店，纪念他们的“钻石婚”。结婚纪念日选择在书店庆祝，“纪念，在书籍的包围中进行，这是多美好的事情”。两位老人也想延续浪漫。

但见两位老人（一位92岁、一位88岁）坐在一起，仍时不时牵起手，一人说上半句，另一人就会意地说出下半句。回忆过去，满眼笑意。60年相守是怎么做到的？两位老人说，爱情的忠贞，相互信任很要紧。60年来，他们是亲密的爱人，也是知心的朋友。

“春花秋月何时了，往事知多少。”这对“钻石伉俪”携手一甲子，相识相知60载，“爱情守恒”如诗般浪漫。60年前，他们因诗结缘，收获良缘；60年后，他们以书为友，共庆佳日。

冯端夫妇在钻石婚庆典上（2015 年）

60 年来，他们用一首首诗歌诠释着爱情的美丽，共同分享着人生路上的悲喜哀乐。60 年间，冯端为夫人写下了不计其数的情诗，陈廉方则用一只红色小皮箱，珍藏了 60 年来秘不示人的冯端写给她的“两地书”以及情诗。

在首次被公开的“两地书”及情诗中，有这么一首格外引人关注：

给廉方

冯端

为什么又让忧郁的思念
重染上你这颗素朴的心？
为什么对于我们幸福的远景
还有些怀疑，不敢完全相信？
幽静的妹妹，温淑的爱人
我心里永远珍藏着你纯洁的形象
如果没有了你，我的生命
所剩下的只是一片空虚和荒凉
不论是寒风中望着树叶凋落
或是脚踩过满积着白雪的街巷

只要我一想到了你
心里就充满了和煦的阳光
在温暖的火炉边
伶俐的你不是曾做过计划
有一万多个白昼和黑夜
在等待我们用幸福将它填满吗?
那么为什么要让你这颗素朴的心
再沾染忧郁的思念?
当自然界的万物在冰雪中
暗自准备着开花的春天

这是1955年1月5日，当时在南京大学物理系任教的青年教师冯端写给在南京市第三女子中学当语文老师的未婚妻陈廉方的一首情诗，细腻的情感和笔触，足显冯端文学造诣颇高，这在以往我们已见过许多，兹不赘言，关键的是：当年诗中计划的一万多个白昼和黑夜，已匆匆而过，两人相守的日子已经超过了两万天，两人之间的诗词书简已逾百篇。

还有一首：

遥望南天白下门，悠悠往事了无痕。
栖霞红叶窥翠禽，玄武白雪凝山盟。
春情婉鸾存心底，秋色旖旎勾梦痕。
弹指一挥惊世殊，犹怜娉婷伴终身。

这是冯端1992年4月1日写给妻子的诗，字字句句诉说深深的情意。诗中，翠鸟、红叶、樱花用的是今典，在两人的爱情生活中，这是三样很重要的信物：两人互生爱慕时，曾在枫叶正红时游览栖霞山，其间在湖边见到一只翠鸟，两人视其为他们爱情的“吉祥物”；二人的结婚纪念日是4月1日，正值樱花烂漫的时节，故每年的这天，他们都会一起去赏樱花。若冯端因出差不在南京，则会算好日子给夫人写信（诗），确保夫人能在4月1日收到。陈廉方说：“不在一起的时候，有时我想起他来，总觉得心里很暖很甜。”

春随人意，冯端夫妇合影

冯端非常珍惜这段情缘，每每以4月1日为期，以诗传情，以诗言爱，十年、二十年、三十年、五十年……数十年一以贯之。陈廉方说道："先生对爱情和工作是一样的执着。"

60年钻石婚时，两位老人又合作一首《钻石颂》，在庆贺现场由陈廉方朗诵：

平仓巷内偶邂逅，白雪冰晶后湖游。
秋赏红叶漫栖霞，翠鸟惊艳荷枝头。
更喜人间四月天，梁园酒家结良缘。
放眼太湖碧波淼，一树樱花照清涟。
六十春秋恩爱笃，双双执手难关渡。
而今白发同偕老，朝朝暮暮永相濡。

有一种说法说道：对一个人而言，人生的幸福与否，在相当的程度上依赖于是否拥有一个和睦幸福的家庭。而托尔斯泰的名言"幸福的家庭都是相似的，不幸的家庭各有各的不幸"则更是流传甚广。由是观之，冯端与夫人陈廉方一直在"共同分享人生路上的悲喜哀乐。"无疑，他们具备所有幸福家庭的相似之处：拥有爱；他们风雨同舟，相亲、相爱、相伴，走过了六十载，互相支持，互相包容，家和万事兴。

三、道由白云尽，正本清源

中国传统文化是一种伦理型文化，伦理道德居于中国传统文化价值观的核心，它是中华民族在长期发展过程中逐渐凝聚起来的民族精神的一个重要组成部分。

“伦理”，在汉语中是指人际关系中所应当遵守的规则。其实，传统上一般多用“人伦”这个词，显示了中国文化以人道为主的特征——中国是很讲究家庭关系的，所以特别注重人伦关系。当然，这里所说的人际关系，并非泛泛而言的人际关系，而是具有尊卑、长幼、上下、远近次序的人际关系。

重视人伦道德是中华民族的优良传统。然而，曾经的辉煌却在近代黯然失色，西方个人主义传入中国，冲击和破坏了中华民族的伦理、道德观，传统伦理道德断裂，社会失序，道德下降，在物欲横流中丧失了自我或对自我灵魂与精神的关照，不能安身立命。

以孝事亲，正本清源。道之所存，师之所存也。冯端深受中国传统文化的影响，深受中国传统人伦观念影响。他历来认为：中国传统文化中的伦理道德要历史地、客观地审视，有必要正本清源。他推崇德行，认同“孝”是一切德行的根本、教化的源泉之说法，记住了夫子所云：“夫孝，德之本也，教之所由生也”。

事亲至孝，冯端从没有淡忘父母亲的养育之恩。父亲长期在外，和童年、少年的冯端接触并不多，但无形的教诲潜移默化地影响着冯端，其一切一切都印映在冯端的心中，留存在他的回忆中。而对于母亲，冯端更是情感特殊，其与母亲长期朝夕相处，童年时在苏州，随侍母亲身旁；青年时，适逢抗日战争，离开苏州，经上海到福建，后辗转到重庆，抗日战争胜利回迁南京，一直与母亲相依度日，侍奉老人，直到母亲为照顾二哥冯康和第三代子女，于1953年去了北京，方才分开，长达三十年，感情深厚，可以想象。数十年后，冯端多次著文谈起母亲对自己的影响，谈到母子的感情，字里行间充溢着事母至孝的亲情，让人感动。

“父母在，不远游”，圣人教诲在焉，也许正是这个原因，不经意间，冯端还演绎了“大家”“小家”的佳话。

在中国传统文化中，“孝”之外，还有“悌”，两者并列，故有“入则孝，出则悌”的古训。“悌”是指“兄友弟恭”式的友爱，尤指敬爱兄长，顺从兄长，是儒家伦理体系中的一个核心观念，是“仁”的根本条件。现今，“悌”之本质——“友爱”，仍是兄弟之情的本质所在，在冯家四兄妹间体现得淋漓尽致——人生之路到处都有爱的奉献，处处都有着亲情、友情、爱情，无不让生命充满感动与绚丽。

冯端夫妇与母亲、二哥冯康在北京合影（1955年）

冯家四兄妹被亲情友情维系在一起。年轻时，四人和睦友爱，情趣相投，在大哥的影响下，均喜读书，兴趣广泛，家中学习风气浓郁。及长，四人各奔东西，或求学，或工作，或执教，忙于生计，迫于时局，联系不多，但相去虽远，然相期至深，“心有灵犀一点通”。大哥冯焕于1947年赴美留学，取得博士学位后定居美国，任职美国通用电器公司，为高级工程师；姐姐冯慧曾在设在重庆的交通大学教书，后随交通大学到上海，亦于1947年赴美留学，1950年与姐夫叶笃正一起回国，定居在北京，任职于中国科学院动物研究所；二哥冯康则先后任教于复旦大学数理系、清华大学物理系、清华大学数学系，1951年去苏联进修，后因脊椎结核病复发，住院治疗痊愈后，于1953年提前回国，进入数学研究所（当时在清华大学校园内），也定居在北京；而小弟冯端随中央大学自重庆返回南京，则定居南京。至此，冯家四兄妹天各一方，各得其所，相对安定下来，进入一个稳定阶段。

冯端，事母至孝，除此之外，作为小弟，他对大哥、二哥敬重，对姐姐关爱，表现和诠释了“弟恭”的内涵；自身则历经磨难，完成了脱胎换骨式的人生蜕变。说来有趣，他们的手足之情几多深，恰似那朋友之情淡如清茶、醇若薄酒，怎一个“君子之交淡如水”好生了得！各在异地，各有所囿，然，清新隽永的情谊永志。

20 世纪 80 年代，大哥冯焕回国探亲时于北京合影

（左起：冯焕、冯康、冯端、冯慧、叶笃正）

除大哥冯焕在美国，因中美的隔绝，一度信息全无，直至 20 世纪 70 年代后期方取得联系，有所交往，续后，交往日趋增多，趋于正常；北京的姐姐冯慧和二哥冯康则与南京的小弟一直保持着联系，常有来往，殷殷致意，相与关心，亲情友情，维系着这天地之间的手足之情。

冯端与二哥冯康感情最好，数十年来，艰苦的岁月里一同走过。年轻时，朝夕相处，又是可以随时一起玩耍的伙伴，自然会产生亲密的感情。从小到大的阶梯人生，天各一方的时空距离，各有所忙，但心灵相通，相互支持。正是如此，冯康的突然逝世使冯端最为痛惜，难以接受。浓浓的手足情，怎能轻易忘却？

冯端在怀念文章中，笔下如是记述了冯康最后的日子：

1993 年 8 月 10 日，这是冯康繁忙而不幸的一天。繁忙：为纪念有限元方法发展五十年，他要审核 1965 年以中文发表的著名论文《基于变分原理的差分格式》的英文译文，校对、定稿；他要关注即将在北京香山召开的华人青年计算数学会议，亲自参与会议的组织安排；他，获悉世界工业与应用数学会已邀请他在下一次会议上作大会报告……不幸：夜间洗澡，昏倒在浴缸旁。之后一周，几乎一直处于昏迷状态，即使在醒来的瞬间，问起的仍是香山华人青年计算数学会议的准备情况。8 月 17 日，因后脑蛛网膜大面积出血医治无效，冯康仙逝，永远遨游于他创下丰硕成果的数学天堂中去了。

冯康的过早逝世，实是世界数学界一桩莫大的损失和遗憾。基于此，对冯康的不幸早逝，冯端非常难过，更对一代科学大师辞世之际"盖棺"但未得"论定"感喟不已；国内外于此的报导、评价形成的鲜明对比，反差之大，不可思议。但冯端坚信"公道自在人心"，正义，一定会到来！

"东隅已逝，桑榆非晚"，随着时间的推移，冯康科学业绩的重要价值凸显，越来越为世界所认识。有关这方面的情况，前文已叙及，这里不再赘述。

2010 年，"冯康院士 90 寿辰纪念会"在北京隆重举办，在冯端看来，无疑是对冯康所取得业绩的肯定，也是对冯康及亲属迟来的安慰。冯端出席会议并致辞：

今天，大家齐聚一堂，共同纪念中国数学大师冯康的九十寿辰，表明对他的科学成就的高度评价，已经得到数学界的广泛认同。作为冯康的亲人来说感到无比的欣慰，感谢大家！

冯端分别于 1999 年和 2010 年著文《冯康的科学生涯》《纪念冯康院士诞辰九十周年》悼念二哥冯康，其文不事雕琢，清淡有味，耐人含咀，相知之深，推许之重，历历可见。

在文中，冯端首先全文翻译了世界著名数学家、美国科学院院士、沃尔夫奖和阿贝尔奖得主彼德·拉克斯于冯康逝世时在当年美国的《工业与应用数学新闻》上发表的悼文《纪念冯康先生》。这篇文章对冯康的科学生涯和业绩作出全面而中肯的评价，着重指出"他的声望是国际性的"。可惜的是，当时并未译为中文并刊登出来，因而在中国鲜为人知。

在一一记述众多迟到的安慰后，冯端以亲人的视角，从青少年时代的培养素质奠定基础、求学生涯、数学之路、顶天立地的科学业绩以及科学精神几个方面介绍了冯康作为一位杰出科学家的成长过程，缅怀亲人、寄托哀思。

悼念文章中，叙述冯康科学生涯中所遭遇的坎坎坷坷，冯端不胜痛惜，冯康生平坎坷非比寻常（他以残疾之身，刻苦钻研，创造了有限元方法和哈密顿辛几何算法），然而因此他也不枉成为世界级数学大师。

在谈到冯康之重大贡献所受到的不正常对待，冯端痛心疾首，用“罔顾事实，颠倒黑白，遑论真理之存不存矣”的词语表示愤怒，义正词严地指出：

科学研究的本质是追求真理，实事求是的学术道德是科研工作者为学、为人的底线。讨论学术之际，掺加人为因素，搬弄是非，此风当不致再长矣……我始终认为：科学研究成果的评奖，必须公正、公平，必须以成果的科学价值作为依据，不为任何人为因素所干扰，这应该是必须坚持的原则，要对得起历史。

在历述“冯康，自走上数学研究之路以来，以其渊博的学识和敏锐的眼光，以其对国家需求和学科发展的洞察力，全身心投入，上下求索，锲而不舍……”所得之诸方成就后，冯端将主题集中到冯康的为人，意味深长地指出：

冯康是一位杰出的科学家，也是一个大写的人。他的科学事业和他的人品密切相关。他的品格可以从不同侧面来呈现：在学生们眼里，他是循循善诱、不畏艰辛带领他们攀登科学高峰的好导师；在同事眼中，他是具有战略眼光同时又能够实战的优秀学科带头人；熟悉他的人都知道，他工作起来废寝忘食，一心扑在科学研究上。在拉克斯教授眼中，他是“悍然独立，毫无畏怯，刚正不阿”的人。这个评语深获吾心，谈到了冯康人品中最本质的问题，我想引申为“独立之精神，自由之思想”。与他近70年的相处中，正是这一点给我印象最深。他不是唯唯诺诺、人云亦云、随波逐流之辈；对许多事情他都有自己的看法和见解，其中有许多是不同于流俗的。在关键的问题上，他凛然有“三军可以夺帅，匹夫不可夺志”的气概。从科学工作到做人，他都贯彻了这种精神……值此纪念冯康诞辰90周年之际，我认为特别值得宣扬和表彰的，就在于冯康一生所体现的“独立之精神，自由之思想”。现在大家都在谈论科学创新的问题。科学创新需要人才来实现，是唯唯诺诺、人云亦云之人呢？还是具有“独立之精神，自由之思想”之人呢？结论是不言而喻的。科学创新要有浓厚的学术气氛，是“一言堂”呢？还是“群言堂”呢？这也是不言自明的。从冯康的科学生涯中，我们不难发现，能否容许“独立之精神，自由之思想”的发扬光大，是科学能否得到创新的关键问题。

读之，自能领略其情趣，自能从字里行间读出其蕴意；思之，大有高山仰止之感，冯康正是科学史上少有的一位值得我们“脱帽致敬”的人物。

四、人间重晚情，天道酬勤

大德有成，天道酬勤。冯端在科学上取得的成就，一系列高度创造性、开拓性的研究工作，得到了国际学术界的高度评价，也得到国家和人民的认可。

在科学研究方面，“晶体缺陷的研究”获1982年国家自然科学二等奖，“准周期金属超晶格的研究”获1995年国家自然科学三等奖，“硅基发光材料的研究”获1997年国家自然科学四等奖，“硅基量子结构”获2003年国家自然科学二等奖，“磁致冷材料与隧道型磁电阻材料”获2005年国家自然科学二等奖。

在科学成就方面，获1996年何梁何利科技进步奖、1999年陈嘉庚数理科学奖等；因“凝聚态物理人才培养”的贡献，获1997年国家教学成果一等奖。

在科学专著方面，《凝聚态物理学新论》获1997年国家科学技术进步奖二等奖、《材料科学导论——融贯的论述》获2003年国家级教学成果奖二等奖。

在科普著作方面，《漫谈凝聚态物质》获1998年国家科学技术进步奖三等奖、《物理改变世界》丛书获2007年国家科学技术进步奖二等奖。

……

所有的这一切，都源于冯端七十年如一日对科学的守望与坚持；每一项成果的取得，无一不是冯端对科学、对教育、对社会的求真与奉献。

岁至晚年，冯端盛志不减，仍活跃在教学、科研第一线；耄耋之年，仍笔耕不辍，老骥伏枥，志在千里。

时任南京大学校长蒋树声说：

先生的学问博大精深，先生作为一位忠厚的长者、一位高尚的导师、一位杰出的学术带头人、一位有魅力的学科领导者，更是声名远播，声誉日隆。

世界著名物理学家黄昆院士评价道：

冯端教授学识渊博，学术造诣精深，半个世纪以来潜心从事科学研究，培养人才，振兴学术，成就卓著，为我国物理学发展做出卓越的贡献，素为我十分敬佩。

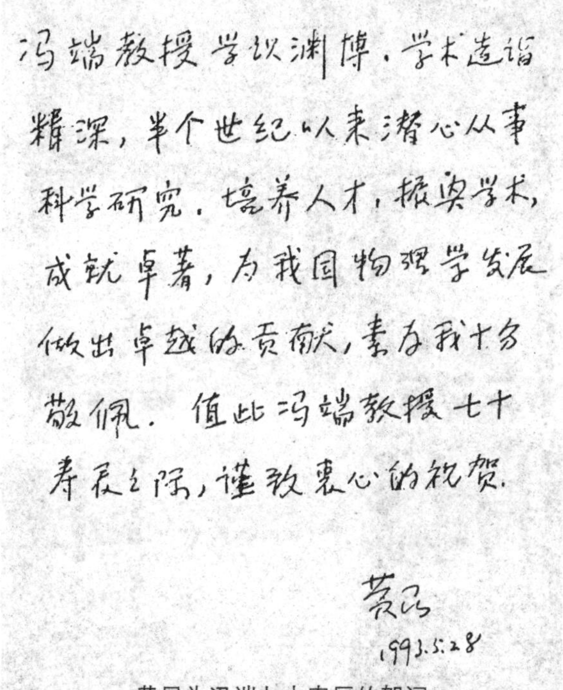
冯端教授学识渊博，学术造诣精深，半个世纪以来潜心从事科学研究，培养人才，振兴学术，成就卓著，为我国物理学发展做出卓越的贡献，素为我十分敬佩。值此冯端教授七十寿辰之际，谨致衷心的祝贺。

黄昆
1993.5.28

黄昆为冯端七十寿辰的贺词

世界著名物理学家张立纲院士如是说：

作为一个物理学家是容易的，作为一个伟大的物理学家是不容易的，冯端教授是一个伟大的物理学家。

诚然！信然！借用冯端对其作为一代数学宗师的二哥冯康之评价“是为一个大写的人”，移用于冯端自己，不也是非常恰当吗？

冯端，博学睿智，宽厚仁爱，胸怀宽广，高风亮节。他心态平和，开心乐观，豁达大度，顺其自然；他求学艰难，却拥有远大志向，执着前行；世事多变，他坚守做人底线，奋然争先；他保持一颗平常的心，不以物喜不以己悲，以一种积极向上的心态，看待社会和处理事务，耄耋之年更是宠辱皆忘，在生活上则做到随心所欲，随遇而安；他对科学孜孜追求，对生活真诚豁达，是为有崇高追求和高尚志趣的大德者。

冯端于佛罗伦萨洗礼堂“天堂之门”前（1992 年）

冯端，一位慈眉善目的老人，理智与仁爱精神的完美结合，使之获得健康快乐。1983 年，大学者冯友兰、金岳霖做 88 米寿，冯友兰写对联，希冀“何止于米，相期以茶”，留下一段佳话。当下，冯端早已过了米寿之年，时年 93，安享天寿，颐养天年，正应了当年钱临照先生之吉言：“以我兄正富定卜八十、九十、百岁，直挂云帆济沧海可以预卜也。”

寿永本于仁，这里，借“何止于米，相期以茶”之意，祝冯端先生“何止期颐，相期以茶”。

结语

水流心不竞，人淡如菊

在全社会弘扬科学精神，营造爱科学、学科学、用科学的良好氛围的时下，记述冯端院士科学人生的足迹，从其“一生平淡”的具象中，记录其卓越的学术成就，寻找其可贵的精神品质，挖掘其科研风格的内在灵魂，梳理其学术成长发展脉络，研究其学术思想形成原因，重在通过文字进行精神和心灵的对话。

一、将寿补蹉跎，平淡一生

冯端，对中国科学发展做出了卓越贡献：其科学工作，跨越凝聚态物理学和材料科学两大学科，开创了功能材料的人工微结构化这一有重大科学与技术意义的领域；其科学著作，建立了新的学科体系，引导着一代学子的成长；其科学实践，对人工微结构材料与器件的发展具有重要的指导意义；其学术思想，为建立具有国际影响的学派奠定了基础。

耄耋之年，冯端回望自己的科学之旅，仍是那么淡然，“……在我看来，以有涯之生逐无涯之知，可能是人生中最有意义、也最有乐趣的事了。”

冯端一生致力于教学、科研，取得了公认的学术成就，却从来不觉得自己有什么特别之处，总能平淡处之——他始终认为其一生平淡：自己本是一介书生，这一辈子所做的，无非是学习、教学和科研……

一介书生，一生平淡，这正是冯端一生为人、为学风格的自然反映。在具象上，冯端所言不虚。冯端自进入中央大学（1949 年更名为南京大学），求学，任教，再也没有离开这个学校，献身教育，尽瘁科学，一以贯之七十年。由工作经历而言，平淡是必然的，填写个人简历唯有寥寥数语、简单几行。若是说故事，讲究情节之离奇曲折、内容之跌宕起伏，有悬念才能扣人心弦、引人入胜。然而，撰写《冯端传》主要不是为了讲述动人的故事，而是通过冯端院士，重温他们那一代人的际遇，用冯端个人的科学人生折射整个时代，梳理其科研之路的心路历程和切实感受，凝练总结其学术思想形成、学术成就取得过程及成因，保留一个生命化的讲述方式。

诚然，平淡与否，不能只看表面。冯端的科学人生，系于南京大学，没离开过，但他却在并非中心的地方，远接千年文化的积淀，延伸中央大学、南京大学的学术精神，以自己毕生坚守、完善的人格操守，传承道德修养、学术风范和探求精神，推动南京大学物理学科、凝聚态物理迅速发展壮大，进入全国一流行列，形成南京大学独有的研究风格和学术传统，这难道亦是平淡？

冯端求学路漫，始之苏州，时逢国难，辗转福建沙县、重庆，艰辛磨炼；执教中央大学、南京大学，立于三尺讲台，为学笃行，教书育人，辛勤耕耘；创新科研，微结构化，开拓领域，引领学术方向，带领南京大学固体物理、凝聚态物理学科跻身全国一流；筑就平台，构建梯队，创建“大师加团队”的人才培养模式；勤于笔耕，教材建设，文以载道，皇皇巨著（20余本）相继面世，耄耋之年依然保持学术活力，建构凝聚态物理理论体系，实现从金属物理到材料科学的跨越、从固体物理学到凝聚态物理学的跨越，“言得其要，理足可传”……这些，也能说是平淡吗？

王安石在《游褒禅山记》中总结事业成功的三条：“有志，有力，有物相之。”所谓志，即追求；力，即能力；有物相之，即能用外界条件。追求、能力，固不待言，而“有物相之”也是必需的：善于利用外界条件，长于有合作精神，正如荀子在《劝学》中所说：“君子生非异也，善假于物也。”

宁静致远，淡泊人生。冯端兼具志、德、责、力，“有物相之”也是其所长。有志，志存高远，锲而不舍；有德，胸怀宽广，坦荡磊落；有责，知行合一，诚信尽职；有力，敏于创新，勇于进取。博大精深的科学造诣和渊博知识，虚怀若谷的为人之道，勇于创新的学术思想，率先垂范的工作作风，诲人不倦的高尚情操，谦和真诚的待人品格，对后辈的包容、教诲和提携，尽现长者风范，凸显大师本色。

二、月涌大江流，宏远识力

回顾冯端的科学生涯，如看中国画的长卷一样，次第接于眼帘，观之不尽；这是一本书，一本渗透了耕耘、创新、活力、超越诸多概念的大书，一本呈现科学家科研之路的心路历程和切实感受的大书！诚然，读通、读懂这本书，并非易事。书中意，书外象，因书而浑然成一境界，让人很难感悟和品出个中的滋味。

为探究冯端的科学思想、治学精神，分析其学术成长过程，简便起见，不妨以一代数学大师冯康的科学人生作为坐标，一并比对冯康、冯端学术成长之路的特色和影响因素。

冯康、冯端兄弟俩，一是数学家，一是物理学家，皆是难能可贵的善于判断方向的科学决策人和领导人，均都在科学上站在峰顶，以战略眼光窥测评判诸多科学体系，将精力放在新的突破点上，做出与众不同的贡献，如冯康1965年的有限元算法以及1984年的保构算法……冯端20世纪50年代末60年代初的晶体缺陷，以及20世纪70～80年代的物理微结构……都是避开当时的热点，率先进入新的领域。

冯端曾在悼念文章《冯康的科学生涯》中写道：

在20世纪80年代中，关于我国电子计算机事业如何发展的问题曾引起了科学界的广泛关注，并曾经就此展开过多次讨论。对此，冯康总是旗帜鲜明地提出自己的观点。他认为，微机问世之后，计算机发展的形势大变，未来肯定是微机的天下，我国应该看到这一发展趋势，及时采取适当的措施，集中力量重点来发展微机。这种得风气之先的观点，经过历史的检验，被证明是正确无误的，也已成为大家的共识。

事实上，早在20世纪50年代，国际上“新一代”计算科学处于朦胧萌芽状态，冯康就已悟出这是这门科学发展的转折时期，是中国赶在世界前沿的难得机遇，于是，冯康毅然于1957年放弃了精深的纯粹数学研究，转而组建科学计算的队伍，开拓了中国计算科学发展的新天地。中国的计算科学能有今天这样的地位和局面，完全是冯康引导和身体力行的结果。

冯康如是，冯端又何独不然。随着凝聚态物理学的发展，早在20世纪70年代，冯端即预见到：通过设计和控制材料在细微尺度上的微结构，从普遍的材料中发掘并获得许多意想不到的、崭新的物理性能是20世纪下半叶发展新材料的主要动向之一。自20世纪70年代末，冯端即以开拓超微结构的领域为目标，从研究微结构出发，朝人工控制微结构来获得性能优异的新型材料方面发展，从实验和理论两个方面从事微结构化，研究金属和介电人工微结构与光、电、声等信号发生作用的物理过程，为创造具有超常性质的人工材料奠定基础。20世纪80年代，冯端又以敏锐的观察力，体察到纳米材料因其由纳米尺寸的超细粒子构成而与传统的大块材料具有迥异的性质，洞见纳米结构与纳米材料的科学价值，在国际上此类研究工作开始之初，冯端即予以注意，积极倡导和推动纳米科学技术领域的研究工作，率先在南京大学开展了磁性纳米结构和材料、硅基纳米结构和材料、准周期金属超晶格、团簇物理等研究，后出任国家攀登计划“纳米材料科学”首席科学家，有效地推动了中国纳米材料和纳米结构的研究进展。

冯康、冯端两人在科学问题上都毫不含糊，明确倡导什么、反对什么，做到有所为、有所不为，深刻地反映出他们科学探索的基本风格与非凡的科学鉴赏力。

这种科学鉴赏力既是一种天赋，也是后天努力而来的。天赋之力难以说清，仅就后天努力而言，冯康的复杂经历使然，他接受了完整和系统的工程科学、物理学和数学的基本训练，对纯粹数学、应用数学、物理学，乃至工程科学的极其深厚的造诣，使其总能提出有广阔的物理、工程背景的新课题，创建有坚实的数学理论基础的新方法。冯端则从青年时代起就立志于献身科学，养成不畏艰难和刻苦钻研的严谨学风，始终在科研第一线，强烈的进取精神驱使他一直走在科学探索的前列，格物致知；他不仅学识渊博、思想活跃，而且脚踏实地、一丝不苟，始终坚持科学家的求真本色。他虽以科学名世，但从不故步自封。

二哥冯康经历了由工程科学、物理学、纯粹数学到计算数学，再回到工程实践，解决国民经济中重大计算难题的学术道路，通过这种学术上的螺旋式循环，他登上了一个个科学高峰，探索出了一条创立新型计算方法的学术之路。与二哥冯康的复杂经历不同，冯端自进入中央大学攻读物理学始，一直在物理学中耕耘，学术视角触及多个领域，科学工作跨越物理学、材料科学两大学科，不断求索，不停登攀，一步一个脚印，一步一个台阶，创新突破，奉献一项项成果，开拓一个个未知的世界。

经历不同，但两人的科研理念、认识、思路是一致的。冯康旨在解决国民经济中的重大计算难题，基于此，20 世纪 60 年代，在解决大型水坝计算问题的基础上，独立于西方系统地创始了有限元方法；20 世纪 70 年代以来，又先后提出了完全不同于国际流行方法的自然边界归化，创建了基于辛几何的哈密顿体系的保结构算法，进行了关于组合弹性结构及区域分解算法的先驱性工作，开辟了一个又一个崭新的研究领域。

冯康的学术成就是非常杰出而且是多方面的，其开创性的工作是为当代科学创新的典范——有限元方法、辛几何算法，这两项世界级的科学业绩，称之为“顶天立地”的科研工作是非常合适的，是在中国土地上由中国科学家实现的，而成果又具有世界意义：既是具有非凡的创新性的基础研究，又能够解决许多重大的实际问题。

“顶天立地”，抑或是科学大师之本属。冯康之科研，立足于“顶天立地”，言理论与实际结合，冯端亦若是。与二哥冯康相同，冯端的科研与成就，也正是“顶天立地”之写照。冯端在其科学生涯中，强调前沿与需求的联系，突出科研与实际的结合，始终将目光瞄准世界科技发展的前沿，密切注视国内外的最新科学动态，捕捉信息，对于国际上凝聚态物理研究的每一个新进展，总要思索它对于实际技术工作可能带来的新突破，与时俱进，抓住机缘，奋力攻关。20世纪50年代，他闯入晶体位错领域；20世纪60年代，他针对国家国防工业的需求，选择我国产量丰富而尖端技术极为需求的难熔金属为突破口，开始晶体缺陷研究；20世纪70年代，他以在激光技术中获得重要应用的复杂氧化物单晶体为对象，利用不同波长激光与物质相互作用的选择性，深入研究激光与非线性光学晶体，以提高晶体质量和改进器件性能；20世纪80年代，他的研究视野推进到人工控制微结构来获得性能优异的新型材料上；20世纪90年代，他倡导和推动纳米材料与纳米结构的研究，等等，取得了众多独创性成果。

作为中国计算数学的奠基人和开拓者，关于科学和工程计算，冯康有许多精辟论述和独到见解，无不闪耀着智慧的光芒，这些思想贯穿在他的整个学术生涯中。早在20世纪60年代初，冯康就指出：计算方法上的创新来源于工程科学和物理学，来源于计算实践。他曾在许多场合反复强调“物理问题可以有多种不同的数学模型，它们在理论上等价，但在实践中未必等效。不同的数学模型可能导致不同的数值方法，从而有不同的计算效果”。他的学生们称之为“冯氏大定理”，是为构造新算法的重要途径。冯康在科学计算中反复倡导“保持物理特性”的观点：“保持物理问题的主要特性是离散模型获得正确计算结果的根本保证。有限元方法成功的关键就是合理选取了变分的数学型式”在中国影响巨大，起到了引导一代人的作用。冯康充满辩证哲理的学术思想是他留下的最宝贵的财富，他的谆谆教诲已成为许多人从事计算数学研究的座右铭。

而在冯端60多年的教学生涯中，传道、授业、解惑，教学相长，数十年如一日，效法古今圣贤，践行“学高为师，身正为范”之古训，教书一生，从不懈怠。他对教学的热忱与执着，对教学改革的真知灼见，对教材建设和科学问题的一丝不苟，展现了一位教育家的情操；他对大学本科研究生教育、中西方文化差异、历史传统的传承，等等，都有自己的理解，其教育理念、思想融贯其中，言谈微中，妙谛诠释，具醒世益人之效！

作为一位科学家，关于科学研究、金属物理、材料科学、凝聚态物理等，冯端都有许多精辟论述和独到见解，这些充满辩证哲理的学术思想贯穿于他的整个学术生涯中。

作为我国凝聚态物理学的奠基人之一，在实现从固体物理学到凝聚态物理学的跨越时，冯端认识到凝聚态物理学已超出固体物理学的概念框架，两者在范式上存在差异，需要探索新的范式。为此，他在阐述新范式的基础上，以新范式为纲，系统论述学科所涵盖的丰富内容，将诸多方面的物理概念、现象融会贯通于一个恰当的理论框架内，建构逻辑上合理明晰的凝聚态物理学概念体系。

冯康的杰出成就不仅在于他自己的科研成果，还在于他为国家培养了一支强大的现代计算数学队伍。早在20世纪50年代中期，冯康组织了全国计算数学训练班，亲自为当时中国科学院计算技术研究所的200多名年轻计算数学人员讲授现代计算方法，指导重大的国防和国民经济中的计算课题以及计算数学的基础理论研究。20世纪90年代初期，在冯康精心策划和指导下，国家攀登计划项目“大规模科学与工程计算”首批启动，并组建了“科学和工程计算国家重点实验室”。冯康所创立的计算数学“中国学派”即“冯康学派”享誉国际。

冯端则在长期的科学生涯中，致力于创新性思维的建立和培养，重视科研实验，创建了南京大学固体微结构物理国家重点实验室，躬行实践实验室建设，提出“学术领导、学术气氛、团队精神”三大关键问题，并立足于世界实验室发展情况，结合中国之实际，作出了“实验室是现代化大学的心脏”的论断。他积极倡导实验室文化建设，提升群体成员的认同度，形成了独具特色的实验室文化模式。

同样，冯端的杰出成就也不仅在于他自己的科研成果，还在于他为南京大学、为国家培育了一支强大的凝聚态物理科学研究队伍，一支作风好、能力强、气氛活、不断进取的科学研究群体。冯端坚守科学的理念，指导学科发展，他非常重视高层次人才的培养，强调学术梯队的建立、形成和发展；他从无门户之见，开明大度，为人为学，宽厚包容，从而让不同年代的中青年学者都凝聚在其周围，形成团队和人才梯队。

三、浮天沧海远，融合人文

本书记述冯端院士投身科学技术事业的历程和做出的贡献，试图将一位立足物理、超越物理的科学大师至情至性的科学人生全方位地展现出来，以有助于理解：大师何以成为大师？

一般而言，之所以成为大师，个人的资质、学养、能力、机缘等都是必要、不可或缺的；但由于大师们的经历各样、际遇不同，成长之路亦随之异样，不可一概而论。梳理科学家学术成长之路，必须考虑其个性化、独立性，有必要探讨大师之所以为大师，有多少因缘际合成就了他。

试问：大师需要非凡的鉴赏能力、精辟的科技史识、深邃的哲学思想以及深厚的人文素养，然而这样的能力、见识、思想与素养从何而来？纯粹天赋论？脱离后天的实践，不足为凭。追溯由来，须另辟蹊径。爱因斯坦曾指出：人的差别是由业余时间造成的。无疑给出了一个线索——业余时间的取向、所作所为，对于一个人的塑造至关重要。

具体到冯端的科学经历不难发现，冯端勤奋，谦逊，执着于做人、做学问、做事业，其学术经历和学术思想的演进，体现了一位真正学者在思想上如何不断超越自我的可贵精神，"超越"一直是冯端学术风格的典型标志。厚积的学养造就了冯端盛德清操、崇高朴厚的大家风范，他兴趣广泛，在科学学术之外，以业余时间发展哲学、文学、艺术、诗词等高雅之爱好，造诣精深。可以想见，提高人生之品位，享受创造之乐趣，势必成为一个自由而全面发展之人。

现今社会，是为专业化的时代，学问归于专业工作，隔于生活之外，于是乎：学问是学问，人生是人生。而冯端却最看重独立的品格，其人生价值取向是将学问与人生融合，他认为：为人高度即学问高度，学问做到最后，靠的是人性与道德的力量。教书育人、创新科研，是为其理想、信念、情操之起点与基石，是为人生、事业、追求之动因与鹄的。冯端是真正把物理学当成一门事业来做，真正把发展中国物理学当作自己的任务。在他那里，学术与其整个生命融为一体，用生命本身来做学问，其"凝聚态物理学"是"一本用生命谱写的凝聚态物理学"。由是言之，冯端的人生经历，无疑就是自己的学术历程。

冯端生于苏州，恬淡安逸的姑苏悠悠深巷孕育其甘于淡泊、宁静致远的心境；书香门第和宽松的家庭环境使其自小就获得了富于人文色彩、平等自由与知识文化的熏陶；中学、大学年代接受的良好教育养成其独立进取、善思慎行的治学风格。

冯端的科学事业成就与其人品密切相关，取决于科学、人文双重素质的交融互补，其学术生涯，科学与人文一身二任，而又浑然一体。他立足物理，超越物理，以文理兼通的知识结构和屹立世界前沿的创新能力，融合科学学术思想与人文素养之精华，读书、教书、写书，以有涯之生逐无涯之知。他观察敏锐，以实验见长，强调理论必须来源于实验并接受实验的检验，理论与实验结合，在理论上坚实掌握物理基础理论、科学方法及其历史发展，而在实际上则深刻洞察社会需求。两方面的完美结合，孕育其非凡的科学鉴赏力。

深邃的哲学洞察力，使冯端在科学探索上独具慧眼，立足自身丰富的科研实践，运用辩证思维，诠释继承与创新、工作能力与鉴赏能力、智力素质与精神素质、个人与集体、简单与复杂、毕与始、博与专、手与眼、脑与心……辩证分析，举重若轻，有力支撑了科学探索之路。

基于深厚的人文素养，冯端将诗词中深刻的哲理和科学的内涵巧妙地运用于物理学学术著作，信手拈来、不着痕迹地融于著述，诗歌诠释物理现象，意境深远，丰厚的文学积淀助推格物致知、即物穷理的物理学探索之路，既显现出一位物理学家对研究领域的游刃有余，又展示人文呼应科学的神奇，寓概念于情景，形象思维，传神至极，令人叹为观止。

得益于心无旁骛、活到老学到老的不懈精神，冯端的学术成就高山仰止，正如时任南京大学校长蒋树声所言：

历时半个多世纪，留下了一行当代科学大师的清晰足迹，留下一个国际学术巨擘仰之弥高的形象……高瞻远瞩的科学视野，道器并重的治学方法，真诚热情的处世方略，文理通融的深厚学养，正是先生成其为一代宗师的基本条件，也是我们这辈人学之不尽的精神财富。

附录一　冯端大事年表

1923 年　6 月 11 日，生于苏州师令巷，排行第四，因取名时适逢端午佳节，故名冯端。

1928 年　就读于苏州中学实验小学。

1934 年　9 月，以入学考试第一名的成绩考入苏州中学初中部。

1937 年　抗日战争爆发，避难于太湖洞庭东山。

1938 年　8 月，经上海乘海轮去福州，继乘船溯闽江而上到南平，转坐汽车至永安，与父亲团聚；9 月下旬，由永安到沙县，就读于迁至该处的省立福州高中（今福建省福州第一中学）。

1939 年　10 月，按国民政府教育部门规定去沙县的一所乡间小学教书一年，即所谓“民教”。

1940 年　8 月，“民教”结束，返回省立福州高中，继续攻读高二课程；是年下半年，父亲冯祖培去世。

1941 年　8 月，举家西迁，自福建长汀出发，辗转瑞金、赣州、韶关、郴州、衡阳、桂林、柳州、贵阳等地，历经闽、赣、粤、湘、桂、黔、川七省，用时五月有余，万里跋涉，历尽磨难，抵达重庆。

1942 年　4 月，考入中央气象局做练习生；7 月，考入中央大学物理系。

1944 年　以“若梵”为笔名在重庆《大公报》文艺副刊上发表译诗，是为阿拉贡诗在中国的首译。

1946 年　毕业于中央大学理学院物理学系，获理学学士学位，留校任教。

1948年　在《中国新诗》上发表狄兰·托马斯的译诗，是为狄兰·托马斯的诗在中国首次露面。

1952 年　全国高校院系调整，7 月，任南京大学物理系讲师。

1953 年　分配至新组建的 X 射线金属物理专门化教研组。

1955 年　4 月，与中学教师陈廉方女士结婚。

1958 年　任南京大学金属物理教研组主任，领导教研组的教学和科研工作。

1959年　12月，参加全国固体物理学术会议。

1960年　被评为"南京大学红旗手"。

1961年　10月，出席全国金属物理学术会议。

1963年　3月，任南京大学副教授

1964年　7月，科学专著《金属物理》（上册）由科学出版社出版，是为国内该领域的第一部专著；11月，出席在南京召开的高教部直属高等院校校际"晶体缺陷与金属强度学术讨论会"。

1965年　"晶体缺陷"系列科学研究参展"高教部直属高校自然科学技术研究成果展览会（1965年10月～1966年4月）"，被誉为南京大学早期科研成果"五朵金花"之一。

1966年　上半年，科学专著《金属物理》（下册）交稿（1975年11月方始面世）；7月23～31日，作为中国科学家代表团的成员参加了"北京科学讨论会一九六六年暑期物理讨论会"。

1968年　夏，参加建设南京长江大桥的劳动。

1969年　于溧阳南京大学农场劳动，接受"斗、批、改"，约3年。

1971年　参加南京拉练，日行夜宿，往返行程500余千米，历时一个月。

1972年　回到学校，有机会接触到科技文献资料，视野又一次聚焦于科技前沿。

1973年　改建金属物理教研组为晶体物理教研组，调整研究方向，扩大研究领域。

1975年　11月，科学专著《金属物理》（下册）由科学出版社出版。

1976年　实验验证了诺贝尔物理学奖获得者布洛姆伯根（N. Bloembergen）于1962年提出的准位相匹配理论，实现倍频增强效应。

1978年　10月，任南京大学物理系教授。

1979年　9月，作为南京大学物理系首批代表，赴英国参加欧洲离子晶体缺陷会议；11月，率团访问美国，考察美国大学物理系的发展动态、生存状况、专业序列、实验设置等。

1980年　根据实验验证准位相匹配的理论设想过程的论文 *Enhancement of second-harmonic generation in crystals periodic laminar ferroelectric domains*，发表于 *Applied Physics Letter* 杂志上，该文后获美国科学信息研究所2000年颁发的1981～1998年经典引文奖；11月，当选为中国科学院数学物理学部学部委员。

1981年　6月，获聘为国务院学位委员会（理学）学科评议组成员；创办《物理学进展》，出任主编（1981~2013年，历时30余载），这是国内唯一登载物理学综述评论性论文的刊物，在国内外公开发行。

1982年　3月，获聘为中国科学院数学物理学部科学基金组成员；4月，获聘为《中国大百科全书》物理卷编委会委员、固体物理编写组副组长；7月，科研成果“晶体缺陷的研究”获国家自然科学奖二等奖。

1983年　1月，当选为第六届全国人民代表大会代表（1983~1987年）；2月，赴合肥，出席“第二次全国固体缺陷学术会议”；春，在中国科学技术大学讲授“位错理论”，历时1个月；4月，应中国科学技术大学物理联合组邀请作专题学术报告，谈凝聚态物理学问题；5月，获聘为江苏省科学技术协会科技咨询服务中心委员会顾问；6月，赴新加坡参加第一届亚太地区物理学会；8月，获聘为教育部编制十五年（1986~2000年）科技发展规划教育部物理学规划组副组长。

1984年　1月，任南京大学固体物理研究所所长，兼任南京大学研究生院院长（1984~1988年）；5月，获聘为教育部高等学校理科物理学教材编审委员会委员；9月，赴美国出席“国际绝缘晶体缺陷会议”，并作特邀报告；9月，任江苏省第三届科学技术协会主席（1984年9月~1988年12月）；是年，创建国家重点实验室——南京大学固体微结构物理国家重点实验室。

1985年　在不能位相匹配的钽酸锂晶体中实现了准位相匹配，并研究了周期畴结构的形成机制；7月，赴苏州出席全国工科物理教学研讨会，并作题为“谈谈熵的概念”的报告；8月，赴日本神户出席“第六届国际铁电体会议（IMF-6）”；9月，获聘为国家博士后科研流动站管理协调委员会物理学学科专家组成员；12月，率江苏省科学技术协会代表团访问香港；12月，获聘为南京大学固体微结构物理开放实验室第一届主任学术委员会主任兼实验室主任；12月，获任江苏国际文化交流中心理事会副理事长。

1986年　4月，获聘为中国科学院北京电子显微镜实验室第一届学术委员会委员；8月，赴日本京都出席“第十一届国际电镜学术会议”；是年，出任固体微结构国家重点实验室主任兼学术委员会主任（1986~1995年）；8月，出席“国际物理教育学术研讨会”；9月，获聘为国家自然科学基金委员会物理I学科评审组成员。

1987年　5月，出席“中日超声会议”（中国南京）；6月，获聘为第二届国家自然科学奖励委员会委员；10月，赴天津，出席“第四届全国固体缺陷学术会议”，作“高 ToC 超导材料中缺陷”报告；10 月，获聘为第二届国家自然科学奖数理科学部评审组成员；10 月，获聘为中国物理学会胡刚复、饶毓泰、叶企孙、吴有训物理奖第一届基金委员会委员；11 月，应邀于“中国科学院数理学部会议（中国无锡）”上作学术报告，综述当代凝聚态物理学发展；11 月，《金属物理学》（第一卷，《结构与缺陷》）由科学出版社出版；是年，《X 射线衍衬貌相学》由科学出版社出版；是年，赴北京，出席“北京国际准晶讨论会”。

1988 年　1 月，当选第七届全国人民代表大会代表（1988～1992 年）；5 月，受聘任北京现代物理研究中心学术委员会委员；5 月，获聘为国家自然科学基金委员会第二届学科评审组成员；7 月，获聘为中国科学院《中国科学》《科学通报》编委；8 月，赴瑞士出席“国际铁电体应用学术会议”；9 月，应邀赴意大利的里雅斯特国际理论物理中心作报告；11 月，卸任南京大学研究生院院长职务。

1989 年　3 月，获聘为南京大学《当代百科知识大词典》顾问；3 月，获聘为江苏省国际科技会议中心理事；5 月，赴上海出席“第十二届中国晶体生长会议暨第八届中国晶体缺陷会议”；8 月，赴青岛出席“第五届全国固体缺陷学术会议”，并作题为“结构相变中的缺陷问题”的大会报告；8 月，赴德国出席“国际铁电学学术会议”；8 月，成立固体缺陷专业委员会，挂靠在南京大学；9 月，获聘为第四次国家自然科学奖数理科学部评审组成员；9 月，赴苏联出席“第一届国际畴结构学术会议”并作特邀报告；11 月，应邀于“第五届全国凝聚态理论与统计物理学术会议”（中国南京）上作题为“凝聚态物理学的新进展”的报告；11 月，获中国科学院颁发的中国科学院荣誉章，表彰其对中国科学事业做出的贡献；是年，在由国家科学技术委员会组织的全国重点实验室评估中，所领导的南京大学固体微结构物理国家重点实验室荣登榜首。

1990 年　1 月，获聘为同济大学顾问教授；4 月，获任苏州中学校友总会名誉会长；4 月，获聘为《自然科学进展——国家重点实验室通讯》期刊编辑委员会委员；是年，在由国家计划委员会组织的全国重点实验室评估中，所领导的南京大学固体微结构物理国家重点实验室再次荣登榜首；在全国重点实验室工作会议（1990 年）上，被评为先进个人，荣获国家计划委员会颁发的金牛奖，其所领导的南京大学固体微结构物理国家重点实验室被评为先进集体；4 月，在国家重点实验室建设中做出突出贡献，被国家计划委员会、国家教委、中国科学院评为先进工作者；是年，在南京大学物理系开设研究生课程“凝聚态物理学新论”，系在国内高校中首次开设；6月，《金属物理学》（第二卷，《相变》）由科学出版社出版；7月，获发政府特殊津贴并颁发证书；12月，因从事高校科技工作四十年成绩显著，获国家教委表彰；12月，获授“全国高等学校先进科技工作者”称号。

1991年　2月，国家教委颁发纪念证书，为其任高等学校物理学教材编审委员会期间为高等学校教材建设做出贡献表谢忱；3月，在北京召开的中国物理学会第五届会员代表大会上，当选为中国物理学会理事长（1991～1995年）；5月，获聘为北京正负电子对撞机国家实验室学术委员会副主任；6月，获聘为第三届国家自然科学奖励委员会委员；6月，获聘为第五次国家自然科学奖数理科学部评审组成员；秋，于南京凝聚态物理学秋季讲习班上作系列报告；12月，荣获南京大学首届研究生教书育人奖；12月，被江苏省教委评为优秀研究生教师。

1992年　1月，访问法国，在巴黎、里昂、马赛等地大学讲学；1月，获聘为《高科技基础知识丛书》顾问；春，在南京大学开设“凝聚态物理学导论”课程；4月，获聘为国务院学位委员会第三届学科评议组（物理学评议组）成员；5月，作为中国物理学会理事长，主持“纪念开创我国近代物理的先驱胡刚复先生诞辰一百周年暨‘实验物理学术会议’”开幕式并作报告；5月，为南京大学九十校庆纪念题词；5月，出席“吴健雄博士袁家骝博士八十寿辰报告会”，并作学术报告；是年，与陆埮院士共同主编《半个世纪的科学生涯——吴健雄、袁家骝文集》，由南京大学出版社出版；6月，中国物理学会成立“物理学发展战略及学科的政策研究组”，任组长；7月，赴法国南特，出席“第二届国际畴结构会议”，并应邀作报告，会后访问了第六巴黎大学、里昂大学；7月，应邀赴意大利特里亚斯特，在“国际理论物理中心”参加学术活动，作学术报告；9月，科普著作《熵》由科学出版社出版；10月，作为中国物理学会理事长主持“庆祝中国物理学会成立60周年暨1992年凝聚态物理讨论会”；11月，获聘为江苏省自然科学基金委员会首届主任委员；12月，科学专著《凝聚态物理学新论》由上海科学技术出版社出版；12月，获聘为国家攀登计划“纳米材料科学”项目首席科学家；是年，任中国科学院数理学部常委兼副主任。

1993年　1月，当选第八届全国人民代表大会代表（1993～1997年）；4月，当选为第三世界科学院院士；5月，获聘为《中国材料科学技术百科全书》编辑委员会副主任、材料科学基础编写组主编；5月，获聘为第六次国家自然科学奖励委员会数理科学复审组组长；5月，获聘为《自然科学进展》第三届编辑委员会委员；6月，南京大学举办“冯端先生七十寿辰庆典”；8月，二哥冯康逝世；9月，被中华人民共和国国家教育委员会、人事部评为全国优秀教师，并授予全国优秀教师奖章；10月，赴香港访问。

1994年　是年，作为中国物理学会理事长，在其与美国物理学会会长Burton Richter的共同推动和直接主持下，中国、美国物理学会通过谈判达成协议；7月，赴甘肃酒泉，出席“第六届全国固体缺陷会议”；8月，科普著作《晶态面面观——漫谈凝聚态物质之一》由湖南教育出版社出版；赴上海，出席“薄膜物理与应用”大会；是年，倡导推动组建“凝聚态物理及其相关学科重点实验室联合网络系统”，搭建区域研究平台；11月，作为首任院长为南京大学研究生院建院十周年题词；12月，科普著作《放眼晶态之外——漫谈凝聚态物质之二》由湖南教育出版社出版；《科学家谈物理——晶态面面观》被评为湖南省精神文明建设“五个一工程”优秀作品。

1995年　2月，主编的《固体物理学大辞典》由高等教育出版社出版，计292万字；2月，《熵》经中国物理学会普及委员会评选为优秀物理科普书；3月，为进一步落实1994年的协议，率团赴美，出席三月年会（March Meeting），会后组织并参与中、美物理学会双边会议，商谈中美物理学界的科技交流与合作事宜；5月，获聘为国家科学技术奖励数、理、天文学科评审委员会评审委员；5月，获聘为南京市金陵中学科技导师；8月，出席“首届国际华人物理学大会”（广东汕头），杨振宁、李政道、李远哲、丁肇中、周光召、冯端、朱经武等作大会报告；9月，获南京大学奖教金特等奖；10月，出席在东南大学举行的第八届华东六省一市联合物理学术年会；11月，赴北京，出席以“材料科学若干前沿问题”为主题的香山科学会议第45次学术讨论会，作“凝聚态物理的材料前沿”评述报告；12月，被评为江苏省普通高等学校优秀学科带头人；12月，指导和参与的科研项目《准周期金属超晶格的研究》获国家自然科学奖三等奖；12月，《凝聚态物理学新论》获第三届普通高等学校优秀教材奖一等奖；12月，获宝钢教育奖——优秀教师奖；是年，赴台湾，出席“二十一世纪科技发展与人才培育研讨会”。

1996年　1月，微结构科学技术高等研究中心成立，召开第一届理事会暨学术委员会会议；出席第一、第二次钟山微结构科学技术研讨会（简称“钟山会议”）；4月，出席“第一届中美非线性光学与相关领域微结构晶体研讨会”（南京）；6月，出席“钱临照先生90华诞学术报告会”；6月，赴北京，出席“中国科学院凝聚态物理中心”成立大会，获聘为中国科学院凝聚态物理中心第一届学术委员会委员；6月，获聘为《自然科学进展》杂志第三届编辑委员会委员；是年，应清华大学顾秉林教授之邀，到清华大学讲学；9月，获南京大学奖教金二等奖；10月，获何梁何利科学与技术进步奖；10月，获聘为《中国科学》第一届、《科学通报》第十届编辑委员会委员；11月，获中国材料研究学会颁发的“贡献奖”；是年，任中国科学院学部主席团成员（1996～2000年）。

1997年　3月，“凝聚态物理学高层次人才培养研究与实践”获江苏省普通高校教学成果奖一等奖；4月，获聘为第二届江苏省自然科学基金委员会名誉主任委员；4月，获聘为第二届江苏省自然科学基金委员会名誉主任委员；6月，于山东大学讲学；8月，出席研讨“宇称不守恒发现以来的物理学”为主题的“纪念吴健雄教授国际学术会议”，与魏荣爵院士共同担任大会主席，并作报告；9月，赴南昌，出席“第八届全国非晶、微晶材料和物理学术讨论会”；9月，获聘为北京大学纳米科学与技术研究中心学术顾问；11月，赴台湾中坜，出席中央大学举行的“21世纪科学技术学术讨论会”，作学术报告，并参加中央大学校友联谊会；12月，《凝聚态物理学新论》获国家科学技术进步奖二等奖；12月，获聘为红外物理国家重点实验室第四届学术委员会委员；12月，《凝聚态物理学高层次人才培养与研究实践》获国家级教学成果奖一等奖；赴福州，出席福州一中180年校庆活动；是年，《自然》杂志发表评述性文章，将南京大学固体微结构物理国家重点实验室和新加坡分子与细胞生物学研究所并列为远东地区（除日本以外）两个“已接近世界级水平”的研究单位。

1998年　3月，主编的《固体物理学大辞典》经高等教育出版社授权，由建宏出版社（中国台湾）出版；5月，出席“国家863计划新材料MO源研究开发中心”成立大会；夏，于南京凝聚态物理学暑期讲习班上为全国从事凝聚态物理学研究的研究生及青年教师讲授“凝聚态物理学导论”课程；10月，在全国科技期刊评比中，创办并长期出任主编的《物理学进展》获物理、力学类期刊第二名（按1997年国内科技期刊影响因子排序）；12月，科普著作《漫谈凝聚态物质》获国家科学技术进步奖三等奖；《金属物理学》（第四卷，超导电性和磁性）由科学出版社出版；是年，学术论文《研究生治学若干关系的辨析》入选《中国社会主义精神文明建设宝典》。

1999年　5月，赴京，出席“中国物理学会第七届全国会员代表大会暨学术报告会”；6月，获陈嘉庚数理科学奖；是年，著文《冯康的科学生涯》，纪念冯康逝世七周年、诞生八十周年；9 月，学术论文《漫谈物理学的过去、现在与未来》在《物理》杂志上发表，该文于 2003 年获评“第一届中国科协期刊优秀学术论文”；9 月，赴苏州，参加苏州中学座谈会并作报告；10 月，赴杭州，出席“中国科协首届学术年会”，出任物理分会场主席，并应邀于主会场作专题报告；《金属物理学》（第三卷，《金属力学性质》）由科学出版社出版。

2000 年　5 月，获聘为国家自然科学基金委员会主办期刊《自然科学进展》（*Progress in Natural Science*）顾问；6 月，举办“第六届铁性畴与介观结构国际学术研讨会”，任大会主席；7 月，获聘为高等教育出版社《当代科学前沿论丛》丛书专家委员会委员；8 月，赴香港进行学术交流；9 月，赴北京出席“第二届跨世纪物理学前沿问题研讨会”，应邀作专题报告；9 月 25 日，获得美国科学信息研究所（ISI）颁发的经典引用奖，以表彰他在 1981～1991 年发表的论文获得较高的引用；10 月，出席海峡两岸“21 世纪高等教育与社会发展学术研讨会”；10 月，获聘为中国科学院纳米科学技术中心顾问委员会顾问；12 月，出席“纪念量子论创立一百周年学术报告会”，周光召、彭桓武、冯端等作特邀报告。

2001 年　3 月，获聘为第三届江苏省自然科学基金委员会名誉主任委员；3 月，出席南京大学各地校友会负责人座谈会；出席“迎校庆南京大学人文科学研讨会”。

2002 年　是年，“凝聚态物理学导论”课程成为江苏省优秀研究生课程；5 月，科学专著《材料科学导论——融贯的论述》由化学工业出版社出版，首发式在南京大学举行；5 月，出席“吴健雄诞辰 90 周年庆祝活动”，为吴健雄塑像揭幕；5 月，参与主题为“当我们年轻的时候”讨论会，与南京大学学子共忆往昔；6 月，赴北京清华大学，出席“前沿科学国际研讨会庆祝杨振宁教授八十华诞”；9 月，《材料科学导论——融贯的论述》被评为第七届石油和化学工业优秀科技图书奖一等奖。

2003 年　3 月底，出席“中－德团簇与纳米颗粒国际会议（中国南京）”；7 月，集其数十年演讲、随笔、杂著于一体的《零篇集存——物理论丛及其他》由南京大学出版社出版，全书 47 万字；9 月，南京大学举办“微结构科学技术论坛——第一届凝聚态与材料物理学术研讨会”祝贺冯端院士八十华诞；9 月，科学专著《凝聚态物理学》（上卷）由高等教育出版社出版，全书 76 万字，首发式在南京大学举行；10 月，出席南京大学校园活动“心灵对话”，走近学生；11 月，出席“南京大学学术文化节”开幕式，并作学术报告；是年，指导和参与的科研成果“硅基量子结构”

获国家自然科学奖二等奖；是年，《材料科学导论——融贯的论述》获国家教学成果奖二等奖。

2004年　3月，赴上海，应邀于中国科学院上海技术物理研究所作题为“当代物理前沿——从科学到应用”的学术报告；5～11月，以探亲名义自费前往美国，访问了美国多所大学的实验室，如加州大学伯克利分校、布朗大学、康奈尔大学、罗切斯特大学、加利福尼亚大学洛杉矶分校等，与科研人员交谈；教材《凝聚态物理学》被列为教育部研究生推荐教材。

2005年　4月，“世界物理年”纪念大会在人民大会堂召开，会上，杨振宁、彭桓武、冯端、张杰、李政道5位科学家分别作学术报告；5月，观看由南京大学物理系学生组成的悟物剧社演出的话剧《哥本哈根》；7月，科普著作《溯源探幽：熵的世界》由科学出版社出版；9月，《凝聚态物理学》(上卷)英文版 *Introduction to Condensed Matter Physics*（*Volume I*）由新加坡世界科学出版社（World Scientific Publishing House）出版；10月，出席苏州中学百年校庆活动，并代表校友发言。适逢世界物理年，为苏州中学学子们作报告；是年，指导和参与的科研成果“磁致冷材料与隧道型磁电阻材料”获国家自然科学奖二等奖

2006年　1月，出席“南京大学—中国科学院紫金山天文台粒子－核－宇宙学联合研究中心成立大会、学术委员会会议暨学术研讨会”；5月，主编的《科学精神与科学方法——李国鼎早期科学著作（1930—1950）》由东南大学出版社出版；是年，在南京大学固体微结构物理国家重点实验室基础上，建立南京微结构国家实验室（筹）；9月，出席“魏荣爵院士学术研讨会”，祝贺魏荣爵院士90华诞；9月，南京大学举办“创新人才培养理念与实践研讨会”，庆祝冯端院士从教60周年，发表文章《执教六十年的回顾》；11月，为福州一中190年校庆题词。

2007年　4月，赴苏州出席“沪宁两地资深院士联谊及咨询研讨会”；5月，赴福州出席福州一中190周年校庆纪念活动；6月，赴苏州太仓出席“吴健雄诞辰95周年纪念座谈会”，出席“2007全国高等职业技术教育论坛”；10月，出任苏州第一中学百年校庆形象大使；是年，《物理改变世界》丛书获2007年国家科学技术进步奖二等奖（科普著作《溯源探幽：熵的世界》是丛书组成部分）。

2008年　1月，出席“第四届彭桓武理论物理论坛”；夏，赴浙江西天目山避暑，与夫人合译《蝶影翩翩》诗集；赴浙江绍兴，参加“院士故乡行”活动，近50位院士共同返乡，盛况空前。

2009年　5月，赴扬州，在扬州大学物理学院作学术报告；夏，继赴浙江西天目山避暑，续译《蝶影翩翩》诗集。

2010年　为“纪念冯康院士诞辰九十周年”著文缅怀往事；赴北京，参加“冯康院士诞辰九十周年纪念会”，并发言。

2011年　2月，《蝶影翩翩》诗集译作印制成册，分送亲朋好友，老年之乐大家分享。

2012年　4月，《点滴凝聚铸人生——冯端传》由南京大学出版社出版，全书18万字；5月，南京大学举办“冯端院士90寿辰庆典”，中国科学院紫金山天文台宣布：由中国科学院紫金山天文台2008年3月3日发现、国际编号为187709的小行星，已获国际小行星中心和国际小行星命名委员会批准，正式命名为“冯端星”；5月，出席“吴有训先生铜像揭幕仪式”，作为中央大学校友会会长与南京大学党委书记洪银兴共同为铜像揭幕，并讲话；6月，《岁月留痕——〈物理〉四十年集萃》由中国科学技术大学出版社出版，《凝聚态物理的回顾与展望》入选。

2013年　10月，《凝聚态物理学》(下卷)由高等教育出版社出版，全书共计90万字。

2015年　4月1日，南京先锋书店举办“圆梦”庆典活动，纪念冯端夫妇六十周年钻石婚，用书店这个平台，借书缘见证两位老人六十年婚姻的相濡以沫、风雨历程。

附录二　冯端主要论著目录

[1] Fong D, Ming N B, Li C, Lin T N.Experimental evidence for the existance of dislocations with Burgers vector <100> in Mo crystals. Science Sinica,1963（7）：979.

[2] 冯端，闵乃本，李齐．钼晶体中的位错线蚀象的研究，物理学报，1964（4）：337-351.

[3] 冯端，王业宁，丘第荣．金属物理（上、下册）．北京：科学出版社，1964，1975.

[4] Fong D, Ming N B, et al. A study of etch-figures of dislocation lines in Mo crystals.Acta Physics Sinica,1965（19）：1130.

[5] Fong D,Li C,Ming N B.A study of dislocation structure of subboundaries in Mo single crystals.Acta Physics Sinica,1965（21）：431.

[6] 冯端，闵乃本，李齐．钼单晶体中亚晶界位错结构的研究．物理学报，1965（2）：431-449.

[7] 冯端．晶体缺陷研究的进展．物理学报，1979（2）.

[8] Feng D, Ming N B,Hong J F. et al.Enhancement of second-harmonic generation in $LiNbO_3$ crystals with periodic laminar domains.Applied Physics Letter,1980（37）：607.

[9] 冯端．晶体生长理论——回顾与前瞻．物理学进展，南京：江苏科学技术出版社，1980.

[10] Ming N.B，Hong J.F，Feng D.The growth striations and ferroelectric domain structures in Czochralski-grown $LiNbO_3$ single crystals, Journal of Materials Science,1982（17）：166.

[11] Xue Y H, Min N B, Zhu J S, Feng D. The second harmonic generation in $LiNbO_3$ crystals with periodic domains. Chinese Physics, 1984(4)：554.

[12] 冯端．凝聚态物理的回顾与展望．物理，1984（4）.

[13] Li Q, Feng D.Ferroelectric domains related to dislocations in barium sodium niobate. Science Sinica, 1984（27）：981.

[14] Pan X Q, Hu M S, Yao M H, Feng D. A TEM study of the incommensurate phase and related phase transitions in barium sodium niobate. Physica Status Solidi (a), 1985(91)：57.

[15] Feng D, Wang W S, Zou Q,et al. Second harmonic generation in $LiTaO_3$ crystals with modulated structure, Chinese Physics Letter, 1986（3）：181.

[16] 冯端．从固体物理学到凝聚态物理学．百科知识，1987（3）.

[17] 冯端，等．金属物理学（第一卷：《结构与缺陷》，第二卷：《相变》，第三卷：《金属的力学性质》，第四卷：《超导电性和磁性》）．北京：科学出版社，1987，1990，1999，2000.

[18] 许顺生，冯端．X 射线衍射貌相学．北京：科学出版社，1987.

[19] 冯端，冯少彤．界面稳定性与形态的演变．物理，1987（10）.

[20] 冯端．当代凝聚态物理学的发展．物理，1989（1）.

[21] 冯端．相变物理与材料科学．材料科学进展，1990（2）.

[22] 冯端．物理学与现代科学技术的关系．物理，1992（1）.

[23] Chen K J, Huang X F, et al. Visible photoluminescence in crystallized amorphous Si:H/SiNx:H multiquantum well structures. Applied Physics Letter, 1992（61）：2069.

[24] 冯端、金国钧．凝聚态物理学新论．上海：上海科学技术出版社，1992.

[25] 冯端，冯步云．熵．北京：科学出版社，1992.

[26] 冯端，冯步云．漫谈凝聚态物质（之一：晶态面面观，之二：放眼晶态之外）．长沙：湖南教育出版社，1992，1994.

[27] 冯端．固体物理学大辞典．北京：高等教育出版社，1995.

[28] 冯端．凝聚态物理学与材料研究的前沿问题．物理，1996（10）.

[29] Guo Z.B,Du Y W,et al.Large magnetie entropy change in Perovskite-type Manganese Oxides. Physical Review Letters,1997(78)：1142.

[30] 冯端．面向 21 世纪的物质科学．科技导报，1999（4）.

[31] 冯端．漫谈物理学的过去、现在与未来．物理，1999（9）.

[32] 冯端．凝聚态物理学：过去、现在与未来．南京大学学报（自然科学），1999（12），特刊.

[33] 冯端，冯少彤．凝聚态物理与量子力学．物理，2001（5）.

[34] Chen P,Xing D Y,Zhu J M, Feng D.Giant room-temperature magnetoresistance in polyerystalline $Zn_{0.41}Fe_{2.59}O_4$ with alpha-Fe_2O_3 grain boundaries. Physical Review Letters,2001(87)：3432-3450.
[35] 冯端，师昌绪，刘治国 . 材料科学导论——融贯的论述 . 北京：化学工业出版社，2002.
[36] 冯端 . 物理学与现代技术：回顾与前瞻 // 技术发展预测与评论（第一卷）. 北京：北京理工大学出版社，2003.
[37] 冯端，冯少彤 . 晶体的 X 射线衍射理论——劳厄与艾瓦尔德的遗产 . 物理，2003（7）.
[38] 冯端，金国钧 . 凝聚态物理学（上卷，下卷）. 北京：高等教育出版社，2003 ，2013.
[39] 冯端，冯少彤 . 溯源探幽：熵的世界 . 北京：科学出版社，2005.
[40] Feng D,Jin G.J.Introduction to Condensed Matter Physics (Volume 1). Singapore: World Scientific Phblishing，2005.

参考文献

[1] 人大代表话改革 . 光明日报，1985-03-29.

[2] 本书编委会 . 岁月留痕:《物理》四十年集萃 . 合肥：中国科学技术大学出版社，2012.

[3] 陈骏 . 在庆祝冯端院士从教 60 周年暨“创新人才培养理念与实践研讨会”上的讲话 . 南京大学学报，2006-09-10.

[4] 方延明 . 开拓前进——访全国自然科学二等奖获得者、南京大学教授冯端 . 新华日报，1983-01-24.

[5] 冯步云 . 点滴凝聚铸人生——冯端传 . 南京：南京大学出版社，1992.

[6] 冯端，等 . 金属物理学（第三卷）：金属的力学性质 . 北京：科学出版社，1999.

[7] 冯端，等 . 金属物理学（第四卷）：超导电性和磁性 . 北京：科学出版社，2000.

[8] 冯端，等 . 金属物理学（第一卷）：结构与缺陷 . 北京：科学出版社，1987.

[9] 冯端，等 . 金属物理学（第二卷）：相变 . 北京：科学出版社，1990.

[10] 冯端，冯步云 . 熵 . 北京：科学出版社，1992.

[11] 冯端，冯步云 . 放眼晶态之外——漫谈凝聚态物质之二 . 长沙：湖南教育出版社，1994.

[12] 冯端，冯步云 . 晶态面面观——漫谈凝聚态物质之一 . 长沙：湖南教育出版社，1994.

[13] 冯端，冯少彤 . 溯源探幽：熵的世界 . 北京：科学出版社，2005.

[14] 冯端，金国钧 . 凝聚态物理学（上卷）. 北京：高等教育出版社，2003.

[15] 冯端，金国钧 . 凝聚态物理学（下卷）. 北京：高等教育出版社，2003.

[16] 冯端，金国钧 . 凝聚态物理学新论 . 上海：上海科学技术出版社，1992.

[17] 冯端，师昌绪，刘治国 . 材料科学导论——融贯的论述 . 北京：化学工业出版社，2002.

[18] 冯端，王业宁，丘第荣 . 金属物理（上册）. 北京：科学出版社，1964.

[19] 冯端，王业宁，丘第荣 . 金属物理（下册）. 北京：科学出版社，1975.

[20] 冯端 . 科学工作者的基本素质要求 . 高教研究与探索，1987（1）.

[21] 冯端 . 谈治学（访谈录）. 档案与建设，1994（3）.

[22] 冯端．怀念郭影秋校长 // 郭影秋纪念文集．南京：南京大学出版社，2002.
[23] 冯端．零篇集存——物理论丛及其他．南京：南京大学出版社，2003.
[24] 冯端．追念钱临照先生——《钱临照文集》读后感．物理，2003（2）.
[25] 冯端．执教六十年的回顾．物理，2006（11）.
[26] 冯端．老有所乐老有所为——2007 年在宁院士春节座谈会上的即席发言．学部通讯，2007（4）.
[27] 冯端．草桥，我梦想起航的地方！．光明日报，2007-10-04.
[28] 冯端．晶体生长中缺陷的形成．南京大学学报（自然科学版），1974（1）.
[29] 冯端．晶体缺陷研究的进展．物理学报，1979（2）.
[30] 冯端．凝聚态物理的回顾与展望．物理，1984（4）.
[31] 冯端．谈谈有关实验室的一些问题——1985 年高校实验室管理与改革学术讨论会上的报告．实验技术与管理，1986（1）.
[32] 冯端．学习凝聚态物理学的一本好书．物理，1987（7）.
[33] 冯端．南京大学物理学系的七十个春秋——在南京大学物理学系七十周年纪念会上的报告 // 南京大学物理系七十周年纪念筹委会．南京大学物理学系七十周年纪念册．1992：12-19.
[34] 冯端．固体物理学大辞典（前言）// 冯端主编．固体物理学大辞典．北京：高等教育出版社，1995.
[35] 冯端．凝聚态物理学与材料研究的前沿问题．物理，1996（10）.
[36] 冯端．加强教材建设，培养跨世纪人才．新华文摘，1997（10）.
[37] 冯端．浅谈纳米科技．现代科学仪器，1998（1-2）.
[38] 冯端．研究生治学若干关系的辨析．学位与研究生教育，1998（2）.
[39] 冯端．大学物理（序）// 卢德馨著．大学物理．北京：高等教育出版社，1999.
[40] 冯端．漫谈科学精神 // 五四精神与当代中国．北京：学习出版社，1999.
[41] 冯端．凝聚态物理学中的基本概念．物理学进展，2000（1）.
[42] 冯端．实验室是现代化大学的心脏．实验室研究与探索，2000（5）.
[43] 冯端．冯康的科学生涯——我的回忆 // 王文章，侯样祥主编．中国学者心中的科学人文（科学卷）．昆明：云南教育出版社，2002.
[44] 冯端．漫谈读书与治学．江苏社会科学（教育文化版），2002（1）.
[45] 冯端．回忆在福高的岁月．三牧通讯，2007（5）.
[46] 冯端．三元坊和草桥的岁月．苏州第一中学《百年一中纪念文集》，2007.
[47] 冯端．松林坡往事．物理，2007（12）.
[48] 冯端．追怀吴健雄教授．物理，2007（9）.
[49] 冯端．老骥伏枥，志在千里；烈士暮年，壮心不已——2010 年在苏中国科学院院

士新春座谈会上的即席发言 . 学部通讯，2010（3）.
[50] 冯端 . 纪念冯康院士诞辰 90 周年 // 女性与数学 . 北京：高等教育出版社，2011：109-124.
[51] 冯端 . 凝聚态物理学的回顾与展望（补记）//《岁月留痕》编委会 . 岁月留痕——《物理》四十年集萃 . 合肥：中国科学技术大学出版社，2012：78-105.
[52] 冯端 . 陆埮 . 半个世纪的科学生涯——吴健雄、袁家骝文集 . 南京：南京大学出版社，1992.
[53] 郭可信 .《晶态面面观》《放眼晶态之外》——科普教育的好教材 . 中国科学报，1996-02-23.
[54] 郝俊 . 中国科学院院士冯端：穷理尽性皆为诗 . 中国科学报，2013-06-07.
[55] 纪增华 . 春催桃李——访南京大学研究生院院长冯端教授 . 中国科技报，1986-01-22.
[56] 蒋树声 . 零篇集存——物理论丛及其他（序）// 冯端著 . 零篇集存——物理论丛及其他 . 南京：南京大学出版社，2003.
[57] 靳晓燕 . 让公众感知科学享受科学 . 光明日报，1999-02-12.
[58] 柯俊 . 评介《材料科学导论——融贯的论述》一书 . 物理，2004（9）.
[59] 磊涛 . 谋事在人——冯端教授谈治学 . 江苏高教，1986（4）.
[60] 李齐 . 中国现代科学家传记（第四集）——冯端 . 北京：科学出版社，1993：155-161.
[61] 刘远 . 冯端，没留学一样“叱咤风云”. 南京日报，2006-03-01.
[62] 陆埮 . 推荐一本好书——《熵》. 物理，1993（11）.
[63] 聂玉昕 .《零篇集存——物理论丛及其他》读后 . 物理，2005（1）.
[64] 钱临照 . 评冯端等著《金属物理学》第二卷《相变》.《物理》，1990（1）.
[65] 钱临照 . 评《晶体生长的物理基础》一书 . 物理，1985（7）.
[66] 钱临照 . 评冯端等著《金属物理学》第一卷 .《物理》，1988（3）.
[67] 丘成桐 . 中国数学发展之我见 // 中国科学院 . 科学发展报告 . 北京：科学出版社 . 1997.
[68] 师昌绪 . 在人生道路上——师昌绪自传 . 北京：科学出版社，2011.
[69] 石钟慈，崔俊芝 . 深切怀念我国计算数学的奠基人和开拓者——冯康教授 . 中国科学报，1994-08-19.
[70] 宋北辰 . 凝聚态物理世界的科学家情结 . 大众科技报，2001-03-29.
[71] 孙鑫 . 喜读冯端院士和金国钧教授的巨著《凝聚态物理学》. 物理，2015（3）.
[72] 田德诚 . 冯端、金国钧合著的《凝聚态物理学新论》评介 . 物理，1995（1）.
[73] 王德滋 . 花岗岩“金花”是这样盛开的 . 高教研究与探索，2002（1）.

[74] 王进萍 . 以有涯之生逐无涯之知——访冯端先生 . 物理，2008，37（4）：264-270.
[75] 吴自勤 . 凝聚态物理学的新进展——冯端、金国钧《物理学进展》. 物理，1992（7）.
[76] 严东生 . 材料科学，一种融贯的论述——评《材料科学导论》. 中华读书报，2003-02-26.
[77] 杨岗，徐林，郑佳雯 . 与冯端院士的“零距离”接触 . 南京大学学报，2002-05-15.
[78] 于渌 . 评冯端、金国钧著《凝聚态物理学》（上卷）. 物理，2004（9）：698-699.
[79] 余德浩 . 冯康院士与科学计算 . 数学通报，2005（10）.
[80] 张晨 . 冯端给大学生打气：基础科学须有一种坚持 . 新华日报，2009-05-07.
[81] 赵凯华 . 贺高级科普读物《物理改变世界》丛书问世 . 物理，2006（6）.
[82] 赵凯华 . 喜读冯端先生的新作《熵》. 物理，1993（1）.
[83] 郑晋鸣 . 南京大学：在关爱和奉献中育人 . 光明日报，2006-11-18.
[84] 忠文 . 学部委员冯端教授建议改进升学考试办法 . 北京科技报，1983-10-17.
[85] 朱大梅 . 固体所特邀南京大学金国钧教授讲授《凝聚态物理学》. 中国科学院合肥物质科学研究院官网，2014-09-25.
[86] 朱晓华 . 中国现代物理学先驱吴有训 . 扬子晚报，2008-05-06.
[87] 朱亚宗 . 科学与人文交叉视野中的学术大师——从《零篇集存》看冯端何以成为物理学大师 . 河池学院学报，2006（6）：01-07.

后记：作而有感

记得是在2011年的春天，南京大学拟组织撰写一本冯端院士传记，《点滴凝聚铸人生——冯端传》，以庆贺冯端院士90寿辰暨南京大学110年校庆。我受南京大学的委托，接下任务，广事搜罗资料，埋首于案，经近半年的努力，终于交稿。虽说书稿得到好评，“通过对冯端院士的科学工作、科学态度和生活经历的全面记述，多视角呈示了冯端院士如何做大学问、成大事业、做大贡献的历程”，也是给予鼓励之意；但“人贵有自知之明”，我知道，科学大师的科学人生及人格、气质、精神，都绝非我真正写得清楚的。

2013年年底，我又被江苏省科学技术协会与南京大学共同邀请参与“老科学家学术成长资料采集工程”，负责冯端院士学术成就的采集工作，唯限于责任担当，备极辛劳，写就《老科学家学术成长资料采集工程——冯端院士研究报告》。

常言道“事不过三”，可我这却是好事连连：科学出版社约稿，于是乎，就有了本书的写作。

书写完了，心头如释重负，亦感慨良多。五年之内，三写《冯端传记》（主旨不同、立意有别、角度各异），虽洋洋万言，至此江郎才尽矣！“而今渐老，都忘却春风词笔。”五年写作所及，情随事迁，遂有所感。

说起来，为冯端这么一位科学大师作传，更何况大师又是自己的一位至亲、朝夕相处的一位长辈，为其作传，既是一个机缘，良机天赐；又是一种责任，责无旁贷。

从亲人的角度，零距离观察传主的科学工作、科学态度和生活经历，多视角呈示其如何做大学问、成大事业、做大贡献的历程，凸显其献身科学、品格高尚及严谨治学的精神，展示一个生动而充满魅力的当代科学大师的形象，让公众了解，有益于社会。由是言之，为科学大师作传就有了一种奉献社会的意义，乃是当仁不让，义不容辞。然而应该说，作传更是一种挑战。

为名人作传，尤其是为身为亲人的名人作传，不仅是挑战而且是绝大的考验，似易而实难。说易，不外乎：一是名人之事迹、功业尽人皆知，资料、文献俯拾皆是，情操、风范驰名遐迩，声名、风评俱在；二是对于身为至亲的名人，朝夕相处，知之甚深，很多事情都有所了解、知其原委，可谓知其然而知其所以然；由是，当信手拈来，随意挥洒，不拘形迹，如悠悠浮云，款款流水。其实不然，难与易是相对的，看似易，其实别具机杼，实则难。

传记写作，贵在全面，重在真实，难在千头万绪，无从入手；难在含金量的多少，要披沙炼金；难在品藻吟味，探求精气神，要着眼于人格、气质、风神、襟怀；难在生命感悟的体会，人间忧乐，世味甜酸；更难在人各不同，各如其面，寸楮片纸，要足以熔冶感性的浓度、知性的密度、思想的深度，哲学的亮度……难度何其大也？

有道是：写作难，写名人传记难，写科学名人传记更难。科学名人之做学问，探究自然，志在深远，重在思想性、文化性；其学术风格，凌波微步而脚踏实地；非内行人无从窥其堂奥，难识其神。由是，写科学名人的学术章节，无异于雾里看花；欲厘清其思维脉络，不啻为极为困难的挑战。况且，大多科学名人一生为人、为学淡泊名利，不事张扬，了解其学术经历相对容易，而触摸其学术思想的演进和形成、梳理其科学之路的心路历程，更是难上加难。诸如我之传主，其人生价值取向是将学问与人生融合，科学人生，读书、教书、写书和科研，一以贯之，可谓波澜不惊、平淡自然，然发乎性、近乎情，却是其情操性行的真实体现。然，写这样一个人，能不难吗？

如何在这求学、教学、科研、著述、处世、为人等的平凡历程中，沿着一行长长的、清晰的脚印，追寻那不平凡的科学人生，走进九四老人的自由王国，非识力超卓者不可，自忖非我所能，但事已如此，只能勉为其难，肃然秉笔，尽力去做。

传记创作之难，众所周知，更为我所深知，它包孕天地万汇，须学，须识，须情，既考验文字功力，也验证情操性行，发乎性，近乎情，丝毫勉强不得。

人生华妙，世象纷披，用文字写出科学大师之盛德清操、崇高朴厚，记录其身世阅历、行止言谈，要言不烦，做到大处着眼，小处落墨；深处见精神，巧处见功夫。众多资料，就如同大千世界的一鳞一爪一片断一转瞬，必须加以精心调制，巧手安排，方能达至意蕴丰富、气象万千之效果。

旨在保留一个生命化的讲述方式，故在传记结构上依时序按编年与专题叙事相结合的方式，按照冯端院士科学生涯的各个不同阶段，有针对性地区别对待，分类撰写，将各类素材插入各个时期、各个阶段中，灵活组织，故乡（童年）篇，记述冯端的故乡情，展现家族渊源、社会背景、家庭氛围的作用；求学篇，追溯艰难的求学经历；教学篇，详细记述冯端传道授业、严谨治学、教学相长的教学全过程；科研篇，详细记述冯端顶天立地执着探索、聚焦前沿开拓创新的科研工作，重现当年波澜壮阔的科研场景；团队篇，集中记述冯端创建固体微结构物理国家重点实验室，重视实验室文化建设、人才培养、团队搭建、平台筑就，开创“大师加团队”的人才培养模式；著述篇，重点讲述冯端知行合一，著书立说、构建体系，传播科学、溥益众生的著述经历，浓墨重彩渲染这段持续五十多年的著述经历；人文篇，冯端的科学事业成就与其人品密切相关，取决于科学、人文双重素质的交融互补，从人文视角展现冯端融合科学学术思想与人文素养之精华，成就科学、文学、艺术、诗歌等建树的经历；风范篇，记述冯端立足物理，超越物理，以文理兼通的知识结构和屹立世界前沿的创新能力，融合科学学术思想与人文素养之精华，读书、教书、写书，提高人生之品位，享受创造之乐趣；无论何职何位，都尽职尽责，基于创新做了许多开拓性的工作，凸显冯端的社会责任担当；本色篇，讲述冯端兄弟情深、家和事兴的科学研究后方情况，人生之路，处处都有亲情、友情、爱情，无不让生命充满感动与绚丽；通过生命历程的描摹，努力勾画冯端院士的科学人生，以求呈现一个立体的、全面的、鲜活的冯端形象。

时至今日，书已付梓出版，献呈社会，正是苏东坡所慨叹“一生看得几清明”，我已用心、已努力，但不知是否如所期望的呈现出“生动而充满魅力的当代科学大师的形象”？不知道是否对得起冯端院士平淡而又辉煌的人生？唯一可以告慰的是书之真实，每一个字都有依据。韵乃自书卷中得来，趣必从个性中表现，斯书有存一处之风光，宜其读者自得之。

在写作过程中，传主冯端院士和夫人陈廉方先生的充分信任和宽容大度给我信心，他们重在写真求实的理念使我进一步确定了写作方向，有利于梳理脉络和廓清思路；他们所给予的指导使我在科学性的把握上准确到位，毫不含糊。而作为冯端院士的长期合作者，南京大学金国钧教授则详细回顾了他们合作著书立说建构体系的著述经历，介绍他们旨在传播科学溥益众生的努力，不厌其烦地解答许多琐碎问题，他的协作为我梳理这段长达 30 年的历史，敷衍文案，提供了很大便利，其热忱友善令人印象深刻，记忆犹新。诚然，这本传记的完成，得到了许多人的关心和支持，给予无私的奉献和帮助，鉴于必然有记忆不全的疏漏，故不在这里一一罗列名字，在此一并表达诚挚的感谢！

写作期间，时值老母亲突发脑梗，住院治疗，亟须照顾。守护与写作，不能两全，在此两难之际，得到家人的谅解，慨然分忧解难，承担起绝大部分的守护照料职责，对于我的写作给予了无尽的支持和鼓励，深深的谢意属于我的一家：父亲冯家鸿，哥哥冯青云和嫂子周志军，妹妹冯小云和妹夫黄宁昌、外甥女黄昕，弟弟李星云和弟媳张瑾，弟弟冯凌云和弟媳宋津军，他们秉行“君子成人之美”圣道的淳朴、善良，使我铭记。在这里，我也要对我年迈的母亲李一平表达感激之情，她积小善而成大爱，呵护自己的子女，用伟大的付出诠释母爱真谛，践行社会担当，默默奉献，子女的业绩、成就是母亲最大的自豪和欣慰。母亲多年来一直给予我鼓励，即使在病榻上亦要我去忙自己的事，不要分心，全身心支持我写作，我的所有成绩都归功于我的母亲！祝愿老人早日康复！

最后，我要感谢我的妻子冯少彤和儿子冯熠，没有他们的理解和支持，这本书是不可能完成的。

冯步云

2016 年 7 月 31 日夜于南京